24th

2000년 10월 출범 후
2023년 제 24회까지

5,832

누적 글로벌 연사 수

62,821

누적 청중 수

세 계 지 식 포 럼
WORLD KNOWLEDGE FORUM

글로벌 리더들의

미래 전략

세계지식포럼
인사이트
2024

WORLD
KNOWLEDGE
FORUM

세계지식포럼 인사이트 2024

테크노빅뱅

거인의 어깨 위에 올라선 인류

매일경제 세계지식포럼 사무국 지음

매일경제신문사

개막식 전경.

테크노 빅뱅:
거인의 어깨 위에 올라선 인류

코로나19 팬데믹 상황을 끝내고 인류는 신속한 일상 회복과 한 단계 높은 기술 발전, 그리고 경제성장을 꿈꿨습니다. 하지만 인류를 기다리고 있는 것은 전에 겪어보지 못한 새로운 형태의 갈등이었습니다. 이 갈등은 이념·체제·지역·인종·민족·국가를 가리지 않고 동시다발적으로 나타났으며, 이 같은 반목과 충돌은 고물가와 고금리로 우리 모두에게 또 다른 힘겨움을 안겨주었습니다.

얼마 못 가 종전을 알릴 것으로 예상했던 러시아-우크라이나 전쟁은 2년을 향해 치닫고 있고, 미국과 중국의 갈등은 전 세계에 공급망 위기를 심화시키고 있습니다. 불평등은 깊어졌고, 빈부 격차는 커졌으며, 환경 위기는 더욱 가까이 다가왔습니다. 국경을 넘어 전 인류를 하나로 묶을 것 같았던 소셜미디어는 가짜 뉴스의 온상으로 변질되기도 하고, 인간의 노동 생산성을 획기적으로 끌어올릴 것으로 기대했던 인공지능AI 기술은 딥페이크Deepfake, 저작권 침해 같은 부작용을 낳았습니다. 뿐만 아니라 매일경제신문사와 세계지식포럼이 끊임없이 추구해왔던 민주주의와 시장 경제, 자유 무역의 가치는 뒷걸음 쳤습니다.

엔데믹 이후 새로운 위기에 직면해 제24회 세계지식포럼은 전 지구가 함께 어려움을 헤쳐나갈 방편으로 '테크노 빅뱅: 거인의 어깨 위에 올라선 인류'라는 주제를 꺼내 들었습니다. 인류를 오늘날의 풍요와 번영으로 이끈 요인으로 테크놀로지를 빼놓을 수 없습니다. 테크놀로지의 발전 과정에 다소간의 부작용이 있었음을 부인할 수는 없습니다. 하지만 부작용을 이유로 기술의 발전 자체를 외면해서는 안 될 것입니다. 우리 인류에게는 기술을 발전시키는 동시에 우리가 발전시킨 기술이 올바른 방향으로 나아가도록 하는 책임과 사명 또한 있습니다. 인류는 그 책임과 사명을 충실히 수행해왔습니다.

과거를 돌이켜보면 컴퓨터의 발전이 청소년의 게임 중독을 초래하고, 통신 기술의 발전이 정보 유출을 쉽게 하고, 블록체인 기술이 코인 투기라는 부작용을 일으킨 적이 있지만 우리는 늘 슬기롭게 극복해왔습니다. 매일경제신문사가 제24회 세계지식포럼 주제에 '거인의 어깨 위에 올라선 인류'라는 문구를 담은 것은 바로 테크놀로지가 거인으로 성장했지만, 인류는 늘 그 어깨 위에 있었으며 앞으로도 그 지위를 내주지 않겠다는 굳건한 의지를 표명하고 있습니다.

세계 최초의 금속활자는 고려가 앞서지만, 서양에서는 구텐베르크가 1440년 처음 금속활자를 발명해 인쇄술의 혁신을 이뤄냈습니다.

당시 인쇄술은 성직자와 귀족 등 지배 계층에게 큰 위협으로 다가왔습니다. 민중이 《성경》과 학문을 접할 수 있게 되면서 자신들의 지배력이 약화할 것을 우려했던 것입니다.

하지만 인류의 지혜는 늘 올바른 방향으로 작동했습니다. 인쇄술 혁신에 힘입어 문학과 철학이 발달하면서 이탈리아를 중심으로 르네상스가 태동했고, 인간의 본성을 회복하려는 노력이 이어지면서 인류는 중세라는 기나긴 터널에서 헤쳐나올 수 있었습니다. 르네상스 이후 문학·철학·미술·과학 등 모든 분야에서 엄청난 발전이 있었으며 이는 인류의 삶을 획기적으로 개선시켰습니다.

18세기 산업혁명으로 기계가 고안되고 증기기관이 등장했을 당시에도 그 부작용에 대한 두려움에 사로잡혀 큰 것을 보지 못하는 경우가 있었습니다. 하지만 인류는 다소간의 희생을 치르면서도 폭발적인 생산성 향상을 이뤄냈고 그에 더해 시장 경제와 자유 무역의 기반을 마련했습니다. 오늘날 우리가 누리고 있는 많은 것은 분명 이 같은 기술의 발전과 이를 올바른 방향으로 사용해온 인류의 지혜 덕분임을 부정하기 어렵습니다.

제24회 세계지식포럼에서는 연사 312명과 수십만 청중이 온라인과 오프라인에 함께 모여 지금 우리가 당면한 위기 역시 극복할 수 있을 것이라고 공감했습니다. 인류가 내놓은 신기술인 AI는 미래의 삶을 더욱 풍요롭게 할 것이라는 점을 믿어 의심치 않았습니다. 지금 우리가 상상하는 것 이상의 AI 혁명이 있을 것이라는 전망도 있었습니다. 동시에 기술과 인간이 공존해야 할 것이라고 약속했습니다.

AI 발전과 혁신 못지않게 AI 윤리와 책임도 중요하며 인류가 이를 등한시하지 않을 것이라고 확신했습니다. AI 시대 일상과 기업 경영의 모습도 그려보았습니다. 가장 뜨겁게 부상한 기술인 AI뿐만 아니라 양자 기술과 로봇에 대한 고민과 전망도 포럼에서 풍부하게 다뤘습니다. 기후변화와 그로 인한 지구온난화의 위협도 피해갈 수 없는 과제입니다. 이번 지식포럼에서는 에너지 전환이 불러온 비즈니스 기회와 기후 재앙을 막는 클린에너지 기술, 탄소 중립을 위한 기술에 대한 논의도 활발했습니다.

최근 세계는 기술의 양면성에 따른 문제뿐 아니라 우리가 지금껏 존중해온 가치인 자유와 민주주의에 대한 위협도 맞닥뜨리고 있습니다. 세계지식포럼에서는 미국·중국의 갈등과 러시아-우크라이나 전쟁에 대한 진단과 해결책을 모색하는 시간도 있었으며 우리가 도전해야 할, 또 경쟁해야 할 무대가 지구에 국한되지 않고 우주로 넓어졌음을 인식하는 기회도 있었습니다. 불평등과 고물가·고금리 시대에 어떻게 대응해야 할 것인지 혜안도 공유할 수 있었습니다.

이번 세계지식포럼에서는 스티브 워즈니악 애플 공동창업자, 샘 올트먼 오픈AI 최고경영자, 하토야마 유키오 전 일본 총리, 폴 로머 보스턴칼리지 교수(2018년 노벨 경제학상 수상자), 밥 스턴펠스 맥킨지앤컴퍼니 회장, 앤서니 파우치 전 미국 국립알레르기·전염병연구소 소장, 제임스 매티스 전 미국 국방부 장관, 게리 마커스 NYU 교수, 제니 존슨 프랭클린템플턴 회장, 호세 펠리시아노 첼시 공동구단주 겸 클리어레이크캐피털그룹 CEO, 돈 톰슨 전 맥도날드 CEO 등 각 분야 최고 전문가들이 함께하며 그들의 탁월한 식견과 지식을 기꺼이 공유했습니다. 모두 진심으로 감사드리며, 그 결과물을 이 책에 고스란히 담았습니다.

　세계지식포럼이 제시한 집단지성의 혜안이 인류가 현재 당면한 위기를 돌파해 나가는 데 큰 도움이 되기를 바라 마지않습니다. 우리는 반드시 이를 극복하고 더 큰 도약을 이뤄 나갈 것입니다. 매일경제신문사를 위한 여러분의 많은 응원과 격려도 부탁드립니다.

세계지식포럼 집행위원장 겸 매경미디어그룹 회장

장 대 환

책을 펴내며

1월, 다보스포럼이 끝난 직후. 한국은 설 연휴를 맞아 분위기가 한껏 들떠 있었다. 코로나19 팬데믹으로 1년 전 설 연휴 때만 하더라도 고향을 찾지 못하고, 해외여행 길도 막혀 각자의 영역을 벗어나지 못한 채 우울한 시간을 보냈었기 때문이다.

〈매일경제신문〉 지식부는 세간의 연휴 분위기와 동떨어져 있었다. 지식부 기자들은 다보스포럼 출장을 다녀온 피로가 채 가시지 않은 것은 물론이고 아직 시차 적응도 회복하지 못 한 때였다. 지친 기색이 역력한 지식부 부원들이 매경미디어그룹 본사 4층에 모여 잡담을 나누던 와중에 누군가 불쑥 질문을 던졌다.

"올해 세계지식포럼 주제는 뭘로 하지?"

갑자기 등장한 질문이었지만 온갖 이야기가 쏟아졌다. 미국과 중국의 갈등, 공급망 붕괴로 인한 경제 손실, 계속되는 러시아-우크라이나 전쟁, 기후변화와 환경위기…. 그만큼 세상을 지배하고 있는 이슈가 많았다. 코로나19 대유행이 끝나고 좋은 세상이 올 줄 알았건만 세상은 여전히 시끄러웠다. 설 연휴가 끝나고 1월 26일 자 〈매일경제신문〉 1면 기사는 혼란스러운 세계 반도체 시장 상황을 전하는 '파운드리 나노기술 경쟁, 한국-대만 격전에 일본 참전'이었다.

이슈가 너무 많았던 탓일까. 세계지식포럼 주제를 둘러싼 고민은 끝나지 않았다. 그러던 중 결정적인 일이 발생했다. 윤석열 대통령이 〈매일경제신문〉이 1면으로 보도한 챗GPT 기술에 각별한 관심을 보인 것이다. 〈매일경제신문〉 1월 28일 자 2면 하단 기사 일부를 다시 보자.

> 윤석열 대통령이 27일 행정안전부와 통일부, 국가보훈처, 인사혁신처 등 4개 부처 업무보고에서 만능 생성형 인공지능AI '챗GPT'에 관심을 보이며 "잘 연구해서 우리 공무원들이 잘 좀 활용할 수 있게 행안부에서 잘 리드해주기를 바라겠다"라고 말했다. 이날 참석자들에 따르면, 윤 대통령은 "오늘 매경 1면에 보니까 챗GPT라고 빅테크 산업을 흔들고 있다는 기사가 났다"면서 "제가 이쪽을 잘 아는 지인에게 2023년도 대통령 신년사를 챗GPT가 한번 써보게 해서 받아봤다. 훌륭하더라"라고 말했다.

"그래, 챗GPT."
지식부원들이 무릎을 쳤다.

곧바로 챗GPT를 개발한 오픈AI CEO인 샘 올트먼 섭외에 착수했다. 샘 올트먼 CEO는 2023년 세계지식포럼에 온라인으로 참석해 강연했다. 지정학을 중심으로 세계 전반의 문제를 고민하는 세계지식포럼의 주제를 테크놀로지로 한정하는 것이 괜찮을까에 대한 의구심도 있었지만, 장대환 매일경제신문사 회장님께서 양자 컴퓨터와 반도체까지 더해 테크놀로지에 집중해봐도 좋겠다는 의견으로 힘을 실어주셨다. 남은 문제는 테크놀로지를 어떻게 주제로 구현할 것인가 하는 것이었다.

1월의 마지막 일요일. 유난히 추운 날이었다. 지식부 주말 당직자의 머리를 스치는 표현이 있었다. '거인의 어깨 위에 올라선 인류'. 이 표현은 12세기 사상가들의 문헌에 처음 등장했다. 이후 만유인력 법칙을 발견한 아이작 뉴턴이 동료 과학자 로버트 훅에게 보낸 편지에서 "내가 더 멀리 봤다면 이는 거인들의 어깨 위에 올라섰기 때문"이라는 표현을 쓰면서 널리 알려졌다. 뉴턴은 선대 과학자들이 이룩한 업적을 통해 자신의 과학적 발견이 가능했다는 의미에서 이 표현을 사용했다. '테크노 빅뱅: 거인의 어깨 위에 올라선 인류'라는 제24회 세계지식포럼 주제는 이렇게 탄생했다.

기조연설자를 선정하는 과정도 드라마틱했다. 스티브 워즈니악 애플 공동창업자는 처음에는 중요한 후보군에 들지 못했다. 애플이라는 거대 기업의 창업자이기는 하지만 IT 분야는 워낙 급속도로 변하는 탓에 옛날 인물이라는 인식이 강했다. 하지만 오히려 그 점이 눈에 들었다. 뉴턴의 말처럼 옛 선구자의 어깨 위에 올라서지 않은 발전이 어디 있겠나. 오히려 거인의 목소리를 들어보는 것이 더 유효할 것이라는 생각이 들었다. 애플이 창업할 당시를 떠올렸다. 1976년 4월, 컴퓨터라는 이름조차 생소하던 시절, 워즈니악은 스티브 잡스, 로널드 웨인과 함께 자신들이 직접 개인용 컴퓨터를 만들어 판매하기 시작했다. 당시 가격은 666.66달러였다.

"워즈니악은 거인 자격이 충분히 있어."

더구나 딥페이크와 가짜 뉴스가 범람하면서 IT 발전으로 인한 부작용이 창궐한다는 소식이 뉴스를 장식하고 있었다. 가치 판단이 혼란스러울 때는 원점으로 돌아가 생각하는 방식이 효과적이다. 워즈니악과의 대화는 원점에서 돌아가 생각하는 계기를 제공할 수 있을 것 같았다.

"그러면 워즈니악의 스파링 상대는?"

최수연 네이버 대표를 선택했다. 애플은 하드웨어, 네이버는 소프트웨어. 미국인과 한국인. 남성과 여성. 워즈니악과 최수연 대표는 묘하게 대조를 이뤘다. 더구나 1950년생 워즈니악과 1981년생 최수연 대표는 한 세대를 건너뛰는 인물이다. 그림이 좋았다.

제24회 세계지식포럼이 열린 신라호텔 3층 전시관에서는 한국 도자기 전시회 '기술을 빚다: 도자기에서 반도체까지'가 열렸다. 도자기 원료는 규소다. 반도체 웨이퍼의 소재도 규소다. 고려청자와 조선백자를 빚던 사람의 후손들이 삼성전자와 SK하이닉스에서 반도체로 세계를 석권하는 것은 우연이 아닌지도 모르겠다. 세계지식포럼을 찾은 세계 각지의 연사와 청중은 한국 도자기에 깊은 관심을 보였다.

세계지식포럼은 글로벌 지식인들의 혜안을 공유하는 행사다. 이들이 나눈 지식을 포럼에 가두지 않고 책으로 펴내 더 많은 사람과 나누는 것이 어쩌면 세계지식포럼의 취지에 부합하는 일일 테다. 세계지식포럼은 끝났지만, 책을 통해 지식을 공유하고 확산하기를 바라는 이유다. 이 책이 더 많은 사람에게 읽히며 우리 모두의 더 큰 발전과 번영에 자양분이 되기를 소망한다. 세계지식포럼이 만들어지기까지, 그리고 세계지식포럼이 책으로 기록되기까지 도움을 주신 많은 분에게 감사함을 전한다.

세계지식포럼 사무국 일동

PART 1
기술이란 거인의 어깨에 올라선 인류

1 AI가 바꿀 인류의 미래

2 기술과 인간의 공존을 위해

3 '꿈의 기술' 양자, 어디까지 와 있나

PART 2
디스토피아에서 유토피아로

1 '직장 동료'가 될 로봇

2 미래 세대를 위한 C-Tech

3 시계를 거꾸로 돌리는 '리버스 에이징'

PART 3
위협받는 민주주의

1 더욱 치열해진 21세기 전쟁: G2 갈등과 러시아-우크라이나 전쟁

2 "지구 반대편 전쟁에 왜 관심 가져야 하나요"

3 책상 위부터 우주까지… 넓어진 전장

PART 4
끝나지 않은 리스크

1 2024년의 경제 리스크: 고금리·중국·불평등

2 위기의 또 다른 이름은 기회

PART 5
미래를 준비하는 기업들

1 지정학 갈등과 반도체 산업

2 기술에서 다시 인간으로

3 기업가 정신의 핵심 '혁신'

PART 6
기술이 가져올 새로운 라이프스타일

1 기술로 먹고 마시고 일하라

2 미국 억만장자가 첼시 구단을 인수한 이유

PART 1

기술이란
거인의 어깨에
올라선 인류

AI가 바꿀 인류의 미래

1인 창업자도
1조 기업 쉽게 만드는 세상

샘 올트먼 오픈AI 최고경영자 | **벤 넬슨** 미네르바프로젝트 회장

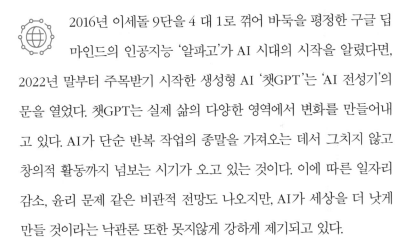 2016년 이세돌 9단을 4 대 1로 꺾어 바둑을 평정한 구글 딥마인드의 인공지능 '알파고'가 AI 시대의 시작을 알렸다면, 2022년 말부터 주목받기 시작한 생성형 AI '챗GPT'는 'AI 전성기'의 문을 열었다. 챗GPT는 실제 삶의 다양한 영역에서 변화를 만들어내고 있다. AI가 단순 반복 작업의 종말을 가져오는 데서 그치지 않고 창의적 활동까지 넘보는 시기가 오고 있는 것이다. 이에 따른 일자리 감소, 윤리 문제 같은 비관적 전망도 나오지만, AI가 세상을 더 낫게 만들 것이라는 낙관론 또한 못지않게 강하게 제기되고 있다.

"생성형 인공지능의 등장으로, 1인 스타트업 창업자도 기업 가치 10억 달러를 가리키는 유니콘을 만들 수 있게 됐습니다." '챗GPT의 아버지' 샘 올트먼 오픈AI 공동창업자 겸 최고경영자가 서울 장충체육관에서 남긴 말은 의미심장하다. 그는 AI가 생산성을 비약적으로

샘 올트먼 오픈AI 창업자(화면 왼쪽)와 벤 넬슨 미네르바프로젝트 설립자가 제24회 세계지식포럼 '인공지능의 미래' 세션에서 대담을 나누고 있다.

샘 올트먼Sam Altman

챗GPT와 DALL-E를 개발한 인공지능 연구 및 배포회사 오픈AIopenAI 공동창업자 겸 CEO다. 2015년 창업한 오픈AI가 2022년 11월 대화형 AI 서비스인 '챗GPT'를 선보이면서 전 세계적인 AI 신드롬을 불러일으켰다.

벤 넬슨Ben Nelson

미네르바프로젝트 설립자, 회장 겸 CEO이자 미네르바대학교 명예총장이다. 그는 체계적이고 증거에 기반한 학습 접근 방식을 통해 세상을 위한 비판적 지혜를 키우겠다는 목표로 세계에서 가장 혁신적인 대학으로 평가받는 미네르바대학교를 설립했다.

높일 것으로 전망했다.

샘 올트먼 CEO는 이날 온·오프라인 대담 형식으로 진행된 '인공지능의 미래' 세션에서 온라인 대담자로 참석했다. 오픈AI는 생성형 AI '챗GPT'를 선보이며, 마치 구글 AI 알파고의 바둑 대국 같은 전 세계적인 반향을 일으켰다. 생성형 AI는 텍스트, 오디오, 이미지 등 기존 정보를 활용해 콘텐츠를 새로 만들어내는 기술이다.

샘 올트먼 CEO는 이 자리에서 "생성형 AI의 등장으로 창의적인 활동에서 효과가 가장 먼저 나타나고 있다"며 "AI를 활용한 창의적 활동의 질이 놀라울 정도로 높아지고 있다. 사람의 창의력이 무제한으로 늘어날 것"이라는 희망적인 전망을 내놓았다.

샘 올트먼 CEO는 창의적 활동의 최전선에 있는 '예술'에서조차 챗GPT가 긍정적 변화를 가져오고 있다고 말한다. "처음에 생성형 AI를 선보였을 때 사람들은 예술가의 역할이 없어지겠다고 두려워했지만, 실제로 이런 우려와 전혀 다른 방향으로 흘러가는 중입니다." 그가 말한 AI는 최고의 비서이자 최고의 창작 도구다. "창작자들이 완전히 새로운 것을 할 수 있는 상황이 됐어요. 틱톡이 지금보다 퀄리티가 10배 좋은 영상을 내놓을 수 있는 상황을 상상해보세요. 그러면 중독성도 10배가 되겠죠?"

특히 샘 올트먼 CEO는 AI 기술 발전으로 인간이 더 많은 직관과 통찰을 갖게 될 것이라는 입장을 내놓았다. 청중에게 적극적으로 생성형 AI와 관련한 경험을 직접 해보라고 조언했다. 그는 "여러 데이터를 보면 챗GPT를 사용하는 사람들이 더 많은 직관을 갖고 의사결정을 하는 것으로 나타났다"며 "현재 발전하고 있는 기술을 더 적극적으로 사용할수록 더 나은 경험을 직접 하고, 직관을 더욱 발전시킬 수 있을 것"이라고 했다.

그는 기존의 역할인 단순 반복 작업을 대체해줘 사람들이 창의적 활동에 전념할 시간이 늘어난다는 점도 AI 기술 발전의 긍정적 효과로 꼽았다. 그는 "AI가 코딩을 하는 사람들의 인지 활동 가운데 70%를 대체한다는 말은 틀렸다"고 지적한다. 오히려 "코딩을 하는 사람들이 더욱 창의적인 일에 더 많은 시간을 할애하고 집중하도록 시간적인 여유를 준다"는 것이 그의 지론이다.

특히 샘 올트먼 CEO는 "챗GPT 같은 생성형 AI는 의료·보건 분야에 적용될 엄청난 잠재력이 있다"고 꼽았다. 의료 현장에서 AI가 서류 작성을 비롯한 반복 업무를 대신 해주거나, 다양한 의료 데이터를 분석해 의사결정 시간을 줄여주는 등 의료진의 업무 부담을 줄일 수 있다는 것이다. 실제로 최근 의료 영역에 적용되는 AI 기술과 관련 기업이 주목받고 있다.

이날 샘 올트먼 CEO와 대담에 참석한 벤 넬슨 미네르바프로젝트 설립자 겸 CEO도 AI 같은 기술을 두려워하지만 말고, 목적에 맞게 도구로 잘 활용할 방법을 고민해야 한다고 지적했다. 벤 넬슨 CEO는 "만약 학생들이 과제를 AI가 대신 하게 한다면 기술이 악용되기만 하지만, 이를 오히려 학습 능력 향상이라는 목적에 맞게 활용한다면 이전과 비교할 수 없는 학습 효과를 거둘 수 있다"며 양날의 검인 AI를 본질적인 목적에 맞게 활용하는 것이 중요하다고 역설했다.

스티브 워즈니악과의 대화

스티브 워즈니악 애플 공동창업자 | **최수연** 네이버 CEO

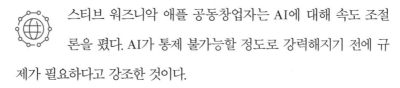 스티브 워즈니악 애플 공동창업자는 AI에 대해 속도 조절
론을 폈다. AI가 통제 불가능할 정도로 강력해지기 전에 규
제가 필요하다고 강조한 것이다.

그는 "AI 중 A(인공)는 대체할 수 있지만, I(지능)는 인간만 가능하다"
고 말했다. 특히 AI 기술 자체가 나쁜 것은 아니라는 중립적 입장을
취하면서도 "가상의 얼굴이나 목소리를 생성하는 딥페이크나 갑자기
차가 멈추는 자율주행 실수 같은 사례, AI가 일으키는 일부 오류는
심각한 수준"이라고 지적했다.

이어 매경미디어그룹과 인터뷰에서 "20년 전으로 간다면 나는 AI
어깨에 올라탈 것"이라면서도 "AI 도입에 대한 속도 조절은 필수"라고
맹신론은 경계했다.

그는 "우리는 아직 인간 뇌에 있는 시냅스가 어떻게 작동되는지, 어

최수연 네이버 CEO와 스티브 워즈니악 애플 공동창업자(오른쪽)가 제24회 세계지식포럼 '거인의 어깨 위에 올라선 인류: 스티브 워즈니악과의 대화' 세션에서 대담을 나누고 있다.

스티브 워즈니악Stephen Gary Wozniak

컴퓨터 산업 형성의 기반을 마련한 실리콘밸리의 아이콘으로 스티브 잡스Steve Jobs와 함께 애플I으로 알려진 개인용 컴퓨터를 개발하며 애플컴퓨터를 공동 창업했다. 이듬해 그는 중앙처리장치, 키보드, 컬러 그래픽과 플로피디스크드라이브 등의 성능이 개선된 애플II 개인용 컴퓨터를 개발했다. 2006년 〈뉴욕타임스〉 선정 베스트셀러 자서전인 《스티브 워즈니악 iWoz: From Computer Geek to Cult Icon》을 출간했다.

최수연

국내 1위 인터넷 기업인 네이버주식회사의 CEO다. 2023년 1월에는 북미 1위 패션 개인 간 거래C2C 플랫폼을 운영하는 실리콘밸리 스타트업 '포시마크Poshmark'를 인수해 네이버의 글로벌 C2C 포트폴리오를 확장했으며, 초대규모 AI '하이퍼클로바XHyperCLOVAX'를 출시했다. 이러한 성과를 인정받아 최수연 대표는 〈포브스〉지에서 선정한 '아시아 파워 비즈니스우먼 2022'에 오르기도 했다.

떻게 해서 단어를 연상하고 표현하는지 모른다"며 "생성형 AI는 환각이 많아 반드시 인간 편집자가 필요하다"라고 했다. 또 "나는 사람들이 진리가 아닌 것을 활용해 이익을 얻을 때 불쾌해진다"며 "의문을 제기할 방법이 있고 반드시 그래야 한다"고 말했다.

AI 맹신론에 대해 그는 "지금은 기술이 더 중요해진 것 같다"며 "이제 기술이 하라는 대로 해야 하는 시대가 오고 있고 기업의 힘이 더 세졌으며 더 많은 기업이 막대한 자금을 단 하나의 기술인 AI에 투자하고 있다"라고 했다.

그는 스티브 잡스와의 애플 창업 시절을 회상하면서 "잡스는 기술보다는 오히려 사람을 알았다"며 "아이팟이 생겨난 것은 감성과 관련된 것으로 논리적인 것을 넘어 감성을 이해했기 때문"이라고 했다. 이어 "결국 기술을 활용해 선을 행하는 것도 악을 행하는 것도 사람"이라고 단언했다.

여전히 기술이 중요하다고 강조하면서 휴렛팩커드HP 시절을 회상했다. 그는 "HP에서 컴퓨터 사업에 대해 제안해 다섯 번 퇴짜를 맞았다"며 "결국 기술 자체보다는 사람이 어떻게 이해하는지가 더 중요했다"라고 말했다.

스티브 워즈니악은 "여전히 창작자들을 존중하고 있다"며 "다른 사람들이 한 것을 그냥 보여주는 것이라면 반드시 출처를 밝혀야 한다"고 했다. AI 기술 자체만으로는 진리가 아니므로 규제해야 한다는 입장을 강하게 피력한 것이다. 이어 "AI로 돈을 벌고 있으므로 어떤 부분이 AI가 쓴 것인지 소비자가 알 수 있어야 하고, 어떤 엔진으로 훈련했는지 알 수 있어야 한다"고도 했다.

그러나 일자리가 사라질 것이라는 우려에 대해서는 반대하는 입장을 분명히 밝혔다. 그는 "'기술이 발전하면 우리 일자리가 사라질 것'이라고 걱정했지만, 일자리는 계속 유지가 됐다"고 했다. 지나친 낙관론도 경계했다.

"혁신과 규제의 균형이 가능한가"라는 질문에는 "효과적인 규제란 불가능하다"며 "우리가 인터넷을 설계할 당시 스팸 메일이 있을 것이라고 생각하지 못했다"라고 지적했다.

그는 한국형 AI에 관해 묻는 최수연 네이버 대표의 질문에 "한국은 훌륭한 혁신 국가"라고 치켜세웠다. 워즈니악은 그러면서도 "하지만 실리콘밸리도 다양성이 공존하는 곳"이라며 "실리콘밸리에는 한국·일본·인도 등 다양한 사람의 다양한 언어가 공존하고 있다"고 덧붙였다.

그는 여전히 스타트업 생태계에 대한 성공 가능성은 있다고 봤다. 그는 "작은 규모의 기업들이 성공하는 것이 여전히 가능하다. 애플도 작은 회사였다"며 "실리콘밸리는 위치 때문에 탄생한 것이 아니라 기술을 보유하고 있었기 때문"이라고 했다. 이어 "실리콘밸리가 실리콘밸리인 이유는 무어 법칙의 출발지이기 때문"이라고 했다.

또 AI를 악용하는 사례는 기업의 크기보다는 프로세서에 달렸다고 설명했다. 그는 "사용자들이 잘못된 정보에 쉽게 속거나 이용당하지 않게 하기 위해 정보를 제공하는 통로가 있다면 큰 기업이든 스타트업이든 책임과 규칙이 분명히 있어야 한다"고 말했다.

세계지식포럼의 주요 연사로 참여한 스티브 워즈니악은 스티브 잡스와 함께 애플을 공동창업한 인물이다. 1981년 비행기 사고로 죽을 고비를 넘긴 뒤 애플에서 물러났다. 그는 제2의 스티브 워즈니악을 꿈꾸는 젊은이들에게 "당신이 무언가에 관심을 가지고 영웅이 되겠다는 마음이 있다면 여러분은 가장 소중한 사람"이라며 "과거의 생각을 반복하지 않는 것이 중요하다"고 조언했다.

기업 성장 해법을
완성하는 AI

요리스 푸어트 리스케일 창업자 겸 CEO | **김유원** 네이버클라우드 CEO
샨커 트리베디 엔비디아 수석부사장 | **베른하르트 켄트** 탈레스그룹 최고기술책임자
박경렬 카이스트 교수

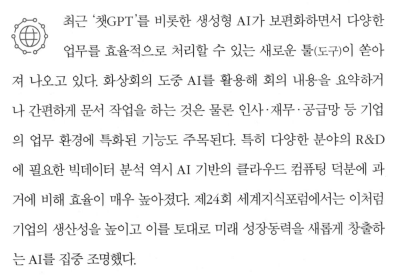

최근 '챗GPT'를 비롯한 생성형 AI가 보편화하면서 다양한 업무를 효율적으로 처리할 수 있는 새로운 툴(도구)이 쏟아져 나오고 있다. 화상회의 도중 AI를 활용해 회의 내용을 요약하거나 간편하게 문서 작업을 하는 것은 물론 인사·재무·공급망 등 기업의 업무 환경에 특화된 기능도 주목된다. 특히 다양한 분야의 R&D에 필요한 빅데이터 분석 역시 AI 기반의 클라우드 컴퓨팅 덕분에 과거에 비해 효율이 매우 높아졌다. 제24회 세계지식포럼에서는 이처럼 기업의 생산성을 높이고 이를 토대로 미래 성장동력을 새롭게 창출하는 AI를 집중 조명했다.

클라우드 기반 고성능 컴퓨팅HPC 전문기업 리스케일의 창업자인 요리스 푸어트 CEO는 복합소재 기반의 최적화 설계를 적용한 첫 상용 항공기인 '보잉778 드림 라이너'를 소개하면서 "20년 전 보잉에서

요리스 푸어트 Joris Poort

리스케일Rescale 창업자이자 최고경영자다. 리스케일을 설립하기 전에는 맥킨지앤컴퍼니McKinsey & Company에서 반도체와 하이테크 분야 제품 개발에 관한 컨설턴트로 근무했다.

김유원

2006년 네이버(당시 NHN)에 합류해 데이터정보센터 센터장, 네이버 데이터 총괄 등을 역임하며 데이터 분석과 활용 업무를 맡아온 국내 최고의 데이터·기술 전문가다. 2022년 9월부터 네이버클라우드 대표를 맡아 네이버클라우드의 성장을 이어가고 있다.

샨커 트리베디 Shanker Trivedi

현재 엔비디아 월드와이드 필드 오퍼레이션 엔터프라이즈 사업부 수석 부사장으로 재직 중이다. 그는 2009년부터 엔비디아의 데이터센터와 프로페셔널 비주얼라이제이션 부문의 전세계 영업·산업 비즈니스 개발을 이끌고 있다. IBM(유럽), ICL/후지쓰, 영국과 인도 회사에서 영업·마케팅·일반 관리 등 다양한 직책을 맡은 바 있다.

베른하르트 켄트

슈투트가르트대학교와 텔레콤 파리ENST에서 공학 학위를 취득하고 뮌헨공과대학교에서 박사 학위를 받았으며, 로데 & 슈바르츠상을 수상했다. 그는 2020년 탈레스Thales에 최고기술책임자 겸 수석 부사장으로 합류했다.

박경렬

KAIST 과학기술정책대학원에서 글로벌 기술 거버넌스, 지속가능 발전 협력, 디지털 정책을 연구하고 있으며, 경영공학부 겸임교수와 일본 국립정책대학원GRIPS 초빙교수를 맡고 있다. 현재는 대한민국 외교부 과학기술외교 자문위원, 과학기술정보통신부 디지털 정책 자문위원, 국무총리실 국제개발협력위원회 평가전문위원으로 참여하고 있다.

최적화 알고리즘을 활용해 수천만 개에 달하는 변수를 토대로 비행에 가장 효율적인 날개 등 항공기 동체를 설계하는 데 참여했었다"며 "대규모 연산력과 서버 용량이 필요해 주말에만 이 분석을 할 수 있었다. 시간이 오래 걸리는 것은 물론 매우 힘든 과정이었다"고 말했다. 10년 전 그가 리스케일을 창업하게 된 것도 이런 고된 경험에서 비롯됐다는 설명이다.

요리스 푸어트 CEO는 "이제는 클라우드 컴퓨팅을 통해 과거에는 불가능했던 많은 일을 할 수 있게 됐다"며 "리스케일의 미션은 엔지니어와 과학자들에게 AI 툴과 역량을 보편적으로, 경제적으로 공급함으로써 더 많은 사람이 AI를 활용하도록 하는 것이고 이를 토대로 인류의 난제를 해결하는 데 도움이 되고자 한다"고 밝혔다. 그러면서 그는 "기후변화 문제를 해결하기 위한 새로운 에너지원을 찾는 일부터 지속 가능한 교통 시스템과 신약을 개발하는 일, 효과적인 의료기기나 차세대 반도체를 설계하는 일에도 AI가 필요하다"고 강조했다.

샨커 트리베디 엔비디아 수석부사장은 "현재 AI 컴퓨팅에 선도적인 플랫폼을 갖고 있는 엔비디아는 창사 이래 현재까지 컴퓨팅 성능을 100만 배 증가시켰다"며 "과거 1주일이 걸리던 일이 지금은 하루도 걸리지 않는 데다 전력 소모도 적다. 그만큼 같은 일을 더 적은 돈을 들여서 할 수 있게 됐다는 뜻"이라고 설명했다.

이어 그는 "엔비디아는 특히 생성형 AI에서 그래픽, HPC, 데이터 시뮬레이션 등 3가지 도메인에 집중하고 있다"며 "의료 검진 결과를 좀 더 정확하게 만들어내거나 컴퓨터가 스스로 멋진 영상을 제작하게 하는 등 생성형 AI를 여러분의 사업 분야와 접목하면 마법 같은 일이 벌어질 것"이라고 말했다.

앞서 리스케일과 엔비디아는 2023년 7월 기술 협력을 통해 '산업용 메타버스'의 근간이 되는 디지털 트윈과 디지털 전환을 구현할 주요 혁신 기술을 발표했다. 다양한 클라우드 환경에서 엔비디아 GPU에 최적화한 소프트웨어와 AI 기능을 자유자재로 활용할 수 있도록 한 것이다. 디지털 트윈은 어떤 시스템의 물리적 특징과 동작, 질감 등을 실제에 가깝도록 디지털 가상 공간에 구현한 것을 말한다. 이를 통해 가상 시스템 테스트, 설계 최적화 등을 할 수 있어 큰 비용을 들이지 않고도 시스템을 안정적으로 운용할 수 있도록 해준다.

김유원 네이버 클라우드 대표이사CEO는 2023년 8월 발표한 초거대 생성형 AI '하이퍼클로바X'를 소개했다. 하이퍼클로바X는 2021년 11월 네이버가 세계에서 3번째로 개발한 거대언어모델LLM '하이퍼클로바'를 고도화한 것으로 한국어에 최적화된 것이 특징이다.

김유원 대표는 "하이퍼클로바X는 기업의 생산성과 성장성을 굉장히 염두에 두고 만든 AI"라며 "특히 국내 시장을 타깃으로 하는 기업에 특화된 맞춤형 서비스를 제공할 수 있다"고 설명했다. 이어 "기업형 서비스에서는 기업 내부의 지식을 AI에 어떻게 주입할 것인지, 또 기업 안의 정보를 어떻게 보호할 것인지 등 2가지 측면이 가장 중요한데 그에 대한 답이 AI 인베딩 플랫폼으로 개발한 '클로바 스튜디오CLOVA Studio'와 프라이빗 클라우드 솔루션인 '뉴로클라우드 Neurocloud'"라고 덧붙였다.

클라우드 데이터 보안 솔루션 전문 기업 탈레스의 베른하르트 켄트 최고기술경영자CTO는 중요한 의사결정 과정에 AI를 활용할 경우 AI를 견고하고 안정적으로 사용할 수 있는 환경을 만드는 것이 중요하다고 강조했다. 베른하르트 켄트 CTO는 "우주 항공, 육상 교통, 방위, 디지털 신원, 보안 등 어떤 분야든 AI를 활용한다면 관건은 안정성과 신뢰성 확보"라며 "클라우드 서비스를 사용할 때나 여러 클라우드에 데이터를 저장할 때나 민감한 데이터에 대한 액세스 권한을 세분화해 적절하게 보호해야 하고 시의적절한 시점에 필요한 정보를 정확하게 전달할 수 있게 만드는 것이 중요하다"고 말했다.

이어진 패널 토론에서는 좀 더 실무적인 조언이 나왔다. 요리스 푸어트 CEO는 "어떤 회사든 사내에 별도의 AI팀을 꾸리기보다는 전사적으로 AI 기술을 적용할 수 있도록 하는 것이 더 중요하다"며 "궁극적으로 AI를 안정적으로 운영하려면 투자가 필요하다. 조직도 변해야 하고 모든 구성원이 새로운 환경에 적응할 수 있게 직원들에 대한 재교육도 해야 한다"고 강조했다.

김유원 대표는 "AI는 인류 역사에서 보면 여전히 태동기라고 할 수 있으므로 'AI가 어떤 답을 낼 때 틀리면 안 된다'는 것은 굉장히 어려운 조건이다. 그보다는 AI가 틀렸을 때 얼마나 투명하게 답을 수정하고 시스템을 개선하는지, 만드는 사람뿐 아니라 사용하는 사람들에게도 투명하게 공개하는 것이 중요하다고 생각한다"며 "그런 기반을 마련하면 더 많은 기업이 용감하게 AI를 이용할 수 있을 것으로 기대한다"고 말했다.

AI가
CEO를 대체하는 날

모셰 벤바사트 플래테인 설립자 | **미시에크 피스코르스키** 국제경영개발대학원 교수
클라우디아 나겔 암스테르담자유대학교 교수 | **호리 요시토** 글로비스그룹 창업자 겸 회장
홍대순 광운대학교 교수

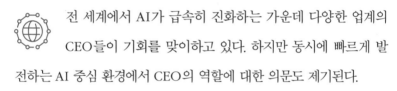 전 세계에서 AI가 급속히 진화하는 가운데 다양한 업계의 CEO들이 기회를 맞이하고 있다. 하지만 동시에 빠르게 발전하는 AI 중심 환경에서 CEO의 역할에 대한 의문도 제기된다.

기존에는 AI가 발전해도 잠재적으로 CEO를 대체하기까지 상당한 기간이 걸릴 것이라는 관측이 우세했다. AI는 인간의 직관과 이해가 필요한 복잡한 의사결정을 내릴 능력이 부족하다는 생각이었다. 하지만 AI가 CEO를 대체하는 사례는 속속 등장하고 있다. 2022년 중국의 한 유명 상장사는 AI를 주력 자회사의 CEO로 임명했다.

세계지식포럼 'AI가 CEO를 대체하는 날' 세션에서 연사들은 AI가 조직에서 CEO의 가치인 비전 리더십, 감성적인 지능, 전략적 사고를 대체할 수 있는지 토론했다. 대부분 연사는 아직까지 AI가 CEO를 완전히 대체하기는 어렵다는데 의견을 함께했다.

모셰 벤바사트Moshe Benbasat

수학자이자 컴퓨터 과학자, 사업가로서 AI 분야에서 다양한 경력을 보유하고 있다. 플래테인Platein(제조 최적화용 AI·IoT 기반 제품 분야의 선두주자)의 창업자, CEO로서 AI를 활용해 전 세계 수억 명에게 혜택을 제공하는 혁신적인 AI 제품을 개발하고 있다.

미시에크 피스코르스키

디지털 전략 분석 전문가로 현재 국제경영개발대학원IMD 아시아·오세아니아 지역 학과장이다. 하버드대학교에서 조직행동학 박사 학위를 취득한 후 하버드대학교 경영대학원의 경영학 부교수를 지냈다.

클라우디아 나겔Claudia Nagel

네덜란드 암스테르담자유대학교 교수로, 리더십, 전략 관리, 변화 프로세스 전문가다. 국제조직심리분석연구학회ISPSO 회장 겸 CEO이며 여러 비정부기구와 협회 이사로 활동하고 있다.

호리 요시토堀義人

1992년에 글로비스경영스쿨을 설립한 일본 비즈니스 교육의 리더다. 1996년 벤처캐피털 회사인 글로비스 캐피털 파트너스GLOBIS Capital Partners를 설립했다. 이 회사는 7개 펀드를 통해 20억 달러가 넘는 자금을 운용해왔다.

홍대순

글로벌 경영 컨설팅 회사인 아서디리틀Arthur D. Little 코리아 대표, 이화여자대학교 교수, 글로벌전략정책연구원 원장을 거친 경영 전문가다. 윤석열 대통령 취임식 기획위원회 부위원장도 역임했다.

제24회 세계지식포럼 'AI가 CEO를 대체하는 날' 세션에 참석한 모셰 벤바사트 플래테인 창업자(사진 왼쪽 2번째)가 청중 앞에서 발표하고 있다.

모셰 벤바사트 플래테인 설립자는 "CEO 역할을 하는 AI는 의사결정을 해야 하는데, 이 의사결정은 데이터 관리와 다르다"며 "CEO 역할은 단순히 의사결정만 하는 것이 아니라 전략적 의사결정을 하는 것"이라고 강조했다. CEO와 임원들, 일선 직원들 간의 단계별 의사결정 체계가 있는 만큼 CEO가 내리는 종합적인 의사결정은 AI가 내리기 어렵다는 설명이다.

그에 따르면, CEO 단계에서는 2년 후에 어떤 제품을 생산할지 결정한다. 임원들은 다음 분기에 어느 정도 인력이 필요한지 결정을 내리게 된다. 일선 직원들은 매주 어떤 일을 어떻게 할지에 대한 의사결정을 내린다. CEO는 조직 내에서 나침반 역할을 하며 하부 의사결정들을 조화시키는 역할을 한다는 것이다.

모셰 벤바사트 설립자는 "CEO는 부서별로 자신의 이해관계에만 이기적으로 집중하지 않도록 조화롭게 조율을 해야 하는데, AI가 그런 역할을 할 수 있는가"라고 반문했다. 그러면서 "CEO는 자신의 밑에 있는 모든 조직이 따르도록 해야 하는데, AI 알고리즘을 만들어 이런 역할을 하게 할 수 있는가"라며 "나는 수학자이지만 이런 일을 위한 알고리즘을 만드는 것은 쉽지 않다"고 덧붙였다.

클라우디아 나겔 암스테르담자유대학교 교수는 인간의 감성을 근거로 AI가 CEO를 대체할 수 없다고 강력하게 주장했다. 나겔 교수는 "기계는 인공지능을 갖고 있지만, 인간은 감성과 관련된 인간지능을 갖고 있다"며 "진화 덕분에 우리는 수천 년 동안 발전해왔고 여전히 감정이라는 것이 있다"고 설명했다.

특히 경험을 체화한 '체화된 의식'이 중요하다고 봤다. 나겔 교수는 "CEO는 갖고 있지만, 기계는 절대 가질 수 없는 것이 바로 메를로 퐁티가 말한 '체화된 의식'"이라며 "우리 존재 자체가 주관된 경험을 흡수하므로 다른 사람으로부터 많은 정보를 얻을 수 있고, 보이지 않는 정보를 처리할 수 있다"고 주장했다. 체화된 의식 덕분에 타인과 관계를 맺으며 공감 능력도 키울 수 있다는 의미다. 그에 따르면, CEO는 이를 바탕으로 주주들이나 이해관계자들과 관계를 쌓으며 좋은 의사결정을 내릴 수 있다.

호리 요시토 글로비스그룹 회장은 몇 가지 조건을 충족한다면 AI가 CEO를 대체할 수 있다고 말했다. 그는 "AI가 멀티플 플레이, 인간적 측면, 외부적 힘에 대한 정보를 쌓는다면 CEO를 대체할 수 있다"고 말했다. 멀티플 플레이는 직원과 재무 자원, 전략 등에 관한 정보를 수집하는 것을 의미한다. 인간적 측면은 직원 등 인간에 대한 충분한 데이터를 수집해 의사결정을 내릴 수 있는지에 대한 것이다. 외부적 힘이란 자연재해, 금융위기에 따른 효과를 시뮬레이션하는 것을 뜻한다.

호리 요시토 회장은 "의사결정 측면에서 전략을 마련하는 것은 AI가 대체 가능하다"면서도 "AI가 열정적으로 사람에게 동기 부여할 수 있을지, 신뢰를 구축하고 문화를 만들어갈 수 있을지 등은 열린 질문"이라고 부연했다.

미시에크 피스코르스키 IMD 교수는 연사 중 유일하게 AI가 CEO를 확실히 대체할 수 있다고 역설했다. 그는 "목표 지향적인 AI는 수익성을 높이기 위한 최적화된 조직 구조를 제안할 수 있다"며 "CEO는 많은 직원을 제대로 보지 못하지만, AI는 직원의 이메일과 행동을 관찰하고 데이터를 수집해 업무를 조율해줄 수 있다"고 전했다.

상상 못 한
AI 혁명이 오고 있다

비나약 HV 맥킨지앤컴퍼니 시니어 파트너 | **사미어 굽타** 싱가포르개발은행 최고분석책임자
이용진 맥킨지앤컴퍼니 시니어 파트너

 "기술의 불확실성은 있겠지만, 일자리가 사라지지는 않을 것이다."

'상상 못 한 AI 혁명이 오고 있다' 세션에서 세계 최대 컨설팅사 맥킨지앤컴퍼니의 비나약 HV 시니어 파트너는 "과거 계산기와 현금자동입출금기ATM 등이 도입될 때도 일자리가 줄어들 것이라는 우려가 있었으나, 사람들은 더 효율적으로 부가가치가 높은 작업을 하게 됐다"며 이같이 밝혔다.

비나약 HV 시니어 파트너는 생성형 AI의 경제성과 잠재력을 다뤘다. 그는 "생성형 AI는 아직 초기 단계이고, 계속해서 바뀌고 있다"면서도 "이를 통해 시간을 줄이고 생산성이 늘면서 경제 생산성이 향상되고 있다"고 말했다. 특히 자동화와 자료 요약, 코딩, 창조적인 콘텐츠를 통해 생산성을 높였다는 분석이다.

제24회 세계지식포럼 '상상 못 한 AI 혁명이 오고 있다' 세션에 참석한 비나약 HV 맥킨지앤컴퍼니 시니어 파트너(사진 가운데) 외 연사들이 발표하고 있다.

비나약 HV Vinayak HV

아시아·태평양 지역에서 맥킨지앤컴퍼니 디지털 부문을 이끌며 아시아 전역의 선도 기업과 빠르게 성장하는 기술 회사들과 긴밀히 협력 중이다. 해당 부문은 새로운 비즈니스를 구축·확장하고, 기존의 기술을 목적에 맞게 변형하며, 조직 전반에 걸쳐 AI와 분석 기능을 확장하는 것을 돕는다.

사미어 굽타 Sameer Gupta

싱가포르개발은행DBS 최고분석책임자CAO로 은행의 'AI Fuelled Bank' 전략을 이끄는 데이터 분석을 책임지고 있다. 전략적 마케팅, 고객 경험, 교차 판매, 변경 관리, 분석, 가격 책정 등 다양한 분야에 걸친 25년 이상의 은행·금융 서비스 경력을 보유하고 있다.

이용진

1997년 맥킨지앤컴퍼니에 입사한 뒤 보스턴, 실리콘밸리 사무소를 거쳐 2003년 서울 사무소에 합류했다. 한국 TMT Technology, Media and Telecom 부문 리더로 활동 중이며 한국·일본·동남아·호주 내 전자, 통신 고객사에 자문하고 있다.

그는 "생성형 AI를 사용한다면 자동화를 통해 사람들이 더 가치 있는 작업을 할 수 있다"며 "화이트칼라(사무직 근로자)까지 영향을 끼친다"고 설명했다. 이어 "이 전환기에 일자리를 잃게 되는 이들이 기술을 재학습할 수 있도록 재편해야 한다"고 말했다.

생성형 AI의 한계점도 짚으며 책임감을 강조했다. 그는 "지식재산권IP 침해와 비정확성, 편향과 유해성 등의 문제가 있다"면서 "생성형 AI에 대한 자신감과 낙관론이 있어야만 시도할 수 있으나 아직 이 기술은 미지의 부분이 있어서 책임감을 가져야 한다"고 주문했다.

시장이 과열 사이클에 진입했다는 분석도 내놨다. 그는 "기술의 잠재력에 대한 흥분도 있겠지만, 한 발짝 물러나 우려도 갖고 있어야 한다"면서 "기술이 거짓된 정보를 제공할 수도 있다. 이것이 사실인지를 숙고해봐야 할 것"이라고 말했다.

그러면서 애플 창업자 스티브 잡스의 말을 인용해 "기술은 아무것도 아니다. 중요한 것은 사람들에 대한 신뢰"라며 "그들이 선하고 똑똑하다는 것을 믿기 때문에 사람들은 도구로 훌륭한 일을 해낼 것이다"라고 덧붙였다.

사미어 굽타 DBS 최고분석책임자CAO도 낙관론을 이어갔다. 그는 "5년 전부터 정형 데이터를 활용해 경제적 효과가 매년 2배 이상 증가한 것으로 보인다"며 "DBS의 데이터 60~70%는 비정형 데이터이므로 향후 이를 어떻게 활용할지 고민 중"이라고 했다. 비정형 데이터란 사전 정의된 방식으로 구성되지 않거나 사전 정의된 데이터 모델이 없는 정보를 의미한다.

다만 생성형 AI에 대한 안전장치를 구축해야 한다고 주장했다. 그는 "여러 위협 요인이 존재하는 가운데 은행은 신뢰가 중요한 산업인 만큼 안전장치를 제대로 마련해야 한다"며 "이 기술은 각종 금융사기에 활용되기도 하는데, 이때 어떻게 대응할 것인지에 대한 준비가 필요하다"고 강조했다.

또 생성형 AI를 통한 전문가의 자질에 대해서도 우려했다. 사미어 굽타 CAO는 "사람들은 인턴 등 사회 경험을 거치며 배우는 경우가 많다"면서 "실수를 통해 배우지 않는 이상 진정한 전문가가 되기 어렵다"고 지적했다.

생성형 AI 전문 인력 육성을 위한 정부의 지원도 당부했다. 그는 "인재 양성을 위한 투자는 늘어나야 한다. 각 정부에서 투자할 때"라며 "생성형 AI는 우리의 미래이고 향후 수요는 더 많아질 것이다. 수요가 있으므로 공급도 따라잡을 것"이라고 말했다. 그는 "현재 싱가포르 대학과 협력해 관련 수업들을 열고 프로젝트를 추진하는 등 채용 연계형 프로그램을 진행하고 있다"고 덧붙였다.

그는 현실적인 어려움에 대해서는 "실제 성과와 이점을 측정하는 일이 쉽지 않다"면서 "기술의 한계점도 분명한 만큼 이를 고객에게 그대로 전달하기에도 부족한 부분이 있다"고 설명했다. 한국에 조언도 아끼지 않았다. 그는 "한국은 오랜 기간 혁신을 이뤄낸 국가"라며 "일단 도전해야 한다. 사업하는 방식도 바꿔보고 직접 경험을 해야 한다"고 말했다.

2

기술과 인간의 공존을 위해

AI 윤리,
혁신과 책임 사이에서

에드윈 판 바이트플러스 엔터테인먼트 & AI 솔루션 총괄 | **에릭 다임러** 코넥서스 AI 공동창업자
마거릿 미첼 허깅페이스 수석 윤리과학자 | **장병탁** 서울대학교 AI연구원 원장

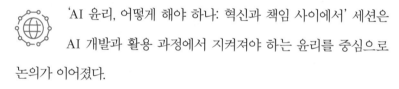 'AI 윤리, 어떻게 해야 하나: 혁신과 책임 사이에서' 세션은 AI 개발과 활용 과정에서 지켜져야 하는 윤리를 중심으로 논의가 이어졌다.

이 세션 패널 토론에서 마거릿 미첼 허깅페이스 수석 윤리과학자는 AI 훈련 과정에서 인종주의, 고정관념 등 많은 편견이 개입될 수 있다고 주장했다. 데이터를 전 세계에 걸쳐 고르게 추출하지 않는 등의 이유 때문이다. 미첼 연구원은 "미국 남성들의 말과 생각이 과대 대표되는 경향이 있다"고 했다.

에드윈 판 바이트플러스 엔터테인먼트 & AI 솔루션 총괄은 AI 성능을 평가하는 과정에서 윤리 데이터베이스를 구축하고 핵심 기준에 윤리성을 도입해야 한다고 했다. 그는 "우리의 AI 목표는 정확한 답을 얻는 것뿐 아니라 윤리적인 답을 얻는 것이 돼야 한다"고 했다.

제24회 세계지식포럼 'AI 윤리, 어떻게 해야 하나: 혁신과 책임 사이에서' 세션에 참석한 마거릿 미첼 허깅페이스 수석 윤리 과학자(화면) 외 연사들이 청중에게 발표하고 있다.

에드윈 판

바이트플러스Byteplus에서 아시아·태평양 지역의 엔터테인먼트 기술 사업을 이끌고 있으며, 한국 시장에 서비스를 제공하고 있다.

에릭 다임러Eric Daimler

기업가·임원·투자자·기술자·정책 자문가로 20년 이상 경험을 쌓은 AI 권위자다. 소프트웨어 시스템부터 통계 차익 거래 등 분야를 넘나들며 기술 회사 6개를 공동 설립했고, 버락 오바마 행정부의 대통령 혁신 펠로를 역임했다.

마거릿 미첼Margaret Mitchell

머신 러닝과 윤리에 기반한 AI 개발에 중점을 둔 연구자다. AI 윤리에 관한 논문을 50편 이상 발표했으며, 대화 생성과 감정 분류 분야에서 다수의 특허를 보유하고 있다. 현재 허깅페이스Hugging Face에서 최고윤리과학자로 근무하고 있다. 2023년 〈타임〉지 선정 '세계에서 가장 영향력 있는 인물 100인' 중 한 명이다.

장병탁

서울대학교 컴퓨터공학부 석좌교수이자 AI연구원AIIS 원장이다. 한국정보과학회 인공지능소사이어티 회장(2010~2013)과 한국인지과학회 회장(2016~2017)을 역임했다.

이 과정에서 그는 개발진의 다양성이 중요하다고 강조했다. 에드윈 판 총괄은 "배경이 다양한 사람들이 개발에 참여할 때 윤리적으로 건전한 제품이 만들어질 수 있다"고 했다.

에릭 다임러 코넥서스 AIConexus AI 대표는 AI 개발에 사용된 데이터가 어디서 비롯됐는지 추적하고 입증할 수 있어야 하며, 외부 관찰자 시점에서 AI 알고리즘에 대한 감사도 필요하다고 주장했다.

AI 투명성 문제, 차별과 편향성 문제, 환각 문제, 개인정보와 저작권 문제 등에 대한 논의도 있었다. 에드윈 판 총괄은 데이터 관련 저작권 등 규제 확립이 중요하다고 강조했다.

그는 "5년 전만 해도 법적인 규제 없이 안면인식 기술을 자유롭게 활용해 뷰티 필터 스티커, 아바타를 만들 수 있었지만, 그로부터 3년이 지난 뒤 안면인식 기술과 관련된 데이터를 유저로부터 가져오려고 할 때 여러 규제가 생겼다"며 "시간이 지날수록 사용자 권리와 개인정보를 보호하는 방향으로 규제를 강화하고 있다"고 했다.

에릭 다임러 대표는 결정론적인 AI와 확률론적인 AI를 모두 사용해야 좋은 결과를 거둘 수 있다고 주장했다. 그는 "결정론적인 AI와 확률론적인 AI를 결합하면 이용자들의 프라이버시를 보호할 수 있다"고 했다.

거세지는 AI 해킹, 어떻게 지킬 것인가

프라사드 만다바 아카마이 글로벌 IT팀 엔지니어링 부사장 | **에릭 다임러** 코넥서스 AI 공동창업자
제임스 올워스 클라우드플레어 혁신 책임자 | **메나헴 샤프란** XM 사이버 상품 및 혁신 부문 SVP
존 '코즈' 콜그로브 퓨어스토리지 창업자 | **김영재** 서강대학교 컴퓨터공학과 교수
임종인 고려대학교 정보보호대학원 석좌교수

 AI에 관한 관심과 함께 AI가 일으킬 수 있는 잠재적인 문제점들에 대한 활발한 논의도 대두됐다. 대표적인 것이 해킹 위험과 데이터센터의 전력 소모 문제다.

프라사드 만다바 아카마이 부사장은 '거세지는 AI 해킹, 어떻게 지킬 것인가' 세션에서 "챗GPT는 일반 시민의 작업을 효율화하는 순기능이 있지만, 해킹 조직들이 이 기술을 이용해 더 빠르게 정교한 피싱 이메일을 만들기도 한다"고 말했다.

메나헴 샤프란 XM 사이버 상품 및 혁신 부문 SVP는 "AI 기술이 범죄에 쓰이는 빈도가 늘어나고 있고 그 수준도 점점 높아지고 있다"고 지적했다. 그러면서 AI 기술을 이용해 피싱 이메일을 작성하고, 속을 가능성이 큰 사람들을 추려 보내 돈을 갈취하는 방식을 거론했다.

제임스 올워스 클라우드플레어 혁신 책임자는 "과거 피싱 메일은

프라사드 만다바Prasad Mandava

아카마이Akamai 인도 전무이사이자 글로벌 IT팀 엔지니어링 부사장이다. 2009년 아카마이에 입사해 다양한 기술 관리 직책을 맡으며 벵갈루루 우수 센터의 성장을 도왔다.

제임스 올워스James Allworth

클라우드플레어Cloudflare의 혁신 책임자다. 익스포넌트 팟캐스트의 공동 진행자이자 〈뉴욕타임스〉가 선정한 베스트셀러 《당신의 인생을 어떻게 평가할 것인가How Will You Measure Your Life?》의 공동 저자이기도 하다.

메나헴 샤프란

사이버보안 관련 제품 관리 전문가다. 사이버보안부터 국토 보안, 모바일 애플리케이션까지 보안과 관련된 제품의 기술 개발, 영업, 마케팅을 관리한다.

존 콜그로브John Colgrove

퓨어스토리지Pure Storage 창업자이자 최고비전책임자CVO이며 퓨어스토리지의 글로벌 기술 전략 수립·이행을 담당하고 있다. 컴퓨터 시스템과 안정적인 데이터 스토리지 설계 분야에서 특허를 170개 이상 보유하고 있다.

김영재

서강대학교 컴퓨터공학과 교수이자 데이터 중심 컴퓨팅 및 시스템 연구실 디렉터다. 연구 분야는 파일 시스템, 스토리지 시스템, 분산 딥러닝을 위한 I/O 가속화, 데이터베이스 등이다.

임종인

김·장 법률사무소 고문으로서 프라이버시·정보보호, 개인정보 소송, 영업비밀·기업 정보보호, 핀테크·IT 규제 관련 자문을 제공하고 있다. 고려대학교 교수로 36년을 근무하며 정보보호대학원 사이버 국방학과를 설립하는 등 국내 정보보호 분야를 개척하고 선도해왔다.

문법도 엉망이고 내용도 터무니없었지만, 범죄 조직이 챗GPT를 활용해 자연스러운 피싱 메일을 생성할 수 있게 돼 피해가 확대되고 있다"고 말했다.

프라사드 만다바 부사장은 "코로나19 이후 원격근무가 보편화하면서 자택 등 외부에서 회사 내부 시스템에 접속하는 빈도가 늘어났는데, 보안 빈틈을 노려 회사 내부 정보를 빼가려는 형태의 사이버 공격이 발생하고 있다"고 지적했다.

랜섬웨어 공격이 기승을 부리고 피해 기업이 급증하면서 랜섬웨어 범죄 수익은 역대 최고치를 기록하고 있다. 만다바 부사장은 "아시아 기업이 특히 랜섬웨어 범죄의 표적이 되고 있다"고 말했다.

무엇보다도 한국의 해킹 피해가 커서 사이버보안 강화 필요성이 제기됐다. 제임스 올워스 책임자는 "아시아·태평양 지역 대상 설문조사에서 한국 기업 61%가 사이버보안 공격을 지난 12개월 내 겪었다고 답했고, 36%는 10건 이상 공격 시도를 받았다는 응답이 나왔다"고 말했다. 또 "상당수가 100만 달러 정도 손실에 그쳤다고 했지만, 대기업은 200만 달러 이상의 손실을 봤다고 응답해 피해액도 상당하다"고 했다.

해킹 등 사이버 범죄 피해를 막으려면 맨 먼저 중요 정보를 접근하기 어려운 곳에 분리해 보관해야 한다고 강조했다. 그러면서 사이버 위협에 대한 보안 정보를 제공하는 보안업체를 찾아 파트너십을 맺을 것을 제안했다. 제임스 올워스 책임자는 "중요 자료를 클라우드로 옮기면서 보안까지도 벤더들한테 받으려고 하는데 그렇게 하지 않기를 바란다"며 "회계사와 감사를 구분해둔 이유가 있듯이 클라우드 서비스를 제공하는 업체가 최고 보안까지 제공한다고 생각할 수는 없다"고 했다.

데이터센터의 막대한 전력 소모와 탄소 배출 급증도 새로운 사회 문제로 떠올랐다. '코즈Coz'로도 알려져 있는 존 콜그로브 퓨어스토리지 최고비전책임자CVO는 "새로운 기술이 개발될수록 전력의 밀도는 높아지고 있다"며 "데이터센터를 통제하지 않는다면 전 세계 데이터센터의 전력 소모량이 현재 1~2% 수준에서 많게는 20%까지 증가하는 날 올 수 있다"고 했다.

존 콜그로브 CVO는 2009년 올 플래시 스토리지All Flash Storage 전문 기업 '퓨어스토리지'를 공동 창립했다. 콜그로브 CVO는 데이터센터가 환경에 끼치는 영향을 언급하며 지속 가능한 성장을 해야 한다고 강조했다. 그는 "지난 50년간 데이터센터가 급성장하면서 전력 소모가 많아졌다"며 "미국에서는 추가적인 데이터센터를 금지하는 도시가 생기고 있고, 싱가포르는 신규 데이터센터 구축을 철저하게 규제하고 있다"고 했다.

데이터센터는 서버에서 발생하는 열을 식히기 위해 냉방 전력의 소모가 막대하다. 전체 에너지 비용의 절반 정도가 냉각 비용으로 알려졌다. 그는 전력 사용량이 갈수록 증가하는 만큼 환경·사회·지배구조ESG 경영에 대한 압박은 점차 심화할 것이라고 봤다.

존 콜그로브 CVO는 "비트코인 채굴로 전력이 많이 소모되기 시작했다. 최근에는 AI 활용으로 그래픽처리장치GPU의 사용량이 급속도로 치솟았다"면서 "한 AI 모델이 9일간 사용한 전력소비량이 2만 7,648킬로와트시kWh 이상이라는 조사 결과도 나왔다"고 지적했다.

데이터센터가 직면한 문제를 해결하는 방법 가운데 하나로 올 플래시 스토리지 시스템에 대한 필요성을 설명했다. 그는 "기존 시스템에 비해 전자폐기물이 97% 감소했고 하이브리드 디스크 스토리지보다 96% 적은 공간을 사용한다"며 "에너지 사용량은 경쟁사보다 85% 적다"고 언급했다. 전력 소비량을 절감한 만큼 더 많은 데이터를 저장할 수 있어 전력 효율성이 높아진다는 것이다.

AI 기반 기업의
4대 조건

아닌디아 고즈 뉴욕대학교 스턴경영대학원 기술·마케팅 분야 석좌교수
오혜진 카네기멜런대학교 로봇학과 교수

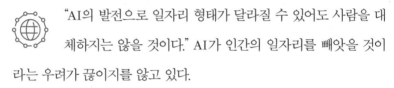 "AI의 발전으로 일자리 형태가 달라질 수 있어도 사람을 대체하지는 않을 것이다." AI가 인간의 일자리를 빼앗을 것이라는 우려가 끊이지를 않고 있다.

그러나 모바일 마케팅의 대가로 꼽히는 아닌디아 고즈 뉴욕대학교 스턴경영대학원 석좌교수는 'AI 기반 기업의 4대 조건' 세션에서 낙관적인 전망을 내놓았다. 기술·마케팅 분야 교수이자 모바일 마케팅 저서 《탭》의 저자인 그는 그간 삼성, 애플, 구글, 페이스북 등 글로벌 기업과 협업하며 모바일 전략에 관한 조언을 해온 세계적 석학이다.

아닌디아 고즈 교수는 인간이 말로 설명할 수 있는 것보다 표현할 수 없는 지식이 더 많다며 '폴라니의 역설Polany's Paradox'을 언급했다. 인간은 지능지수IQ, 교육 수준과 무관하게 한계가 있다는 것이다. 그는 "기계가 사람의 사고와 행동 방식을 보완해줄 수 있다"며 "인간의

아닌디아 고즈 뉴욕대학교 스턴경영대학원 기술·마케팅 분야 석좌교수가 제24회 세계지식포럼 'AI 기반 기업의 4대 조건' 세션에서 발표하고 있다.

아닌디아 고즈Anindya Ghose

뉴욕대학교 스턴경영대학원에서 기술·마케팅 분야 석좌교수로 일하고 있다. 《탭Tap: Unlocking the Mobile Economy》 저자이며 알리바바, 애플, CBS, 페이스북, 구글, 마이크로소프트, 삼성, 스냅챗, 버라이즌 등과 협업하고 있다.

오혜진

카네기멜런대학교 로봇학과 교수이자 로봇 인텔리전스 그룹BIG 디렉터다. '예술 개발 프레임워크 및 로봇 이니셔티브Framework and Robotics Initiative' 프리다FIRDA를 개발했다. 그의 팀은 2023년 미국 전기전자학회IEEE 국제 콘퍼런스에서 최우수 논문상 최종 후보에 올랐으며, IEEE/RSJ 국제 지능형 로봇 및 시스템 콘퍼런스IROS'22에서 최우수 학생 논문상을 받았다.

한계를 AI 기반 조직이 해결할 수 있다"고 말했다.

아닌디아 고즈 교수는 기업들이 AI를 기반으로 성공하기 위한 4가지 조건을 차례로 제시했다.

첫째, 데이터의 시각화다. 그는 "정교한 모델링이 필요 없으며 서술적인 분석을 통해 시각화하면 된다"고 설명했다.

둘째, 예측이다. 그는 SK텔레콤과 협업했던 사례를 들며 "개인의 이동 경로 데이터를 확보해 예측 분석에 쓴다"며 "스마트 광고뿐 아니라 옥외 광고판을 통해 실시간으로 타깃팅 할 수 있다"고 했다.

셋째, 인과 분석이다. 아닌디아 고즈 교수는 "요즘 화제가 된 인과관계는 어렵다고 악명 높지만, 굉장히 중요하다"면서 "여기에서 던지는 질문은 'X가 진짜로 Y의 원인인가'이다"라고 강조했다. 소비자가 왜, 특정한 방식으로 행동하는지 알 수 없다면 확장할 수 없기 때문이다. 그러면서 "인과관계를 추론하는 유일한 방법은 실험을 해보는 것"이라며 "AI 기반 조직을 구축하려면 열린 마음으로 실험을 받아들일 수 있어야 한다. 어떤 경우에는 실험을 통해서만 답을 얻을 수 있다"고 덧붙였다.

넷째, "어떻게 대응해야 하는가"라는 질문에 대한 답이 필요하다고 했다. 이를 위해서는 인간과 기계의 공존을 최적화시키는 인재도 필요하다는 분석이다. 아닌디아 고즈 교수는 AI로 인해 일자리가 오히려 창출되고 있다는 점을 피력했다. 그는 "빅데이터 기술이 처음 나왔을 때도 일자리와 관련한 우려가 나왔으나, 현재 수많은 데이터 사이언티스트가 일하고 있다"고 했다.

기계와 인간의 공존은 어떻게 가능해질까. 그는 "향후 인간과 기계와의 협업, 즉 이중성을 최적화시킬 수 있는 사람들이 미래를 이끌 것"이라며 "중간관리자가 대체되는 일은 없겠지만, AI를 사용할 줄 아는 관리자들이 그렇지 않은 사람들을 대체할 수는 있을 것"이라고 내다봤다.

예술 부문에서도 인간의 역할이 줄어들지 않을 것이라는 전망이 나왔다. 오혜진 카네기멜런대학교 로봇학과 교수는 'AI가 창조힐 인간의 가치' 세션에서 로봇과 AI 융합의 시너지를 강조했다. 최근 카네기멜런대학교 로봇연구그룹BIG은 그림을 그리는 로봇 '프리다' 개발에 성공했다. 고도화된 AI를 탑재해 마치 사람처럼 생각하고 한 획 한 획 그림을 직접 그려내는 로봇이다.

멕시코 초현실주의 화가 프리다 칼로Frida Kahlo의 이름을 딴 프리다 로봇은 '예술 작품의 발전을 위한 프레임워크 및 로봇공학 이니셔티브'라는 의미를 담고 있다. 오혜진 박사는 "프리다는 그림을 그리는 로봇 시스템이지만 예술가는 아니다. 프리다는 아티스트와 협업할 수 있는 시스템이다. 아티스트는 프리다에게 높은 수준의 목표를 제시하며 프리다는 이를 실행할 수 있다"고 설명했다.

오혜진 박사가 생각한 AI의 가장 큰 도전 과제는 인류의 편향성이다. 그는 이날 무대에서 기존 온라인 데이터를 무작위로 기계 학습해 만든 AI 이미지와 편향성을 제거한 이미지 간의 차이를 설명했다.

예를 들어 오혜진 박사가 "식사하는 나이지리아 가족들의 모습을 보여줘"라고 명령을 내리니 기존 AI는 빈민층 기아들이 길거리에서 구

오혜진 카네기멜런대학교 교수가 제24회 세계지식포럼 'AI 기반 기업의 4대 조건' 세션에서 그의 이니셔
티브인 '프리다'의 작품을 소개하고 있다.

걸하는 듯한 모습을 그려냈다. 하지만 편향성을 제거한 뒤 다시 같은
명령을 내리니 아프리카 건축풍 가옥에서 식탁에 앉아 밥을 먹고 있
는 단란한 가족이 그려졌다. 그는 "프리다 연구팀은 9개의 다른 나라
에서 온 배경이 다양한 연구진들이 모여 있다"면서 "AI가 편향성을 가
지지 않고 올바른 방향으로 나아갈 길을 제시하고자 한다"고 밝혔다.

이날 청중은 프리다의 미래에 대한 다양한 질문을 던졌다. 한 관
람객은 "프리다의 그림이 팔린다면 저작권은 로봇에게 있는가 아니
면 연구자에게 있는가. 아니면 명령어를 던진 이에게 있는가"라는 질
문을 던졌다. 오혜진 박사는 "AI가 실생활로 들어올 머지않은 미래에
많이 발생할 수 있는 문제"라면서 "상업적 활동이 가능하게 된다면
이에 대한 다양한 논의가 이어져야 할 것"이라고 답했다.

AI 시대,
좋은 상사 되기

클라우디아 나겔 암스테르담자유대학교 교수

"무엇이 우리를 인간적이고 인간답게 만드는가. 이것이 인공지능과 인간지능의 차이를 만드는 핵심 질문이다." 리더십 전문가인 클라우디아 나겔 암스테르담자유대학교 교수는 인공지능으로 인해 급격히 변하는 세상 속에서 조직이 성공하기 위해 미래의 리더가 어떻게 해야 하는지 방향을 제시했다.

AI 등장으로 전례 없는 급속한 속도로 산업과 조직 환경이 진화하면서 다양한 업계의 리더들은 새로운 시대의 문턱에 서게 됐다. AI는 기업의 효율성과 성과를 높이는 데 탁월한 능력을 발휘하지만 빠른 변화 속에서 리더들의 역할에 대한 의문도 함께 제기되고 있다. 클라우디아 나겔 교수는 AI 시대에 부상하는 리더십으로 '상사의 공감 능력'을 강조했다. 이것이 AI와 '인간지능Human Intelligence'의 차이이자 기계는 가질 수 없는 인류 고유의 무기라는 것이다.

제24회 세계지식포럼 'AI 시대, 좋은 상사 되기' 세션에서 발표하고 있는 클라우디아 나겔 암스테르담자유대학교 교수.

그는 리더로서 자기 인식, 억제, 신뢰 등 3가지 능력이 필요하다고 주장한다. 자기 인식은 다른 사람과 관계를 맺을 때 자신을 이해하지 못한 채로 다른 사람을 이해할 수 없다는 측면에서 필요하다. 그럼에도 많은 리더 사이에서 자기 인식 능력이 잘 발달해 있지 않다고 한다.

다음 단계는 억제다. 리더가 자신을 억제하는 것은 구성원들이 자신의 아이디어와 취약점을 대담하게 공유할 수 있는 안전한 심리적 공간을 만드는 것과 같다. 만약 리더가 억제하지 못하고 자신의 취약성을 내보인다면 구성원의 불안까지 초래해서다.

신뢰를 만드는 것은 리더의 가장 큰 과제다. 다른 사람과 협력하거나 함께 생각하려면 신뢰가 필요하다. 클라우디아 나겔 교수는 "직원들에게 신뢰를 심어줘야만 AI의 도전에 긍정적으로 대처할 수 있다"고 강조했다.

3

'꿈의 기술' 양자, 어디까지 와 있나

양자 과학과 기술의 미래

미하일 루킨 큐에라 컴퓨팅 공동창업자 | **크리스토퍼 먼로** 아이온큐 공동창업자
얀 괴츠 IQM 공동창업자 | **채은미** 고려대학교 물리학과 교수
제이컵 테일러 미국 표준기술연구원 핵심유망기술 고문
제리 초우 IBM 펠로 및 양자인프라개발 부문 이사 | **최순원** MIT 교수
김재완 고등과학원 양자우주연구센터 석좌교수

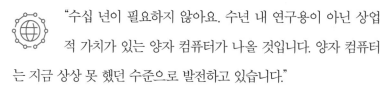 "수십 년이 필요하지 않아요. 수년 내 연구용이 아닌 상업적 가치가 있는 양자 컴퓨터가 나올 것입니다. 양자 컴퓨터는 지금 상상 못 했던 수준으로 발전하고 있습니다."

양자 컴퓨터의 미래는 우리가 상상했던 것보다 훨씬 이른 시점에 현실화될 전망이다. 100년 전 나왔던 양자물리학 이론이 1990년대부터 컴퓨터로서 가능성을 보였고 이제 연구소를 거쳐 상용화 단계로 거듭나고 있다.

양자 컴퓨터는 슈퍼컴퓨터보다 수억 배 빠른 연산 능력으로 문제를 신속하게 처리할 수 있어 '꿈의 컴퓨터'로 불린다. 물리량의 최소 단위인 양자Quantum를 이용해 기존 슈퍼컴퓨터보다 연산 속도를 빠르게 만드는 원리다. AI와 사물인터넷IoT 등 4차 산업혁명 시대를 맞아 급증한 빅데이터를 신속하게 처리할 수 있는 기술로 평가받고

크리스도퍼 먼로 아이온큐 공동창업자(왼쪽 3번째)가 제24회 세계지식포럼 '양자 과학과 기술의 미래' 세션에서 발언하고 있다.

미하일 루킨Mikhail Lukin

현재 조슈아 앤드 베스 프리드먼대학교 교수, 하버드 퀀텀 이니셔티브 공동책임자, 하버드-MIT 초저온 아톰센터의 공동책임자를 겸임하고 있다. 연구 분야는 양자광학과 양자정보과학이다.

크리스토퍼 먼로Christopher Monroe

듀크대학교에서 전기컴퓨터공학과 물리학을 가르치고 있으며, 미국의 대표적인 양자 컴퓨터 스타트업 아이온큐IonQ의 공동창업자다. 미국 국립 양자 이니셔티브NQI 자문위원회를 설계한 핵심 인물이며 미국 물리학회, 미국 광학학회, 미국 과학진흥협회 등에 소속돼 있다.

채은미

도쿄대학교 물리공학과를 졸업하고, 2009년 도쿄대학교 공학계연구과 물리공학 전공의 석사과정을 수료했다. 현재 고려대학교 물리학과 교수로 극저온 분자를 이용한 양자 시뮬레이션·컴퓨팅, 양자 반응 제어 연구를 수행하고 있다.

제리 초우Jerry M. Chow

IBM 펠로이자 IBM의 퀀텀 시스템과 런타임 기술 담당 이사다. 전문 분야는 초전도 큐비트의 설계, 측정·통합 분야다. 2012년에는 〈포브스〉 30세 이하 기술 분야 30인에 선정됐다.

있다.

'양자 과학과 기술의 미래' 세션에서는 수십 년 뒤에나 가능할 것으로 예견된 양자 컴퓨터의 미래가 불과 수년 앞으로 다가왔고, 양자 혁명에 대비한 산업과 교육의 변화가 이어질 것이라는 전망이 나왔다.

시장에서는 양자 컴퓨터의 서막이 열리는 분위기다. 크리스토퍼 먼로 듀크대학교 교수는 "양자물리학 이론은 100년 전에 나왔고 이해하기 어려웠지만, 지금은 유망한 기술로 각광받고 있다"며 "슈퍼컴퓨터보다 획기적인 연산 능력이 주목받기 때문"이라고 전했다.

미하일 루킨 하버드대학교 교수는 "지금 우리는 특별한 순간에 왔다"며 "대규모 양자 컴퓨터를 만들 수 있는가, 그 컴퓨터를 특정 용도에 맞게 활용할 수 있는가를 두고 해법을 본격적으로 찾아가고 있다"고 설명했다.

얀 괴츠Jan Goetz IQM CEO는 "시장의 기대가 크고, 당장 성과를 원하고 있지만, 인내심이 필요하다"며 "다만 이 기술은 이제 연구소를 넘어 기업까지 갔으며 반도체 노하우와 컴퓨터 공학이 더해져 개발 속도가 나기 시작했다"고 평가했다.

실제 교육과 산업에서 양자 컴퓨터에 대한 관심도 높아지고 있다. 미하일 루킨 교수는 "20세기 초 물리학에서 전기전자공학이 분리돼 나왔고 이는 사회적 요구에 맞춘 변곡점이었다"며 "컴퓨터공학과는 수학과에서 나왔는데, 이제는 과학·수학·컴퓨터공학·시스템공학 등이 함께하는 양자 과학 시스템이 개별 과로 나오고 있다"고 전했다.

얀 괴츠 CEO는 "대기업에서 사내 양자 컴퓨터 팀이 만들어지고 있다"며 "이제 근본 개념은 입증됐고, 상용 단계를 앞두고 있다. 회사의 경영진과 의사결정자도 이 사실을 알아야 할 것"이라고 설명했다. 이어 "지금은 이론을 통제된 환경에서 실험할 수 있고, 볼 수도 있다"며 "(현 상황은) 시행착오를 거쳐 길을 잃은 것이 아니라 물리학을 기초로 한 성공 가도로 가고 있다"고 덧붙였다.

이에 대해 미하일 루킨 교수는 "과거에는 이론만 있고 결과를 확인하지 못했지만, 이제는 확인할 수 있는 단계가 된 것"이라며 "흥미롭다"고 반응했다.

전문가들은 양자 컴퓨터를 통해 일반인들은 생활에서, 산업계는 '최적화'를 통해 새로운 경험을 하게 될 것이라고 입을 모았다. 크리스토퍼 먼로 교수는 "양자 컴퓨터는 모든 곳에 응용할 수 있다"며 "예컨대 미국 다우존스에 대한 변수를 최적화시켜 계산해볼 수 있다"고 설명했다.

그는 "다우존스에는 금리와 인플레이션 등 1만 개 이상의 변수가 있을 것으로 현재 컴퓨터의 연산 능력으로는 풀 수 없고, 함수 자체를 최적화할 수도 없다"며 "양자 컴퓨터는 보다 향상된 최적화가 가능할 것"이라고 전했다.

그는 "신약 개발에서는 각 요소를 결합할 때 나올 효과를 연산해볼 수 있을 것"이라며 "산업계의 해법들이 마치 댐 문이 열리듯 쏟아질 수 있다"고 강조했다.

미하일 루킨 교수는 "지금 세상은 AI에 집중하는데, AI는 전통적인 컴퓨터의 작동 방식대로 상관관계를 찾아 답을 찾아내는 식"이라며 "양자는 이례적인 정보 간의 상관관계를 포착할 수 있을 정도로 능력이 방대해 향후 굉장히 특별한 것들을 진행할 수 있다"고 말했다. 그는 "예컨대 지금의 기술은 근사치에 근거해 대략치 결과를 주는 한계가 있는 데 반해 양자 시대에는 실제값을 넣고 실제값을 볼 수 있을 정도로 차이가 크다"고 전했다.

양자 기술의 위험성을 경계할 필요도 있다는 지적이다. 얀 괴츠 CEO는 "암호화된 데이터를 양자 컴퓨터를 활용하면 깰 수 있어, 시스템을 양자화할 경우 반대로 해커로부터 보호할 수도 있을 것"이라며 "다만 인간이 만든 것은 인간이 깰 수 있다. 양자 컴퓨터의 변수와 취약점을 지금 알 수는 없다"고 설명했다. 이처럼 '꿈의 기술'로 양자 컴퓨팅이 각광을 받고 있지만, 한국의 기술 발전 속도는 개선할 여지가 많다는 지적도 제기됐다.

채은미 고려대학교 교수는 '2차 양자 혁명이 가져올 미래' 세션에서 우리나라의 양자 컴퓨팅 연구 현주소에 대해 "한국의 출발이 미국이나 중국보다 늦었다는 점을 인지하고 더 적극적으로 연구에 임해야 한다"고 말했다. 양자 컴퓨팅 연구는 단거리 경주가 아닌 장거리 마라톤으로, 장기적으로 꾸준히 노력을 투입한다면 충분히 따라잡을 수 있다는 것이다.

정부도 양자 분야를 미래 먹거리로 집중 육성하겠다는 방침이지만 현재 세계 무대에서 돋보이는 성과를 내지는 못하고 있다. 한국연구재단에 따르면, 양자 컴퓨팅 논문 수는 미국(1만 690건)이 가장 많고 영국(4,979건), 중국(2,959건) 순으로 나타났는데, 한국은 307건으로 25위에 불과했다. 양자통신 부문에서는 미국이 1위, 한국은 18위로 나타났다. 양자 센싱 분야에서는 중국이 1위로 두각을 나타냈다.

채은미 교수는 "한국도 대학과 국가 연구소에서 양자 분야 연구를 진행하고 있다"면서 "이런 작업물이 현재 각 기관에 분산돼 있는데, 선진국의 연구 수준을 따라잡으려면 파편화된 결과물을 하나로 결집하는 작업이 필요하다"고 지적했다.

제리 초우 IBM 양자인프라개발 부문 이사는 양자 컴퓨팅을 다른 분야와 결합했을 때 시너지 효과가 큰 만큼 학계 다른 분야와 협업하는 방식으로 연구를 진행하고 있다고 소개했다. 제리 초우 이사는 "양자 컴퓨팅 연구 수준이 올라가면서 물리학 외 다른 영역의 전문가들이 양자 컴퓨터 연구에 발을 들여놓고 있다"며 덕분에 양자 연구의 생태계가 매우 넓어졌다고 설명했다.

다만 양자 컴퓨팅 기술을 상용화하기까지는 막대한 비용과 인내심이 필요하다. 제이컵 테일러Jacob Taylor 박사는 "양자 컴퓨터 기술을 제대로 개발하려면 상당히 비용이 많이 든다"며 "기술을 1,000배 더 개선한다 해도 관련 매출은 10배 더 늘어나는 데 그칠 수 있으므로 경제성에 대한 의문을 제기할 수 있지만, 이 기술이 불러올 파급효과를 생각하면 지원과 연구를 꾸준히 해야 한다"고 말했다.

양자 컴퓨팅의
상용화

이준구 큐노바 창업자 | **제리 초우** IBM 펠로 및 양자인프라개발 부문 이사
미하일 루킨 큐에라 컴퓨팅 공동창업자 | **김정상** 아이온큐 공동창업자

"양자 컴퓨터는 먼 미래의 딥테크Deep tech가 아니라 AI 이후 곧 대세가 될 미래입니다." 오랜 세월 양자 기술을 연구해온 석학들과 창업자들은 클라우드 컴퓨팅 등을 통해 실제로 양자 컴퓨터를 사용해본 경험자가 늘어나고 있다고 밝혔다.

김정상 듀크대학교 교수가 설립한 아이온큐는 미국 증시에 상장한 최초의 양자 컴퓨터 기업이다. 상온에서 사용이 가능한 '이온 트랩Ion trap' 방식의 양자 컴퓨터 개발로 기술적 차별성을 인정받고 있다. 김정상 교수는 "양자 컴퓨터의 역량은 개선되고 있고 이런 기술이 계속 진화하면 실제 문제를 해결할 수 있다"며 "양자가 20년이 아니라 좀 더 가까이 와 있다고 생각한다"라고 말했다. 기술의 진보로 양자 컴퓨터에서 일어나는 오류를 보정할 수 있게 됐기 때문이다.

그는 "에러 보정을 빠르게 개선한다면 발전이 있을 수 있다"며 "알

김정상 아이온큐 공동창업자(왼쪽 1번째) 외 연사들이 제24회 세계지식포럼 '양자 컴퓨팅의 상용화' 세션에 참석해 발언하고 있다.

고리즘과 애플리케이션 분야에서 혁신이 나온 다음에 기술을 개발하는 것이 아니라 병렬적으로 개발할 때 더 빨리 발전할 수 있다"고 덧붙였다.

하버드대학교 교수이자 큐에라 컴퓨팅QuEra Computing 공동창업자인 미하일 루킨은 최근 그가 이룬 양자 분야 성과를 공유했다. 그는 "2000년대 말 처음 중성자에 관심을 가진 이후 다양한 접근법을 추진해봤다"며 "중성 원자를 사용해 2014년 정도에 협업이 가능해졌고 이 접근법에 잠재력이 있다고 느끼게 됐다"고 말했다. 그는 "실제 200큐비트Qubit(양자 컴퓨터의 최소 단위) 용량의 실증 제품을 아마존 서비스를 통해 출시한 적이 있다"며 "휴대폰을 효율적으로 구동할 수 있는가를 규명하는 데 양자 컴퓨팅을 이용하는 것이 요원했는데 최근 실험을 통해 가능하다는 것을 증명했다"고 말했다.

제리 초우 IBM 양자인프라개발 부문 이사는 "하드웨어 수준이 보장돼야 양자 기술을 성숙한 기술로, 신뢰 가능하고 재생 가능하게 발전시킬 수 있다"고 말했다. 특히 초전도 큐비트 영역에서 일단 공정들을 신뢰하고 재사용할 수 있게 하며 호스팅되도록 해야 앞으로 기술이 더 발전할 수 있다고 강조했다.

이어서 양자 기술을 실제로 접하는 사람들이 늘고 있다는 점을 들며 미래를 긍정적으로 점쳤다. "IBM 양자 컴퓨터가 클라우드 서비스로 공개된 후 논문이 2,000개 이상 나왔고 벌써 5만 명 이상이 양자 컴퓨팅 클라우드 서비스를 사용하고 있다"면서 "성숙한 기술로 계속 더 발전해갈 것이 분명하다"고 초우 이사는 예측했다.

키타가와 타쿠야 큐에라 컴퓨팅 회장은 "알파고가 이세돌 선수를 이기는 순간이 AI에는 이정표였다"며 "챗GPT가 나오면서 '드디어 AI가 해냈구나' 생각했다"라고 말했다. 지금은 양자를 AI와 비교하는 사람들이 많아 양자 기술도 곧 AI와 같은 분기점을 맞을 수 있을 것이라는 의미다.

키타가와 타쿠야 회장은 "양자 컴퓨터의 오류 보정 역시 몇 년 내에 성과가 날 것이며, 현실화될 수 있다"며 "이런 계기를 마련하는 알파고 같은 순간이 온다면 AI에 챗GPT에 해당하는 애플리케이션 개발도 크게 늘어날 것"이라고 전망했다.

큐노바Qunova를 창업한 이준구 KAIST 교수는 양자 기술이 이미 산업에서도 효과적으로 쓰이고 있다고 설명했다. 그는 "신약 개발 플랫폼에서는 전통적인 소프트웨어를 80% 정도 활용하고 나머지 20%

가량은 양자의 특징을 활용하고 있다"며 "이 같은 연구를 지속하면 10년 내 전기 사용량도 몇천 배 줄이고 비용도 1,000분의 1로 줄일 수 있다고 본다"고 말했다.

양현봉 세종테크노파크 원장은 "양자 센서, 양자 통신, 양자 컴퓨팅이 아직 본격적으로 산업화하지 않았으므로 우리가 선제적인 투자를 해야 할 골든 타임"이라며 "AI 다음은 양자가 대세가 될 것"이라고 말했다.

양자 위협에
대비하기

스킵 산제리 큐시큐어 공동창업자
더스틴 무디 미국 국립표준기술연구소 양자내성암호 표준 개발 책임자
데미안 스텔레 크립토랩 수석 과학자 | **천정희** 서울대학교 수리과학부 교수

눈앞에 다가온 양자 컴퓨터의 본격적인 상용화와 함께 양자 컴퓨터를 통한 해킹도 큰 위협으로 다가오고 있다. 현재 인터넷에 적용하는 암호 체계는 수십 년 전부터 사용해온 것으로 '양자 해킹'에 대응하기 위한 암호 체계를 개선하는 것이 가장 시급한 과제로 떠올랐다.

스킵 산제리 큐시큐어 공동창업자 겸 최고운영책임자coo는 '양자 위협에 대비하기' 강연에서 "현재의 인터넷 보안 체계는 1970년대 말에 등장해 아직도 동일한 구조를 쓰고 있다"고 말했다. 그러면서 "50년 된 1차원적 보안 체계를 개선하는 것이 급선무"라고 강조했다.

스킵 산제리 COO는 최근 미국 라스베이거스의 최대 리조트 운영 업체인 MGM리조트 사례를 언급했다. 리조트는 24시간 동안 해킹을 당해 카지노 13곳을 폐쇄하고 슬롯머신과 ATM이 멈춘 것은 물론 투

스킵 산제리 큐시큐어 공동창업자가 제24회 세계지식포럼 '양자 위협에 대비하기' 세션에서 발표하고 있다.

스킵 산제리Skip Sanzeri

포스트퀀텀 사이버보안회사 '큐시큐어QuSecure'의 창업자다. 양자 컴퓨팅 애플리케이션에 중점을 둔 선도적인 벤처 스튜디오인 퀀텀 소트Quantum Thought 설립자이자 이사회 의장이며 멀티버스 캐피털의 설립자 겸 파트너이기도 하다.

더스틴 무디Dustin Moody

미국 국립표준기술연구소NIST 컴퓨터 보안 부서의 수학자이며, 미국 메릴랜드주 게이더스버그에 위치한 NIST 양자내성암호 프로젝트를 이끌고 있다.

데미안 스텔레Damien Stehle

동형 암호화를 연구하는 서울대학교 스타트업 크립토랩의 수석 과학자다. 파리 ENS에서 석사 학위를, 낭시대학교에서 컴퓨터공학 박사 학위를 받았다.

천정희

서울대학교 수리과학부 교수로 현재 세계암호학회IACR 석학 회원이고 국내 최초로 유로크립트Eurocrypt와 아시아크립트Asiacrypt에서 최우수 논문상, 공개 키 암호화 방식 콘퍼런스PKC 테스트 오브 타임 어워드Test of Time Award와 포스코 청암상(2019)을 받았다.

숙객들이 방에 들어갈 수조차 없었다. 해킹 사고는 매일 발생하고 있고 양자 컴퓨터를 이용한 해킹이 본격화되면 이 같은 일이 일상적으로 반복될 수 있다는 것이 그가 바라보는 우리의 미래다.

현재 전 세계 사람들의 '디지털 발자국'이 급격히 커지면서 모든 정보가 탈취 공격의 대상이 됐다고도 지적했다. 인터넷이 등장한 이후 전자상거래가 활성화되면서 보안이라는 개념이 처음 등장했는데, 열쇠(암호) 길이만 길어졌을 뿐 50년 전의 암호화 기술을 아직까지 사용하고 있다는 것이다.

그는 "보안은 표준화돼 있으므로 인터넷 전체의 문제"라며 "전 세계 모든 암호 체계를 바꿔야 하는 문제로, 수조 달러 수준의 역사상 최대 규모의 업그레이드 사이클이 올 것"이라고 내다봤다.

스킵 산제리 COO가 설립한 큐시큐어는 양자 컴퓨터 시대를 뜻하는 '포스트 퀀텀' 사이버보안을 지원하는 기업이다. 각국의 정부와 기업들은 양자 해킹으로부터 정보를 보호하기 위해 'QRCQuantum-Resistance Cryptography 또는 PQCPost-Quantum Cryptography' 도입을 고려하고 있다. 미국은 2022년 12월 연방기관에 대해 암호 체계를 QRC로 업그레이드할 것을 의무화했고, 우리나라도 2035년 QRC 체계 전환을 목표로 하는 계획을 발표하기도 했다.

스킵 산제리 COO는 양자 해킹이 산업적 피해를 넘어 최악의 경우 국가 안보에 중대한 위협이 될 수 있다고 경고했다. 그는 "중국은 양자 컴퓨터 성능을 구현하는 중첩과 얽힘 기술을 2017년에 확보했다"며 "이미 100킬로미터 길이의 암호를 해독할 수 있는 능력을 보유하고 있다"고 설명했다.

스킵 산제리 COO는 이 같은 위협에서 벗어나려면 '민첩한 암호화'가 필수라고 강조했다. 그는 "양자 해킹은 달려드는 열차와 같다"며 "암호화의 민첩성은 암호를 즉각 바꿀 수 있는 능력으로, 암호 알고리즘이 방어에 실패하면 즉각 다른 암호로 바꾸는 것"이라고 말했다.

양자 컴퓨터가 기존 암호화 알고리즘을 깰 수 있는 시점을 'Q-데이'라고 한다. 스킵 산제리 COO는 Q-데이를 영화 〈터미네이터〉에서 AI가 스스로를 인식하고 인류와의 핵전쟁을 시작하는 '심판의 날'로 비유했다. 그는 "저희 정부 기관은 2~3년으로 보고 있고 일반적으로는 5~10년으로 본다"며 "Q-데이는 취약한 암호부터 깨나가면서 조금씩 다가올 것"이라고 경고했다.

이날 전문가들은 양자 해킹을 막기 위해 선진국들이 이어가고 있는 노력도 공유했다. 미국 NIST의 PQC 표준 개발 책임자인 더스틴 무디 국립표준기술연구소 박사는 "수년간 표준화 사업의 여정을 거쳐 2024년 4월 메릴랜드주 록빌에서 5차 NIST PQC 표준화 회의를 개최할 예정"이라며 "2025년 최초의 양자내성암호 표준을 제정할 계획"이라고 설명했다.

그는 "암호학 전문가들이 동참해 여러 아이디어를 제출했으며 그중 크리스털-카이버CRYSTALS-KYBER(키 설정), 크리스털-딜리튬CRYSTALS-DILITHIUM(디지털 서명)을 표준 알고리즘으로 선정했고 서명 알고리즘인 팔콘FALCON과 스핑크스+SPHINCS+도 선정했다"고 설명했다. 이어 "표준을 제정한 이후에는 각 조직과 사업자들이 해당 알고리즘으로 전환해갈 수 있을 것"이라고 강조했다.

더스틴 무디 박사는 이어 국제 표준 제정의 필요성도 언급했다. 그는 "업계에서는 국제 표준을 채택하기를 바라고 있고 NIST도 이를 위해 많은 기관과 협업해왔다"면서도 "각국의 데이터를 스스로 지킨다는 측면도 있으므로 여러 나라가 국가 표준 제정에 힘쓰고 있는 것으로 알고 있다"고 설명했다. 스킵 산제리 COO는 "기존 암호 기술을 갑자기 없앨 수는 없으므로 호환성도 고려해야 한다"고 덧붙였다.

"생성형 AI가 일자리를 대체하지 않는다…
다만 경쟁이 치열해질 것"

칼 베네딕트 프레이 옥스퍼드대학교 마틴스쿨 교수

2013년 칼 베네딕트 프레이 영국 옥스퍼드대학교 마틴스쿨 교수는 미국 일자리의 47%가 자동화 위기에 처해 있다는 대담한 주장을 내놨다. 마이클 오스본Michael Osborne 옥스퍼드대학교 교수와 같이 펴낸 〈고용의 미래The Future of Employment: How Susceptible Are Jobs to Computerisation?〉라는 논문에서다.

당시 AI 기술은 조금씩 성과가 나오던 시기였다. 10년이 지난 지금 인공지능은 생성형 AI의 등장을 필두로 눈부시게 발전했다. GPT-4 같은 LLM은 많은 질문에 인간과 유사한 답변을 내놓을 수 있으며 달리2DALL-E2 같은 AI도 디자이너 못지않은 그림을 그린다. 인공지능이 사람들을 대체할 수 있을까.

칼 베네딕트 프레이 교수는 〈매일경제신문〉과의 인터뷰에서 "기술 역량만이 자동화의 속도를 결정하는 것은 아니다"라며 "생성형 AI가 의미 있는 수준으로 일자리를 대체하지는 않을 것"이라고 전망했다.

칼 베네딕트 프레이 옥스퍼드대학교 마틴스쿨 교수가 제24회 세계지식포럼
에 참석해 매일경제신문사와 인터뷰하고 있다.

우선 생성형 AI는 아직 권위가 없다는 것이 그의 주장이다. 그는
"중요한 문서는 여전히 구글 번역기로 번역하면 안 되고 전문 번역사
가 번역해야 유효성을 인정받을 수 있는 것이 대표적"이라고 했다. 어
느 정도는 복잡한 사회적 상호 작용이 가능할 정도로 AI가 발전했
지만, 여전히 중요한 대면 커뮤니케이션은 AI에 맡기지 않는 것도 사
례다.

그는 "아마존과 월마트는 소규모 공급업체와 일회성 계약을 협상
하는 데 AI를 이용하지만 네슬레나 프록터앤드갬블처럼 주요 거래
처와 거래할 때는 이용하지 않는다"며 "AI는 거짓을 만들어내는 환
각을 일으키는 경향이 있어 비즈니스에서는 명확한 수단이 아니기
때문"이라고 했다.

이어 그는 "대면 커뮤니케이션이 이전보다 더 가치 있고 중요해진

시대에 가장 오랜 고객을 관리할 때 AI로 하는 것은 결별로 끝날 수 있으므로 기업들이 원하지 않는다"고 덧붙였다.

AI의 창의성도 한계가 있다고 했다. 칼 베네딕트 프레이 교수는 "AI의 창의성은 원칙적으로는 기존의 것을 재조합하는 것으로 최고 수준의 창의성과는 거리가 멀다"며 "AI는 새로운 것을 창조하기보다는 인간이 기존에 하던 일을 더 생산적으로 할 수 있도록 돕는 데 더 익숙하다고 보는 것이 맞는다"고 설명했다.

다만 생성형 AI로 인해 기존 일자리들의 경쟁도가 더 치열해질 가능성은 있다고 본다. 칼 프레이 교수는 "우버로 인해 많은 사람이 택시 기사로 일할 수 있게 되면서 경쟁이 치열해졌다"며 "다양한 콘텐츠 제작 직업에서도 많은 사람이 생성형 AI 덕분에 평균 수준의 콘텐츠를 생산할 수 있게 되며 경쟁이 치열해지고 있다"고 했다. 이어 "이러한 경쟁이 종사자들의 임금 상승에 부정적인 영향을 끼칠 수 있다"고도 덧붙였다.

"양자 컴퓨팅은 이제 시작…
의약계에 큰 도움 될 것"

미하일 루킨 하버드대학교 물리학 교수

"양자 컴퓨팅은 정보를 처리해 계산을 수행하는 완전히 새로운 방법이다. 챗GPT 같은 AI를 비롯해 의학과 약학 등에도 다양하게 도움이 될 수 있다." 미하일 루킨 큐에라 컴퓨팅 공동창업자 겸 하버드대학교 교수는 〈매일경제신문〉과의 인터뷰에서 이같이 밝혔다.

양자 컴퓨팅은 원자 하나하나를 분리해 큐비트로 제어할 수 있는 상태를 만드는 기술로, 기존 컴퓨터로는 풀 수 없는 문제들을 해결할 차세대 사업으로 주목받고 있다. 정보를 압축해서 저장하고 동시에 여러 계산을 해내므로 미래 컴퓨팅 기술을 혁신적으로 바꿀 가능성이 크다.

미하일 루킨 교수는 "지금은 양자 컴퓨터를 활용하기에 매우 중요한 시기"라며 "연구실에서 규모 있는 양자 컴퓨터를 구축하고 실행하기 시작했으며, 다른 방법으로는 할 수 없는 과학적 계산과 시뮬레이션을 실제로 수행할 수 있도록 하고 있다"고 말했다.

양자 컴퓨팅을 활용한 사업도 활발히 진행 중이다. IBM과 구글,

미하일 루킨 하버드대학교 물리학과 교수가 제24회 세계지식포럼에 참석해 매일경제신문사와 인터뷰하고 있다.

인텔은 물론 최근 아마존웹서비스AWS까지 양자 컴퓨팅을 연구하고 활용하도록 하고 있다. 루킨 교수는 "지금 양자 컴퓨팅의 발전 단계는 컴퓨터가 1960년대 기존 컴퓨터를 개발했을 때와 유사하다"며 "과학자들이 매우 유용하게 사용하기 시작해 이후에는 많은 트랜지스터를 갖춘 컴퓨터가 대중에 보급됐다"고 설명했다.

미하일 루킨 교수가 하버드대학교와 MIT 물리학자들과 공동 설립한 양자 컴퓨터 개발 기업 큐에라 컴퓨팅도 선도 기업으로 꼽힌다. 그는 "양자 컴퓨팅 기술 개발을 가속화하고 상용화를 시작해야 하며 고객과 협력해야 하므로 창업했다"고 밝혔다.

최근 학계를 들썩였던 초전도체에 대해서도 놀라운 발견이 될 수 있을 것이라고 언급했다. 그는 "양자 컴퓨터는 시행착오를 통하지 않고 그러한 물질을 보다 체계적으로 설계하는 데 도움이 될 수 있다"

며 "금세기에 이것이 발견된다면 양자 컴퓨팅과 초전도체와의 시너지 효과는 매우 놀라울 것"이라고 했다. 이어 "새로운 재료를 설계하는 것은 실제로 양자 컴퓨터의 유일한 응용 프로그램 중 하나가 될 수 있다"고 했다.

양자 컴퓨팅 기술 발전을 위한 정부와 과학계의 책임도 강조했다. 그는 "정부가 역할을 해야 한다는 것은 물론 알고 있지만 그것이 또한 과학자들의 책임이라고도 생각한다"고 했다. 이어 "사람들에게 투자하고 기본적으로 재능 있는 젊은이들이 성장할 수 있는 생태계를 만드는 것이 매우 중요하다"며 "미국 등 다양한 학계 그룹 간의 실제 과학적 협력뿐 아니라 기업 간의 협력을 해야 한다"고 했다.

Interview

"AI 발전으로 교육도 도전 직면…
활용 방법을 고민해야"

벤 넬슨 미네르바프로젝트 설립자

"우리 모두 대학교 중간과 기말시험에서 외웠던 것을 기억하지 못하는 이유는 우리가 진짜로 배운 것이 아니라 단지 시험을 통과했기 때문입니다. AI 기술 발전으로 교육 분야에서도 학생들이 과제를 AI에게 대신 하게 하는 등 악용할 여지가 더 커졌지만, 목적에 맞게 활용하면 오히려 큰 학습 효과를 거둘 수 있습니다."

벤 넬슨 미네르바프로젝트 설립자 겸 CEO는 〈매일경제신문〉과 만나 AI 기술 발전으로 교육이 큰 도전에 직면했다고 진단했다. 그러면서도 AI 같은 기술을 목적에 맞게 도구로 활용한다면 긍정적 효과를 얻을 수 있다고 설명했다.

넬슨 CEO가 2014년 설립한 미네르바스쿨은 온라인 토론 수업으로 역량을 강화하는 혁신 대학이다. 미국 대학 입시에 흔히 쓰이는 표준화 점수, 추천서, 편지 등을 받지 않는다. 대신 인터뷰와 서류 심사로 합격을 가린다.

학생들은 미네르바스쿨에 입학한 후 샌프란시스코에서 1년을 보낸 후 서울, 베를린, 부에노스아이레스, 런던, 타이베이 등에 체류하며 글로벌 경험을 쌓는다. 매년 약 2만 명이 응시하는데, 1%만 합격할 수 있다. 일부 대학생들은 명문대학에 합격해도 포기하고 미네르바를 택한다. 미네르바스쿨은 국제적 대학평가 기관인 WURIWorld's Universities with Real Impact에서 가장 혁신적인 대학으로 꼽힌 바 있다.

벤 넬슨 CEO는 "전통적 대학은 교육의 품질과는 아무런 관련이 없다. 대학이 좋은 평가를 받는 이유는 학생들이 무엇을 배워서가 아니라 교수들이 연구한 결과 덕분"이라며 "대학은 실제로 학생들의 실력 형성에 적극적인 역할을 하지 않는다"고 지적했다. 그러면서 "미네르바의 성공은 교육 본질에 타협하지 않은 결과"라며 "미네르

벤 넬슨 미네르바프로젝트 설립자가 제24회 세계지식포럼에 참석해 매일경제신문사와 인터뷰하고 있다.

바는 올바른 학습 방법을 가르친다. 세상을 보고 이해할 수 있는 도구를 제공해 배우는 방식"이라고 설명했다.

그는 '교육의 온라인화'라는 디지털 전환에 성공한 비결을 묻는 질문에 "대부분 사람이 도구를 만들고 나서 그것으로 무엇을 할지 알아보는 방식으로 접근하는데, 무엇을 달성하고 싶은지 정한 뒤에 이를 달성하기 위해 어떤 기술을 구축해야 할지 결정하는 것이 더 나은 접근 방식"이라고 했다.

특히 학습 과정에서 AI 활용에 신중해야 한다고 강조했다. 그는 "학습에 도움이 될 수도 있지만, 상황을 더 악화시킬 수도 있다"며 "AI 때문에 학생들이 어떤 일도 할 필요가 없어진다면, 표준의 저하를 극적으로 가속화할 수도 있다"며 "AI를 사용해 정보를 획득하고 이를 기반으로 더 나은 사고를 하고, 작업을 할 수 있다면 학습이 심화될 것"이라고 했다.

그는 "미네르바스쿨은 실시간 온라인 토론 수업을 할 때 발언량에 따라 학생들 아이콘에 다른 색깔을 입히는 기술을 도입해 토론 참여도와 질을 높였다"고 덧붙였다.

벤 넬슨 CEO는 AI 시대를 맞아 과제와 평가 방법을 모두 바꿔야 한다고 조언했다. 그는 "교육기관, 강좌와 커리큘럼 또한 AI 시대에 맞게 바뀌어야 한다"며 "생물학·경제학·물리학 등 모든 과목은 AI 기술 활용을 전제로 접근해야 한다"고 말했다.

Interview

"양자 컴퓨팅은··· 다양한 산업에서 새로운 문을 여는 데 도움이 될 것"

제리 초우 IBM 펠로 및 양자인프라개발 부문 이사

양자 컴퓨터 분야에서 가장 앞서 있는 글로벌 기업을 꼽으라면 IBM을 거론하지 않을 수 없다.

IBM은 '양자 유용성Quantum Utility'에 가장 가까이 다가가 있는 기업 가운데 하나다. IBM은 '양자 유용성'을 '기존 컴퓨팅을 활용할 수

제리 초우 IBM 이사가 제24회 세계지식포럼에 참석해 매일경제신문사와 인터뷰하고 있다.

있는 정확한 방법이 존재하지 않고, 기존 컴퓨팅과 유사한 솔루션을 양자 컴퓨터와 비교하는 방법으로 풀어야 하는 새로운 규모의 문제를 풀 때 양자 컴퓨터를 과학적 도구로 사용할 수 있는 지점'으로 정의하고 있다. 즉 기존에 존재하는 시스템으로 해결할 수 없는 문제를 해결하는 데 양자 컴퓨터가 사용될 수 있는 시점을 의미한다.

제리 초우 IBM 양자인프라개발 부문 이사는 인터뷰에서 "IBM은 온라인을 통해 현재 가장 안정적인 127큐비트 '이글Eagle' 프로세서를 탑재한 시스템을 제공하는 데 집중하고 있다"며 "이 시스템을 통해 일반 컴퓨터로 할 수 있는 것 이상으로 어떤 특정 문제를 양자 컴퓨터로 풀 수 있다는 것을 보여주는 양자 유용성 단계를 실험할 수 있기 때문"이라고 밝혔다.

양자 유용성은 양자 우위를 발견하고 그 단계로 가기 위한 중요한 이정표라는 것이 초우 이사의 설명이다.

큐비트는 데이터 단위인 비트와 유사한 개념이다. 컴퓨터에서 정보의 양을 알려주는 것과 같이 양자 컴퓨터에서는 정보 단위를 큐비트 또는 퀀텀 비트Quantum Bit라고 부른다. 비트는 0 또는 1 가운데 하나의 상태로만 존재할 수 있지만, 큐비트는 양자의 중첩Superposition이라는 특성 때문에 0 또는 1이 되거나 0과 1의 중첩 상태에 있을 수 있다.

이처럼 양자의 물리 법칙을 통해 이제까지의 정보 처리 방식을 바꿈으로써 양자 컴퓨터는 기존 컴퓨터로는 해결할 수 없었던 문제를 해결할 수 있다. 제리 초우 IBM 이사는 "양자 컴퓨터를 활용하면 그동안 풀 수 없었던 자연 현상에 대한 시뮬레이션이 가능해진다"며 "기존 컴퓨터로는 해석이 불가능한 수학적 구조도 풀어낼 수 있다"고 설명했다.

전통적인 컴퓨터와 마찬가지로 큐비트의 숫자가 올라갈수록 양자 컴퓨터의 성능도 올라간다. IBM은 2016년 5큐비트를 시작으로 2021년 127큐비트의 '이글' 프로세서, 2022년 433큐비트 '오스프리Osprey' 프로세서를 발표했다. IBM은 2023년 6월 현재 1,121큐비트의 '콘도르Condor' 프로세서를 개발하고 있다.

초전도 양자 컴퓨터는 그 방식이 가지는 물리적·공학적 문제들이 있다. IBM은 클라우드를 통해 양자 컴퓨팅을 활용할 수 있는 서비스를 제공하고 있으며 이미 5만 명 이상이 사용하고 있다.

제리 초우 IBM 이사는 "비즈니스 애플리케이션을 얼마나 빨리 찾느냐가 양자 컴퓨팅이 얼마나 빨리 보편화할 것인지를 결정할 것"이라며 "우리의 로드맵에는 향후 10년 동안 10만 큐비트에 도달하고 자 하는 목표가 담겨 있다"고 말했다. 물론 수천 큐비트 수준의 시스템으로도 사업적 이점을 포함해 양자 유용성을 확보할 수 있을 것으로 기대된다.

제리 초우 이사는 "양자 컴퓨팅은 우리가 해결하고자 하는 문제의 유형을 넓혀주고, 분자·화학적 상호작용 과정과 최적화 문제, 머신 러닝 등에 도움이 될 것"이라며 "새로운 과학적 발견, 생명을 구하는 의약품, 신소재 개발, 공급망·물류·금융 데이터 모델링을 개선하는 등 다양한 산업에서 새로운 문을 여는 데 도움이 될 것"이라고 강조했다.

PART 2

디스토피아에서
유토피아로

1

'직장 동료'가 될 로봇

AI·데이터·로봇이 이끄는
미래의 제조업

장영재 카이스트 교수 | **이강덕** 경상북도 포항시 시장
산드라 드빈센트 울프 카네기멜런대학교 제조미래연구소 소장
정우성 포항공과대학교 교수

"미래의 공장은 지금과는 매우 다른 모습일 것이다. 로봇이 일하는 공장은 더는 낯선 모습이 아니다." 'AI·데이터·로봇이 이끄는 미래의 제조업' 세션에서 이강덕 포항시 시장은 "제조업은 경제성장의 근간이며 미래의 제조업은 큰 변화가 필요하다"며 이같이 밝혔다.

그는 "스마트 제조에는 공장을 움직이는 로봇과 이 로봇을 움직이는 데이터, AI 기술 등이 필요하다"고 말했다. 미래의 스마트 제조는 공장 자동화를 넘어 제조 현장에서 수집한 데이터를 AI로 분석한 뒤 첨단 로봇을 움직이는 프로그램으로 발전해가고 있다는 것이다.

이강덕 시장은 제조업의 미래 생태계 조성에 나선 포항시의 사례를 소개했다. 포항시는 그동안 철강 분야의 스마트 제조뿐 아니라 미래 성장동력으로 부상한 2차 전지와 수소 산업 중심 도시로 변화를

장영재 카이스트 교수가 제24회 세계지식포럼 'AI·데이터·로봇이 이끄는 미래의 제조업' 세션에서 발언하고 있다.

장영재

KAIST 산업및시스템공학과 교수이며 시너스텍·KAIST 인공지능 자동화 시스템 연구센터에서 소장을 맡고 있다. KAIST 재직 전에는 마이크론 테크놀로지에서 프로젝트 매니저로 근무했다. 삼성전자, LG전자, 한국타이어앤테크놀로지, 삼성중공업 등 기업들과 활발히 협력하고 있다.

이강덕

경찰대학교를 졸업했으며, 그 후 경찰관으로 재직했다. 해양경찰청장을 지낸 뒤 2014년부터 포항시 시장을 역임하고 있다.

산드라 드빈센트 울프 Sandra DeVincent Wolf

산업, 정부 간 제조 분야 연구 활동을 가속화해 국가 경쟁력을 높이기 위해 노력하고 있다. 카네기멜런대학교 MFIManufacturing Future Instisute 소장직도 역임하고 있으며 최근에는 전미과학·공학·의학한림원NASEM 소속 융합제조위원회 위원으로 임명됐다.

정우성

현재 포항공과대학교 산업경영공학과와 물리학과 겸임교수로 재직 중이며, 대통령 직속 국가과학기술자문회의 자문위원으로도 활동한 바 있다.

시도하고 있다. 첨단 제조업의 중심인 미국 피츠버그의 사례도 언급했다. 피츠버그는 '러스트 벨트'(과거 제조업으로 번성했으나 어려움을 겪는 지역)에서 벗어나 첨단 기술의 메카로 자리 잡았다. 그는 "피츠버그 첨단 제조 연구 시설인 밀19Mill19 같은 공간도 계획 중"이라며 "선진 도시의 사례를 학습하고 스마트 제조 생태계 조성을 위한 다양한 전략 사업을 마련할 것"이라고 말했다.

장영재 카이스트 산업및시스템공학과 교수는 한국의 제조업 현황과 활성화 전략을 짚었다. 그는 자동화가 아닌 자율화를 조명했다. 장영재 교수는 "자율화는 사람의 개입 없이 스스로 알아서 적응한다는 개념이며 무인화와 의미가 일맥상통한다"고 말했다. 그러면서 "일자리가 없어진다는 것이 아니라 공장을 가동하려면 이 기술이 절실하다는 것"이라고 강조했다.

로봇이 사람의 일자리를 빼앗는다는 비판적 시각도 있지만, 인류의 지속 가능성을 위해서는 자율화가 필수적이라는 것이다. 그는 "이제는 컨베이어 벨트 자체를 찾아볼 수 없고 로봇이 움직이면서 필요한 작업을 하는 방식으로 바뀌고 있다"며 "사람이 따로 설정하지 않아도 로봇이 스스로 학습을 할 수 있다"고 설명했다.

자율화로의 패러다임 변화를 위한 핵심 기술로 AI와 로봇, 디지털 트윈 등 3가지를 꼽았다. 디지털 트윈은 가상의 공간에 실제와 똑같은 객체를 만들어 가상 실험을 진행해 검증하는 기술이다. 장영재 교수는 "수많은 공장이 디지털 트윈을 적용해 실제 산업 현장에 활용하고 있다"며 "인공지능과 결합한 공장이 또다시 로봇과 결합하고, 이

로봇을 학습을 통해 새로운 공장에서도 쉽고 신속하게 운영할 수 있다"고 말했다.

산드라 드빈센트 울프 카네기멜런대학교 MFI 소장은 미국의 첨단 제조업 국가 전략을 소개했다. 미국의 차세대 제조업 전략에는 생산 데이터 수집과 분석, 로봇을 활용한 제조업 지원 등이 포함된다.

그는 "제조업은 미국의 경제력과 국가 안보의 엔진"이라며 "미국은 21세기 들어 여러 첨단 기술 제조업의 생산과 고용이 크게 감소하고 있어 글로벌 경쟁에 대처하기 위해 제조업 활성화와 R&D 투자 등 조치를 취했다"고 말했다.

미국은 반도체지원법(칩스법)에 따라 국가반도체기술센터NSTC를 신설할 예정이다. 그는 "이 전략 계획은 경제성장과 일자리 창출, 지속 가능성 강화, 기후변화 대응, 공급망 강화, 국가 안보 보장, 의료 개선을 실현하기 위해 고안했다"고 부연했다. "첨단 제조업은 혁신적인 기술을 적용해 새로운 제품을 생산하고 기존 제품의 생산도 개선시킨다"며 "특히 첨단 기술 분야의 일자리는 노동 시장 전체에 비해 더 나은 임금과 일관된 시간, 더 강하게 근로자를 보호하며 다른 부문의 일자리에도 광범위한 영향을 끼친다"고 말했다.

현재까지 인력 양성과 지역별 제조 생태계 투자 계획의 핵심 목표는 칩스법 등 법안을 통해 상당 부분 달성했다는 것이 그의 설명이다. 그는 "미국 제조업협회는 내부 기관 간 이행 계획을 수립하고 전략 계획의 목표 달성을 위한 진행 상황을 추적해 중복을 최소화하고 있다"고 덧붙였다.

미래 농업의 주역,
로봇

서현권 디지로그 대표(세종대학교 조교수)
도브 페트만 테벨 에어로보틱스 테크놀로지스 최고재무책임자

인공지능과 농업은 10억 달러 규모의 산업으로, 2023년부터 2028년까지 연평균 복합 성장률이 23.1%에 달할 것으로 추정한다. 특히 아시아·태평양 시장의 두 산업이 크게 발달하면서 한국과 일본에서 관련 기술이 두드러지게 성장했는데, 두 산업의 융합은 아시아·태평양 시장에 지대한 영향을 끼칠 것으로 예상한다.

'미래 농업의 주역, 로봇' 세션에서는 이 거대 산업을 주도하는 서현권 디지로그 대표와 도브 페트만 테벨 에어로보틱스 테크놀로지스 CFO가 참석했다. 이들은 농업과 인공지능 기술을 접목한 결과인 '수확 로봇'에 대해 논의했다. AI 기술과 농업의 결합이 생산비용 감소와 생산 효율성 극대화에 끼치는 영향, 지속 가능한 농업, 식량 안보 등에 대해서도 다뤘다.

서현권 대표는 "아시아·태평양 지역에서 AI를 농업에 도입하는 사

도브 페트만 테벨 에어로보틱스 테크놀로지스 최고재무책임자(사진 오른쪽)와 서현권 디지로그 대표가 제 24회 세계지식포럼 '미래 농업의 주역, 로봇' 세션에서 발언하고 있다.

서현권

농업 AI·로봇 전문가로 스마트, 디지털 농업 분야를 아우르는 다양한 연구 프로젝트를 주도하고 있다. 2019년 네덜란드에서 열린 세계농업인공지능대회에서 한국팀 '디지로그Digilog' 팀장을 맡아 예선 2위, 본선 3위 성적으로 입상했다. AWS 스마트팜 프로젝트를 비롯해 다수 민관 협력 프로젝트를 이끌고 있다.

도브 페트만

테벨 에어로보틱스 테크놀로지스Tevel Aerobotics Technologies 최고재무책임자CFO다. 이스라엘 항공우주 산업의 라하브 항공기 구조 부서 CFO이자 선임이사를 역임했다.

레들이 많아지고 있다"며 "컴퓨터 비전, 인공지능 기술을 통해 AI와 농업은 전략적으로 아시아의 미래에 중요한 산업으로 자리 잡을 것"이라고 강조했다. 그러면서 그는 파프리카 재배용 로봇 사례를 예로 들었다. 해당 로봇은 AI 기술로 로봇이 사람만큼 농업 환경을 자세하고 정확하게 인식하도록 해 인력 투입을 최소화하는 기능을 했다.

뒤이어 파프리카 재배용 로봇보다 더 발전된 형태의 브로콜리 수확 로봇도 소개했다. 서현권 대표는 "브로콜리 재배 면적의 80%가 나뭇잎에 가려져 있더라도 브로콜리를 명확하게 인식하고 위치와 크기를 파악해 수확한다"며 "대규모 수확에도 도입하고 있다"고 덧붙였다.

다만 딸기와 사과 등은 기계 수확 비중이 상대적으로 적다. 딸기는 미국에서 전체 농지의 5% 이하 정도만 자동화 수확을 하는 것으로 알려져 있다. 서현권 대표는 "이런 특수작물은 비균일적으로 분포돼 있고 크기와 모양, 당도 등이 다르다"며 "수확 과정에서 손상되기 쉽다"고 설명했다. 이어 "특수한 메커니즘을 사용해야 손상을 방지할 수 있다"며 "5~10년 정도 지나면 이런 특수작물도 생산성을 확보할 수 있을 것"이라고 했다.

도브 페트만 CFO는 과일 수확 인력이 감소하고 있다며 기계 수확의 필요성을 강조했다. 그는 "전 세계에서 사과를 가장 많이 재배하는 나라 가운데 하나가 중국인데 일손이 부족해 사과가 말라 죽고 있다"며 "과일을 수확하는 평균 연령이 65세"라고 했다. 이어 "이 문제를 해결하지 않으면 재배 비용이 올라가 과일은 가장 부유층만 먹을 수 있는 먹거리가 될 것"이라고 했다.

그는 자사의 수확 드론을 소개하며 "여러 개 신경망을 동시에 구동해 과일이 충분히 익었는지 아닌지 판단하고 익은 것만 수확한다"고 설명했다. 그에 따르면, 사용자가 시스템에 크기와 색깔, 무게를 입력해 특정한 과일만 수확할 수도 있다고 한다. 특정한 나무에서 수확량이 적으면 드론이 경고를 보내 병든 나무를 알아차릴 수도 있다. 그는 "다양한 형태의 과수원에 적용이 가능하며 드론의 여러 동작 모드를 활용해 수확 생산성을 높일 수 있다"고 했다.

수확뿐 아니라 인공 수분도 가능하다. 그는 이를 "멀티태스킹 솔루션"이라고 표현했다. 인공 수분 로봇은 이미 현장에 적용돼 생산성을 향상하는 데 도움이 된다는 점도 증명됐다. 드론의 소프트웨어를 일부 수정해 인공 수분을 도와주는 기기로 바꾸고 이를 통해 아보카도 수확량이 30% 이상 늘어난 것이다. 가지치기도 드론이 진행할 수 있다고 한다.

새로운 성장동력으로로서의 협동 로봇

킴 포울센 유니버설로봇 회장 | **박태준** 한양대학교 교수

 로봇 산업이 발전하면서 인간과 로봇이 협업해 일하는 형태가 일반화될 것이라는 관측도 나왔다.

'자동화와 제조업의 미래' 세션에서 킴 포울센 유니버설로봇 회장 겸 CEO는 "로봇 기술이 발전해도 사람의 일자리를 빼앗지 않을 것"이라고 강조했다. 그러면서 그는 "위험한 일이나 사람들이 꺼려 하는 단순 업무를 로봇이 맡고 로봇이 할 수 없는 섬세한 일이나 전체 관리 감독을 인간이 맡는 방식이 일반화될 것"이라고 내다봤다.

특히 사람과 상호작용하며 현장 작업을 돕는 '협동 로봇'을 도입하는 작업장이 늘어나고 있다고 말했다. 그는 "노동력이 부족한 미국에서는 협동 로봇을 제조업뿐 아니라 커피숍 등 서비스 분야에서 선구적으로 도입하고 있다"고 설명했다.

그는 협동 로봇 도입으로 양질의 일자리가 오히려 늘어날 수 있다

킴 포울센 유니버설로봇 회장이 제24회 세계지식포럼 '새로운 성장동력으로서의 협동 로봇' 세션에서 원격으로 청중을 만나 발표하고 있다.

킴 포울센Kim Povlsen

2021년 3월 유니버설로봇Universal Robots에 합류했다. 유니버설로봇에 합류하기 전에는 슈나이더 일렉트릭Schneider Electric에서 여러 고위직을 역임했고 전략, 기술, 에코스트럭처 파워 부문 부사장과 제너럴 매니저를 역임했다.

박태준

현재 한양대학교 에리카캠퍼스 로봇공학과 정교수, 지능형로봇사업단 단장으로 재직 중이다. DVD 표준 특허를 포함해 논문·특허 150개 이상을 저술했다.

고 말했다. "요즘 노동 시장에 막 진입하는 신세대를 보면 몸이 고된 3D 일을 하고 싶지 않아 한다"며 "이런 일은 로봇에 맡기고, 수요가 많은 창의적이고 생산적인 일에 이들 인력을 투입한다면 기업체 입장에서도 사업을 효율화하면서 확장할 수 있다"고 설명했다.

킴 포울센 대표는 AI 기술을 협동 로봇 개발에 접목하는 방안도 실험하고 있다고 했다. 그는 "로봇의 자율성을 고려하는 동시에 전체 공정 프로세스에 자연스럽게 녹아들게 설계하는 것이 가장 중요하다"고 설명했다.

인간은 로봇과
공존할 수 있는가

데니스 홍 UCLA 기계항공공학과 교수 **| 킴 포울센** 유니버설로봇 회장 **| 박태준** 한양대학교 교수
박종훈 뉴로메카 대표 **| 민정탁** 한국로봇융합연구원 실장 **| 김병수** 로보티즈 대표

글로벌 로봇 시장을 둘러싸고 국가 간 총성 없는 기술 전쟁이 펼쳐지면서 국내 로봇 산업을 육성하려면 '로봇 클러스터 조성과 신규 수요 창출'이 중요하다는 주장이 제기됐다. 저출산·고령화가 우리나라 경제성장에 최대 걸림돌이 될 것이라는 우려가 나오는 가운데 로봇 산업은 이를 극복할 새로운 성장 엔진으로 꼽힌다.

경상북도가 공동 주관한 '인간은 로봇과 공존할 수 있는가?' 세션에서는 국내 로봇 산업의 좌표를 점검하고 경상북도 로봇 산업의 육성 방향을 구상하는 기회를 마련했다.

2022년 세계지식포럼 경상북도 세션에서는 '반도체 산업'을 주제로 선정해 최근 경상북도 구미시가 정부의 '반도체 소재부품 특화단지'로 지정되는 초석을 다진 바 있다. '경상북도 로봇 산업 혁신기지 중심 전략'을 주제로 열린 이날 포럼은 로봇 분야 국내외 전문가가 한

데니스 홍Dennis Hong

미국 캘리포니아대학교 로스앤젤레스 캠퍼스UCLA 기계항공공학과 교수이자 로멜라RoMeLa 로봇연구소 소장이다. 세계 최초로 시각장애인이 운전할 수 있는 자동차를 개발해내며 〈워싱턴포스트〉는 그를 "로봇계 레오나르도 다 빈치"라고 칭했다.

박종훈

포항공과대학교에서 기계공학 박사 학위를 취득한 후 뉴로메카 대표와 포항공과대학교 기계공학과 겸임교수로 재직 중이다. 2017년 한국로봇학회 선정 '올해의 기술상' 수상, 공학한림원 '2025년 대한민국을 이끌 미래 100대 기술 주역'으로 선정됐다.

민정탁

2008년부터 한국로봇융합연구원 전략기획실장, 전략사업본부장을 거쳐 미래전략사업실장으로 재직 중이다. 그는 해양수산부 수중건설로봇 사업, 산업통상자원부 로봇직업혁신센터 사업 등 대형 국가 R&D를 기획·수행해 로봇 분야 발전을 위한 공로를 인정받아 2022년 기계·로봇·항공산업 발전 유공 포상식에서 산업통상자원부 장관 표창을 받았다.

김병수

로보티즈 대표이사로 2018년 업계 최초로 코스닥 주식 시장에 로보티즈를 기술특례 트랙으로 상장시켰다. 그는 현재 인공지능과 로봇을 융합한 배송로봇의 사업에 몰두해 좋은 실적을 이어가고 있다. 창업 전에는 한국인 최초로 전 일본 마이크로로봇경진대회에서 우승하며 주목받았다.

자리에 모여 미래 로봇 산업 전망을 제시하고 경상북도를 향해 다양한 정책 제언을 내놨다.

데니스 홍 UCLA 기계항공공학과 교수 겸 로멜라연구소 소장이 참석해 관심을 끌었다. 그는 휴머노이드 로봇 '아르테미스Artemis'를 개발하는 등 세계 최고의 로봇공학자로 꼽힌다.

그는 이날 로봇 산업이 오히려 노동 시장에 새로운 일자리를 창출할 것이라고 전망했다. "로봇은 인간에게 도구에 불과하다"며 "자동차가 등장하면서 보험·정비공·주유소 등 다양한 일자리가 생겨난 것처럼 로봇 산업도 새로운 노동 시장을 만들 것"이라고 내다봤다.

중국 내 로봇 선도 기업 유니트리로보틱스 왕싱싱 대표는 10년 안에 인간이 하는 위험한 노동 가운데 상당 부분을 로봇이 대체할 것이라고 봤다. 왕싱싱 대표는 "중국 정부도 로봇 산업을 선점하기 위해 기업에 강력한 지원을 해주고 있다"고 말했다.

국내 전문가들은 경상북도가 로봇 산업을 선점하려면 로봇 클러스터 조성과 로봇 수요 창출 등에 적극적인 지원이 필요하다고 조언했다. 경상북도는 농업용 로봇과 물류용 자율주행 로봇, 안전을 위한 협업 로봇 등 3대 특화 분야를 로봇 산업 역점 과제로 삼았다.

박종훈 뉴로메카 대표는 "덴마크 오덴세섬은 인구가 18만 명에 불과하지만, 로봇 스타트업이 139개 있고 고용 인원은 5,000명, 로봇 기업 매출액도 1조 원이나 된다"며 "덴마크는 정부-연구소-기업 간 유기적 협력으로 로봇 산업의 선두주자 반열에 올랐다"고 말했다. 이어 "산학연 기반이 잘 마련된 경상북도 포항시가 로봇 클러스터 조성에 유리한 조건을 갖췄다"고 설명했다.

　민정탁 한국로봇융합연구원 실장은 "경상북도는 농촌 인구 감소와 노인 돌봄 등 미래 사회 문제를 해결하는 로봇 산업에 집중해야 한다"며 "소상공인 지원 등 로봇 산업의 적극적인 수요 창출도 중요하다"고 강조했다. 그러면서 "로봇 산업이 발전하려면 로봇이 잘 돌아다닐 수 있는 친화적인 환경 구축도 중요한 과제가 될 것"이라고 말했다. 김병수 로보티즈 대표는 "앞으로 가장 빨리 성장하는 로봇 분야는 의료와 물류로 전망한다"며 "로봇 시장은 지난 5년간 큰 거품이 없었다"고 말했다.

2

미래 세대를 위한 C-Tech

에너지 전환 아웃룩: 2050 넷 제로를 향해

하비에르 카스텔라노스 모스케라 국제적십자사연맹 부사무총장
로비 다이아몬드 미래에너지안보 창업자 | **모겐스 뤼케토프트** 에너지넷 감독위원회 의장
앨버트 청 블룸버그NEF 부사장 | **김상협** 대통령 직속 2050 탄소중립녹색성장위원회 공동위원장

전 세계적으로 기후변화의 영향이 확대되면서 인류는 '탄소 중립Net Zero 달성'이라는 중대한 과제에 직면해 있다. 경제성장을 유지하는 동시에 산업과 인프라를 친환경적으로 재편하는 과제를 해결하려면 여러 부문의 협업이 필수적이다.

정부 정책과 규제는 혁신을 촉진하고, 지속 가능한 솔루션에 투자를 유도하며, 경쟁력 있는 시장을 육성함으로써 에너지 전환을 추진하는 데 큰 영향을 끼친다.

깨끗하고 지속 가능한 에너지 자원에서 파생되는 에너지 비율을 꾸준히 증가시키려는 노력은 탄소 집약적인 교통·운송 인프라와 관세 역할을 하는 탄소 가격제를 줄이려는 목표에 따라 추진된다. 시간과 싸움이라고도 할 수 있는 탄소와의 전쟁에서 정부, 산업계, 개인이 다음 세대를 위한 지속 가능한 미래를 보장하기 위해 과감한 조치와

하비에르 카스텔라노스 모스케라 국제적십자사연맹 부사무총장(사진 왼쪽 2번째) 외 연사들이 제24회 세계지식포럼 '에너지 전환 아웃룩: 2050 넷 제로를 향해' 세션에서 청중을 만나고 있다.

하비에르 카스텔라노스 모스케라 Xavier Castellanos Mosquera

국제적십자사연맹IFRC 미주 지부장에 이어 2020년까지 아시아태평양 지부장을 역임했다. 재임 동안 코로나19, 쓰나미, 지진 등을 비롯한 재난 관련 긴급 상황에 대응하는 전략적 솔루션 구축에 주력했다.

로비 다이아몬드 Robbie Diamond

미래에너지안보SAFE 설립자 겸 CEO다. 그는 고전력 양방향 충전을 포함한 지능형 전력 변환 솔루션을 제공하는 회사 롬버스 에너지 솔루션Rhombus Energy Solutions 설립을 도왔고 회장직을 역임했다. 이 회사는 2022년 보그워너Borgwarner에 매각됐다.

모겐스 뤼케토프트 Mogens Lykketoft

에너지넷Energinet 감독위원회 의장이며 1981년부터 2019년까지 덴마크 국회의원이었다. 조세재정외교부 장관, 감사원장, 사회민주당과 덴마크 의회 의장을 역임했다. 2015년부터 2016년까지 제70차 UN 총회 의장을 맡았다.

앨버트 청 Albert Cheung

블룸버그 내 청정에너지 관련 연구 조사 기관인 블룸버그NEFBNEF 부사장이다. 그는 운송·산업 기술·금융 분야 등 글로벌 저탄소 전환과 지속 가능성에 대한 BNEF 연구를 감독한다.

김상협

대통령 직속 2050 탄소중립녹색성장위원회 공동위원장, KAIST 녹색성장과 지속가능발전 자문역(부총장)이다. 이명박 정부 시절 청와대 국정기획실 녹색성장기획관, 미래비전비서관을 역임하며 '저탄소 녹색성장'의 국가 비전을 수립하고 이행을 주도했다. 제주특별자치도의 공공정책 싱크 탱크인 제주연구원의 제11대 원장도 역임했다.

혁신적인 행동을 응집력 있게 해낼 수 있을까?

제24회 세계지식포럼 현장에서는 이 같은 넷 제로 시대의 미래를 예견해보는 자리가 펼쳐졌다. 패널로 나선 하비에르 카스텔라노스 모스케라 IFRC 부사무총장은 "넷 제로는 결국 인류의 생명을 위한 길"이라고 강조했다. 그는 "글로벌 기후위기는 자연재해로 이어지고 인류의 생존을 위협한다"면서 "넷 제로에 대한 공격적인 투자는 생존을 위한 일"이라고 강조했다.

덧붙여 하비에르 카스텔라노스 모스케라 부사무총장은 "위기에 대응하기 위해 374개 인도주의 기관이 '인도주의 기구를 위한 기후환경 헌장'을 마련해 동참하고 있다"고 설명했다.

적십자는 기후변화 대응에서 중요한 활동으로 가장 취약한 지역사회의 복원력을 강화하기 위한 '글로벌 기후 복원력 플랫폼'을 만들었다. 그는 "이 플랫폼으로 2030년까지 전 세계 약 5억 명이 재정 지원을 받을 것으로 기대한다"고 전했다.

이어 로비 다이아몬드 SAFE 설립자 겸 CEO는 "넷 제로를 위해서는 전 세계적으로 투명한 공급망 구축이 필요하다"고 강조했다. SAFE는 혁신적인 운송과 모빌리티 기술을 발전시키는 동시에 미국과 동맹국이 기술 공급망의 주요 측면을 확보할 수 있도록 보장함으로써 에너지 안보를 강화하고, 미국 경제의 부활과 회복력을 지원하는 기구다. 그는 SAFE의 자매 단체인 '전기화연합Electrification Coalition'의 설립자 겸 CEO로서 소비자, 기업, 정책 입안자들과 협력해 '리얼 월드Real-World'라는 프로그램을 만들기도 했다.

로비 다이아몬드 CEO는 "넷 제로 산업 대부분이 공급망에 중국을 포함하고 있는 것은 큰 리스크"라고도 주장했다. 원자재를 생산하는 과정이 투명하지 못하므로 궁극적인 넷 제로 목표에 도달하기 어렵다는 설명이다.

모겐스 뤼케토프트 에너지넷 감독위원회 의장은 "과거보다 지금은 대중의 이해가 더 높아졌지만, 여전히 모든 수준에서 지속적인 정보와 교육 노력이 부족하다"고 지적했다. 그러면서 "아이들은 취학 전부터 교육 과정 전반에 걸쳐 '국가지속가능발전목표SDGs'에 대해 배워야 한다"고 강조했다.

그는 또 "기후변화에 맞서 최소한 극적인 무장이 필요하다"면서 "지금 정신을 차리고 행동하지 않는다면 인류는 혼란스럽고 감당하기 어려운 변화에 직면하게 될 것"이라고 경고했다.

넷 제로는 인류가 맞이할 큰 위험이지만 동시에 그것이 필요로 하는 산업 전환은 큰 비즈니스 기회를 제공할 것이라는 예측도 나왔다. '에너지 전환이 불러온 비즈니스 기회' 세션에서 앨버트 청 BNEF 부사장 겸 글로벌 전환 연구 분석 책임자는 해외에 진출해 있는 한국 기업들을 필두로 한국이 전 세계적인 에너지 전환 리더가 될 가능성이 크다고 내다봤다.

그는 "미국이 인플레이션감축법IRA을 시행한 이후 북미 지역에 약 700억 달러의 신규 투자를 하면서 현지에 진출한 기업들이 수혜를 볼 것"이라며 이같이 말했다.

BNEF 분석에 따르면, 저탄소를 위한 전 세계 에너지 전환 투자금액은 2022년에 31% 급증해 처음으로 1조 달러를 넘었다. 화석연료에 대한 투자금액을 따라잡을 정도로 빠른 성장세다. 특히 재생에너지와 전기차 관련 투자가 대부분을 차지했으며 청정 수소, 탄소 포집 등 새로운 분야에 대한 투자도 빠르게 늘어나는 모습이다.

하지만 기후변화 위기 속에서 아직까지 전 세계가 2050년까지 탄소 순배출이 '0'을 달성할 만큼 충분한 에너지 전환이 이뤄지지 않았다는 지적이 나온다. 현재 지구 지표면 온도는 산업화 이전 시대보다 1.1도 높은 수준이며, 인간 활동이 온도 상승을 이끌었던 것으로 분석된다.

앨버트 청 부사장은 "전 세계 넷 제로를 달성하려면 에너지·수송·건축·산업 등 모든 영역에서 노력이 필요하다"며 "이를 위해서는 에너지 전환이 중대한 기회가 될 것"이라고 전망했다. BNEF가 그리는 넷 제로 청사진에 따르면, 2050년까지 지구 온도는 산업화 이전보다 1.77도 높은 수준으로 상승이 제한될 것으로 보인다.

그는 청사진도 구체적으로 제시했다. "전 세계 태양광, 풍력, 에너지 저장 시설 설치 속도는 2030년까지 2배 빨라질 것"이라며 "전기차 또한 2026년까지 전 세계 차량 판매량의 30%를 달성할 것"이라고 예상했다. 이어 "태양광 가격이 기록적으로 낮은 수준을 기록하면서 태양광과 풍력 등 재생에너지 비용이 가스와 석탄과 비교해서도 경쟁적이게 됐다"고 덧붙였다.

만약 계획이 없다면 그 결과는 어떨까? 인류가 아무런 노력도 하지 않으면 지표면 온도는 2050년에 이르러 2.6도 상승할 것으로 예상한다. 특히 한국은 에너지 전환을 위해 투자를 많이 하지만, 정책 면에서 개선 여지는 많다고 지적했다.

BNEF에 따르면, 2022년 한국의 에너지 전환 투자금액은 190억 달러로 중국·미국·독일 등에 이어 전 세계 7위를 기록하고 있다. 이 중 전기차 투자 성장이 가장 컸고, 재생에너지에 대한 투자는 2020년부터 비슷한 규모를 유지했다. 배터리 공급망 순위는 전 세계 6위를, 배터리 제조 부문은 중국에 이어 2위를 기록했다.

앨버트 청 부사장은 "LG에너지솔루션 등 한국 기업들이 미국에 배터리 제조 공장을 세우며 기회를 포착하고 있다"며 "한국은 온실가스 배출량도 2018년에 정점을 찍은 후 점차 감소하기 시작했다"고 분석했다.

하지만 에너지 전환 정책 점수는 64%로 낮은 편이었다. 제조업 비중이 높은 산업 특성상 전력 사용이 인구에 비해 많을 수밖에 없는데 전기를 생산하는 수단이 여전히 석탄 등 기존 연료에 크게 의존하고 있기 때문이다.

앨버트 청 부사장은 "한국에서는 전력 부문이 여전히 배출 감소에 가장 큰 걸림돌이 되고 있다"며 "재생에너지 자원 잠재력을 활용해 2050년까지 해상풍력을 잘 활용하는 것이 한국에 기회가 될 것"이라고 조언했다.

그는 "전 세계 넷 제로를 달성하기 위해서 2050년까지 196조 달러 규모를 투자해야 한다"며 "지금이야말로 에너지 전환에서 기회를 포착할 때"라고 강조했다.

기후 재앙을 막는
클린에너지 기술

키쇼르 나이르 아바다그룹 CEO | **필립 반 후프** 주한유럽상공회의소 회장
후쿠이 카즈나리 GE 아시아 탈탄소 총괄 | **예스퍼 홀스트** 코펜하겐오프쇼어파트너스 수석부회장
염정훈 기후솔루션 해운 책임

'기후 재앙을 막는 클린에너지 기술' 세션에서는 인류의 탄소 배출량을 크게 줄여주는 태양광, 풍력 발전 기술 등에 대한 열띤 논의를 진행했다. 세션에는 인도 국내외 에너지 프로젝트 사업 개발, 관리 등에서 약 40년 경력을 쌓은 키쇼르 나이르 아바다그룹 CEO, 약 20년 경력의 해상풍력 프로젝트 개발·운영 경험이 있는 예스퍼 홀스트 COP 수석부회장, 후쿠이 카즈나리 GE 아시아 탈탄소 총괄 등이 연사로 나섰다.

예스퍼 홀스트 부회장은 연간 전력소비량 가운데 50% 가까이를 풍력 발전에서 충당하는 덴마크 사례를 소개했다. 여기에 멈추지 않고 덴마크는 육지에서 80킬로미터 떨어진 북해상에 해상풍력 발전용 에너지 인공섬 건설을 추진 중이다. 덴마크는 이 인공섬의 해상풍력 설비 규모를 10기가와트까지 확대할 수 있을 것으로 본다. 덴마크 내

키쇼르 나이르 Kishor Nair

아바다그룹Avaada Group CEO로 인도 국내외 에너지 프로젝트 사업 개발, 관리, 전략 기획에서 약 40년간 경력을 쌓은 에너지 분야 전문가다. 인도에서 세계 최대 규모의 태양광 프로젝트를 실행했으며 인도연합상공회의소ASSOCHAM 재생에너지위원회와 인도상공회의소FICCI 재생에너지개발자 태스크포스의 공동 의장도 맡고 있다.

필립 반 후프 Philippe Van Hoof

주한유럽상공회의소ECCK 회장이자 ING은행 한국 대표는 30년의 은행 산업 경험을 쌓은 전문가로 재생에너지 투자와 지속 가능성에 대해 관심이 많다.

후쿠이 카즈나리 Fukui Kazunari

GE 아시아 탈탄소 총괄은 GE의 아시아 지역 탈탄소 솔루션과 파트너십 개발을 담당한다. 이전에는 GE가스파워 서비스의 아시아·태평양 총괄매니저, GE 아세안ASEAN 최고마케팅책임자CMO 등을 역임했다.

예스퍼 홀스트 Jesper Holst

코펜하겐오프쇼어파트너스COP 부회장이자 COP 한국법인 공동대표이사로 한국을 비롯해 아시아·태평양 지역 해상풍력 개발과 건설 사업을 총괄하고 있다. 그는 약 20년 경력의 해상풍력 프로젝트 개발과 운영 경험이 있는 해상풍력 전문가다.

염정훈

기후솔루션 해운 책임으로서 해운·항만의 온실가스 배출 감축을 위해 다방면으로 이해관계자들과 소통하고 있다. 기후솔루션에 합류하기 이전에는 그린피스 동아시아 서울사무소 플라스틱 캠페이너로 활동했다. 그전에는 14년간 시놉시스코리아, 삼성중공업 등 IT와 제조업 사내변호사로 법률 자문을 했다.

필립 반 후프 주한유럽상공회의소 회장(사진 가운데)과 연사들이 제24회 세계지식포럼 '기후 재앙을 막는 클린에너지 기술' 세션에서 의견을 나누고 있다.

1,000만 가구에 공급 가능한 전력량 규모다.

후쿠이 카즈나리 총괄도 "풍력 발전량이 10년 전보다 6배 증가하는 등 재생에너지 기술이 빠르게 발전하고 있다"고 설명했다. 또 "가스 터빈, 탄소 포집 기술 등이 발달하면서 친환경 에너지 생산량이 늘어나고 있다"며 "현재 전 세계적으로 개발이나 계획 단계에 있는 재생에너지 프로젝트만 250건이 넘는 것으로 알고 있다"고 덧붙였다.

키쇼르 나이르 CEO는 태양광 발전에 주목했다. 그는 "10년 전 태양광 설비 규모는 90~100킬로와트급 수준이었지만 이제는 700메가와트급도 있다"며 "기술 발전이 이어지며 재생에너지에 대한 자본적 지출 비용-CAPEX이 줄고 있다"고 했다.

탄소 중립의 핵심 기술, CCUS의 현재와 미래

마틴 케일리 카본프리 CEO | **권이균** 한국CCUS추진단 단장
마라트 마얀 에어로베이션테크놀로지스 창업자 | **최종근** 서울대학교 에너지자원공학과 교수

 "탄소는 무조건 나쁜 것이 아니다. 잘 활용하면 수익성 있는 원료가 될 수 있다."

'탄소 중립의 핵심 기술, CCUS의 현재와 미래' 세션에서 전문가들은 탄소 중립 실현을 위한 범지구적인 협력과 상호 노력을 촉구했다. 마라트 마얀 에어로베이션테크놀로지스 창업자 겸 CEO는 "가치사슬(밸류체인)을 성숙시켜야 한다"며 이같이 말했다. 에어로베이션테크놀로지스는 탄소 포집, 광물화 기술을 보유한 이스라엘 기업이다.

탄소 포집·활용·저장기술CCUS은 전 세계의 목표인 2050년 '넷 제로'(탄소 순배출량 0) 달성을 위한 '게임 체인저'로 주목받고 있다. CCUS는 배기가스에 포함된 이산화탄소를 포집해 저장하거나 유용한 물질로 전환해 활용하는 기술로 탄소 포집·활용CCU과 탄소 포집·저장CCS을 포괄하는 개념이다.

마라트 마얀 에어로베이션 테크놀로지스 창업자(사진 오른쪽) 외 연사들이 제24회 세계지식포럼 '탄소 중립의 핵심 기술, CCUS의 현재와 미래' 세션에서 대화를 나누고 있다.

마틴 케일리

탄소 포집 회사인 카본프리 CEO다. 영국 케임브리지대학교에서 화학공학 석사 학위를 받았다.

권이균

한국CCUS추진단 단장이고 현재 공주대학교 지질환경과학과 교수로 재직 중이다. 산업통상자원부 해외자원개발 융자심의회 위원, 과학기술정보통신부 에너지자원 분야 기술 수준 평가 전문가 위원, 대한지질학회 이사, 한국지질자원연구원 책임연구원 등을 역임했다.

마라트 마얀 Marat Maayan

에어로베이션테크놀로지스Airovation Technologies 창업자로 25년 경력의 국토 안보, 대테러 전문가 출신의 사업가다. 그가 설립한 에어로베이션테크놀로지스는 탄소 포집, 광물화 기술을 보유한 이스라엘 기업으로 유독가스 정화 기술을 주력으로 한다.

최종근

현재 서울대학교 에너지자원공학과에서 석유공학과 CCUS 분야 강의와 연구를 하고 있다. 서울대학교 자원공학과를 졸업하고 미국 텍사스A&M대학교에서 석유공학 박사 학위를 받았다.

특히 이산화탄소를 활용하는 CCU 기술에 초점이 맞춰졌다. 마틴 케일리 카본프리 CEO는 "여러 해결책을 함께 사용해야 하는데 최근 탄소 저장보다는 활용도에 관심이 높아지고 있다"며 "많은 기업이 탄소를 지하에 묻는 것만 떠올리지만, 철강사들은 이산화탄소를 원자재로 보고 있다"고 설명했다.

탄소 포집 회사인 카본프리는 시멘트 공장이 배출하는 이산화탄소를 연간 5만 톤씩 포집해 베이킹소다를 만드는 데 활용하고 있다. 마틴 케일리 CEO는 "베이킹소다의 수요가 적다는 점은 아쉽다"면서 "이산화탄소를 통해 무엇을 생산할지와 생산물에 대한 시장의 수요도 고려해야 한다"고 덧붙였다.

앞으로 탄소 포집량은 더 늘어날 전망이다. 글로벌탄소포집연구소 GCCSI에 따르면, 2022년 9월 기준 전 세계에서 진행되는 탄소 포집·저장 프로젝트 추진 사례만 194개에 달한다. 이 프로젝트가 모두 현실화되면 가능한 탄소 포집 용량만 연간 2억 톤이 넘는다.

온실가스 감축을 위해 정부의 제도적·재정적 지원이 뒷받침돼야 한다는 제언도 나왔다. 마라트 마얀 CEO는 "여러 산업의 수요를 고려해야 한다. 특히 중공업, 수소 산업, 철강 산업 등을 통합하는데 시간이 걸릴 것"이라며 "이를 확산하려면 정부 보조금뿐 아니라 금융 지원 확대 등 여러 환경을 조성해야 한다"고 역설했다.

마틴 케일리 CEO도 "정부가 지급하는 탄소 포집 관련 보조금은 미래로 나아가는데 강력한 동력"이라며 "미국에서는 CCU의 경우 톤당 35달러에서 현재 60달러로 상향 조정했다"고 말했다. 이어 "경제성이 상승한 만큼 대중의 관심도 늘어났다. 이 산업이 탄력을 받으려면 정부의 초기 역할이 중요하다"고 강조했다.

미국의 대표적인 CCUS 관련 인센티브는 내국세법 섹션 45Q다. CCUS 투자는 탄소 중립 실현에 효과적일 것으로 예상하지만 상대적으로 설비 비용이 많이 들어가므로 크게 투자하기 어렵다. 미국 정부는 이런 어려움을 해결하기 위해 포집한 이산화탄소 1톤당 일정 수준의 세금을 공제해주는 형태로 보조금을 지급하고 있다.

한국의 CCUS 현황과 도전 과제도 조명했다. 권이균 한국CCUS추진단 단장 겸 공주대학교 교수는 "한국은 좀 늦었다. 지금부터라도 온실가스 감축을 위해 다른 국가들이 20~30년 전부터 해왔던 것보다 훨씬 더 많이 노력을 기울여야 할 상황"이라며 "CCU와 CCS를 균형 있게 투자해야 할 과제를 안고 있다"고 말했다.

정부는 오는 2030년까지 CCUS를 활용해 1,120만 톤의 이산화탄소를 감축하겠다는 목표를 세운 상태다. 권이균 교수는 한국은 온실가스 감축과 탄소 중립을 위한 수단이 많지 않다는 진단도 내놨다. "현재 한국은 온실가스 감축 목표를 어떻게 실현할지에 대한 정책적·기술적 목표들이 집중되고 있다"며 "이것이 온실가스 감축에 얼마나 기여할 것인지와 새로운 산업으로서 어떻게 육성해야 할지를 구분해서 볼 필요가 있다"고 말했다.

정부의 인센티브 강화와 기업들의 협력도 주문했다. 권이균 교수는 "국내 기업들이 CCUS를 실현하려면 2030년대 중반까지 경제적 인센티브는 매우 중요한 요소"라면서 "기업들도 관련 부처와 함께 노력해야 할 시점"이라고 당부했다.

연사들은 무엇보다 글로벌 해법 모색의 필요성에 대해 뜻을 같이했다. 마틴 케일리 CEO는 "아직 모두가 원하는 만큼 속도를 내지 못하고 있다"며 "CCUS는 초국경적인 문제로 탈탄소화를 추진하기 위해 전 세계적으로 힘을 모아야 한다"고 강조했다.

좌장으로 참여한 최종근 서울대학교 에너지자원공학과 교수도 "넷제로 달성을 위해 대기에 배출하는 이산화탄소를 한 번만 제거하는 것이 아니라 매번 제거할 수 있어야 한다"고 조언했다.

기후 위기에
맞서는 알루미늄

크리스토퍼 세론 노벨리스 부사장 | **마일스 프로서** 국제알루미늄협회 사무총장
김고운 서울연구원 환경안전연구실 연구위원

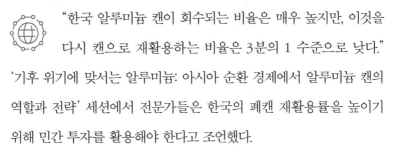 "한국 알루미늄 캔이 회수되는 비율은 매우 높지만, 이것을 다시 캔으로 재활용하는 비율은 3분의 1 수준으로 낮다." '기후 위기에 맞서는 알루미늄: 아시아 순환 경제에서 알루미늄 캔의 역할과 전략' 세션에서 전문가들은 한국의 폐캔 재활용률을 높이기 위해 민간 투자를 활용해야 한다고 조언했다.

알루미늄 캔 재활용은 전 세계 탄소 중립을 위한 순환경제 모델의 대표적인 사례로 꼽힌다. 전 세계 알루미늄 업계를 대표하는 유일한 기관인 IAIInternational Aluminium Institute의 마일스 프로서 사무총장은 "알루미늄은 무한히 재활용할 수 있는 소재로 2050년 넷 제로 탈탄소와 순환 경제의 핵심으로 활용된다"며 "유리와 플라스틱보다도 알루미늄 캔의 재활용률, 캔에서 캔으로 재활용하는 비율이 높게 나타난다"고 설명했다.

크리스토퍼 세론Christopher A. Cerone

지속 가능한 알루미늄 솔루션 제공업체이자 알루미늄 압연과 재활용 분야의 세계적인 리더인 노벨리스Novelis의 대관 및 커뮤니케이션 부사장이다. 미·일 비즈니스 협의회, 정형외과 연구 및 교육 재단, 국립 이탈리아계 미국인 재단의 다양한 위원회에서도 활동하고 있다.

마일스 프로서Miles Prosser

국제알루미늄협회IAI 사무총장으로, IAI는 전 세계 알루미늄 업계를 대표하는 유일한 기관이다.

김고운

10년 이상 환경 정책 분석과 거버넌스 분야 전문가로 활동해 왔다. 2012~2013년 태국 방콕에 본부를 둔 지역 NGO인 미넷에서 근무하며 미얀마 에야와디(이라와디)강 유역에 대한 참여형 전략환경평가를 기획했다. 2017년 8월부터 서울연구원에서 순환경제, 업사이클링 산업과 정책 등의 연구를 수행해왔다.

IAI 연구에 따르면, 알루미늄 음료 캔을 재활용하면 2030년까지 이산화탄소를 연간 6,000만 톤 절감할 수 있는 것으로 나타났다. 알루미늄 재활용에 필요한 에너지는 천연자원으로부터 알루미늄을 생산하는 데 필요한 에너지의 5%에 불과하고, 이 과정에서 탄소 배출은 95% 줄어든다.

마일스 프로서 사무총장은 "재활용한 알루미늄을 또다시 재활용 가능한 캔으로 만드는 무한한 루프를 만들고 이 안에서 순환되는 비율을 높이는 것이 우리의 목표"라며 "글로벌 재활용률이 올해 이후 80%, 2년 후 100%에 도달하도록 노력하고 있다"고 밝혔다.

그렇다면 한국의 상황은 어떨까. 한국은 알루미늄 캔 회수율이 96%로 세계 최고 수준이지만, 캔에서 캔으로 재활용하는 비율은 37%로 낮은 것으로 조사됐다. 마일스 프로서 사무총장은 "정부의 지원책과 생산자책임제도 덕분에 회수율이 높게 나타났다"며 "재활용 비율이 낮은 이유는 분류 과정에서 사용한 캔(폐캔)의 품질이 저하됐기 때문"이라고 분석했다.

마일스 프로서 사무총장은 "분리의 중요성에 대한 대중의 인식 제고와 기계화된 분류 시설에 대한 투자를 통해 해결할 수 있다"며 "정부가 재활용 기업과 협력하고 민간 투자를 독려해야 한다"고 지적했다.

실제로 알루미늄 재활용 제품을 전문적으로 생산하는 민간업체도 국내에 진출해 있다. 세계 최대 알루미늄 압연·가공 업체 노벨리스의 크리스토퍼 세론 부사장은 "우리는 매년 약 230만 톤의 알루미늄을 재활용하며, 2022년에만 약 820억 개 이상을 재활용했다"고 말했다. 이어 "음료수 캔뿐 아니라 차·비행기·아이폰까지 세계 경제 전반에 걸쳐 응용 분야는 광범위하다"고 설명했다.

크리스토퍼 세론 부사장은 "한국 정부는 캔 재활용에 더 나은 인센티브를 제공하는 개선된 공공 정책을 개발하기 위해 노력할 수도 있다"며 "캔을 수집하고 정제하는 과정을 더 쉽고 빠르게, 더 효율적으로 만드는 민간 부문 투자에도 힘써야 할 것"이라고 조언했다. 이어 "정부와 알루미늄 재활용 가치사슬의 모든 이해관계자가 공동의 노력을 기울여야 할 것"이라고 덧붙였다.

노벨리스는 북미·남미·유럽·아시아 4대륙에 걸쳐 15개의 압연과 재활용 시설 통합 네트워크를 운영하고 있다. 국내에서도 경상북도 영주시와 울산광역시에 알루미늄 재활용센터를 두고 있다.

해당 세션에서는 청중의 질문 열기도 뜨거웠다. 두산에너빌리티에서 근무하는 한 참석자는 해상풍력 발전기에도 알루미늄을 사용할 수 있을지 질문을 던졌다. 두산에너빌리티는 국내에서 유일하게 상업용 해상풍력 실적을 보유하고 있으며 풍력 발전 사업 전 분야에 걸쳐 고객별 맞춤 솔루션을 제공하고 있다.

이에 대해 마일스 프로서 사무총장은 "알루미늄이 재생에너지 설비의 케이블이나 태양광 패널 등에도 이미 많이 쓰이고 있다"며 "알루미늄은 내구성이 높으므로 장기적으로 풍력 설비의 유지보수 비용도 줄일 수 있을 것으로 예상한다"고 답했다.

또 재활용 과정에서의 탄소 배출에 대한 국민은행 직원의 질문에 대해 프로서 사무총장은 "1차 알루미늄 생산이 탄소 배출에 훨씬 많은 비중을 차지하고 있으며 재활용에서 배출하는 양은 그에 비하면 극히 일부"라고 설명했다.

3

시계를 거꾸로 돌리는
'리버스 에이징'

수명 150년 시대,
더 건강하게 사는 비법

사친 판다 소크생물학연구소 교수 | **루이지 폰타나** 시드니대학교 의학 교수
정희원 서울아산병원 노년내과 임상조교수

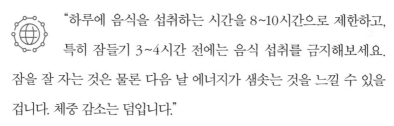

"하루에 음식을 섭취하는 시간을 8~10시간으로 제한하고, 특히 잠들기 3~4시간 전에는 음식 섭취를 금지해보세요. 잠을 잘 자는 것은 물론 다음 날 에너지가 샘솟는 것을 느낄 수 있을 겁니다. 체중 감소는 덤입니다."

사친 판다 소크생물학연구소 교수는 '수명 150년 시대, 더 건강하게 사는 비법'이라는 주제로 생체리듬을 최적화할 방법에 관한 이야기를 풀어냈다. 생체리듬 연구를 선두에서 이끄는 세계적인 권위자 사친 판다 교수는 현대인은 모두 '교대 근무자'이지만 간단한 습관만 바꿔도 최적의 호르몬과 소화기관, 면역 능력을 갖춰 질병을 역전시킬 수 있다며 생체리듬의 중요성을 역설했다.

이날 포럼에는 정현희 우먼리더스포럼 집행위원장(정진기언론문화재단 이사장)을 비롯해 배경은 사노피-아벤티스코리아 대표, 김소은 한

사친 판다 소크생물학연구소 교수(사진 가운데) 외 연사들이 제24회 세계지식포럼 '간헐적 단식과 장수 식사법' 세션에서 발표하고 있다.

사친 판다Satchin Panda

캘리포니아주 샌디에이고 소크생물학연구소Salk Institute for Biological Studies 교수로 생체리듬 연구 분야를 선두에서 이끄는 전문가다. 눈의 망막에서 발견한 청색광 센서를 이용해 햇빛과 조명이 인간의 수면과 기분, 바이오리듬, 뇌 기능 등에 미치는 영향을 입증했다. 또 간헐적 단식으로 알려진 시간제한 식사법, 생체 시계를 기반한 약물 투여가 간 질환, 암, 알츠하이머 등 만성 질환 치료에 기여할 수 있다는 것을 증명했다. 퓨 장학생Pew Scholar, 줄리 마틴 노화 연구 중견과학자상Julie Martin Mid-Career Award in Aging Research을 수상한 그는 캘리포니아 대학교 샌디에이고캠퍼스에서 생체주기 생물학센터의 창립 멤버이자 임원으로 활동하고 있다. 저서로는《생체리듬의 과학The Circadian Code》이 있다.

루이지 폰타나Luigi Fontana

인간의 신진대사, 영양, 노화 분야 세계적인 권위자로 현재 시드니대학교 외래교수다. 미국의 과학 전문 저널인 〈사이언스〉지와 영국의 〈네이처〉지를 포함한 세계적으로 권위 있는 과학 전문 저널에 논문 140여 편을 기고했다.

정희원

서울아산병원 노년내과 전문의(임상 조교수)다. (1) 급성 병원Acute hospitals에서 고위험 허약 노인 환자를 위한 임상 치료 모델, (2) 인간의 노화, 노쇠, 근감소증에 대한 임상·번역 연구, (3) 노인의 연령 관련 이동성 매개변수를 측정하는 센서 기반 알고리즘 등을 연구한다. 현재 한국연구재단, 농림축산식품부, 보건복지부, 산업통상자원부 등의 지원을 받아 다차원적인 연구를 수행하고 있다.

국오가논 대표, 백현욱 한국여자의사회장, 유명순 씨티은행장, 최은주 서울시립미술관장, 김선희 매일유업 대표, 최현수 깨끗한나라 대표, 송미선 하나투어 사장 등 각계 인사들이 참여했다. 김재범 서울대학교 생명과학부 교수가 좌장을 맡았다.

사친 판다 교수는 "나이·성별·건강 상태와 관계없이 신체적·지적·정서적으로 최고의 능력을 발휘하며 사는 것은 보편적인 인간의 권리이자 열망"이라면서도 "현대의 생활습관이 우리 안에 뿌리 깊이 박혀 있는 원초적이고 보편적인 건강 코드를 교란하고 있다"면서 포럼을 열었다. 미국 성인의 절반이 혈압이나 당뇨를 앓고 있는데 전염병과 만성 질환, 우울증 등이 인간 수명의 문제로 작용하고 있다는 것이다.

그는 한밤중에 일어나 출근하고 밤늦게 퇴근하거나 밤샘 근무를 하는 정식 교대 근무자뿐 아니라 학교나 직장에서 밤샘 공부 또는 밤샘 근무를 하거나, 아픈 가족을 간호하느라 밤늦게까지 깨어 있거나, 아기에게 수유하고 기저귀를 갈아주느라 밤새 몇 번이고 자다가 깨야하는 사람 모두가 '교대 근무자'라고 지칭했다. 그러면서 생체리듬이 깨지면 전염병과 질병에 무릎을 꿇게 될 수 있다고 경고했다.

무너진 생체리듬을 회복하기 위해 사친 판다 교수는 수면의 질을 강조했다. 그는 "소방관이나 쉴 시간 없이 육아하느라 잠 못 자는 신생아 엄마들은 지능·감정적으로 많은 뇌 기능 문제를 겪는다"면서 "사람의 일과는 전날 밤 침대에 누운 시간부터 시작하므로 일정한 시간에 잠자리에 들고 자지 않더라도 8시간은 침대에 누워 있어야 뇌 기능과 질병 회복력을 확보할 수 있다"고 조언했다.

그는 "우리 몸은 생체리듬의 청사진으로 구성돼 있지만 잘 관리하지 못하면 몸이라는 자동차를 제대로 몰 수 없는 것"이라면서 "24시간의 생체리듬을 잘 관리하는 것만으로도 건강 문제를 해결할 수 있다"고 강조했다.

빛 노출에 대한 관리도 중요하다고 조언했다. 사친 판다 교수는 "밝은 조명은 뇌와 인체에 모두 나쁜 도미노 현상을 일으킨다"면서 "빛 노출을 관리하고 야식의 유혹을 이기면 이런 패턴의 고리를 끊을 수 있다"고 조언했다.

그는 "저녁 시간에는 독서등 또는 작업등을 사용하고 컴퓨터와 스마트폰의 야간 조명 기능을 사용하라"고 조언했다. 또 "한낮 이후 카페인 섭취를 줄이는 것도 수면 습관을 개선하는데 도움이 된다"고 덧붙였다. 아침 일찍 일어나기, 활발한 신체 활동 등 기본적인 것들도 지키는 것이 중요하다고 설명했다. 현대인의 80%가 우울·불안·강박증에 시달리고 있는 만큼 하루 30분 이상 산책도 장려했다.

사친 판다 교수는 시간제한 식사법을 활용해보라고 권했다. 하루에 음식을 섭취하는 시간을 8~10시간으로 제한해 그 시간 안에 모든 음식 섭취를 마치라는 것이다. 이 같은 방식은 체중 감량에도 매우 효과적이다. 저녁 식사 후 칵테일 한 잔 마시는 것을 즐긴다면 식전이나 식사 중에 마시는 것이 더 좋은 습관이라고 조언했다.

약이나 영양제도 생체리듬에 따라 복용하면 효과가 있다고 귀띔했다. 사친 판다 교수는 "자기 전에 혈압약을 먹으면 5~10년간 리스크가 줄어들고 관절약은 저녁에 먹어야 효과가 좋다"고 말했다. 근육 운동은 이른 저녁에 하는 것이 좋고, 밤늦게까지 공부해야 하는 학생이라면 오후에 30분가량 짧은 낮잠을 자는 것이 좋다고 조언했다. 미국 캘리포니아주 중·고등학교는 오전 8시 30분 전에 등교하는 것을 금지했는데 생체리듬을 고려한 정책을 도입할 필요가 있다고 역설했다.

사친 판다 교수가 강연을 진행한 우먼리더스포럼은 2023년 세계지식포럼의 부대 행사인 특별기획 전시 '기술을 빚다: 도자기에서 반도체까지'와 함께했다. 정현희 이사장은 "아주 높은 온도를 견뎌야 도자기가 되는 것처럼 어려운 세월을 견뎌야 몸과 마음의 힘을 키울 수 있다"면서 "생체리듬의 회복을 기원하고 테크노 빅뱅 시대에 인간이 중심을 잃지 않기를 바란다"고 했다.

간헐적 단식과
장수 식사법

루이지 폰타나 시드니대학교 의학 교수

"언제 죽는 것이 가장 이상적일까요? 80세면 충분한가요? 120세 이상은 어떠신가요?"《장수로 가는 길The Path to Longevity》의 저자이자 식이요법이 인간 수명에 끼치는 영향을 연구해 온 루이지 폰타나 시드니대학교 의학·영양학 교수는 '간헐적 단식과 장수 식사법' 세션 초미에 이상적인 수명에 대한 화두를 던졌다.

중요한 것은 루이지 폰타나 교수가 언급한 수명은 단순한 수명이 아닌, 건강하게 살 수 있는 기간을 의미하는 '건강수명'이다. 이어 그가 "만약 120세까지도 충분히 건강하고 행복하고 만족스럽게 살 수 있다면 좀 더 오래 살고 싶지 않으신가요?"라고 묻자 객석의 사람들이 고개를 끄덕였다.

루이지 폰타나 교수는 "노화는 시간에 따라 세포와 기관의 손상이 축적되면서 진행된다. 이러한 손상은 우리의 라이프스타일에 따라 속도가 늦춰질 수도 있고 가속될 수도 있다"고 강조했다. 수십 년 전까지만 해도 나이가 들면서 진행되는 노화는 거스를 수 없는 현상으로 받아들여졌다.

그러나 1930년대 중반부터는 식이요법으로 노화를 늦출 수 있다는 사실이 과학적으로 입증되기 시작했다는 설명이다. 그는 "지금까지 수백 건 이상의 연구 논문을 통해 하루에 섭취하는 칼로리양을 줄이거나 시간을 단축하는 식이 제한이 사람을 비롯한 많은 생물체에서 장수 효과가 있다는 사실이 밝혀졌다"고 말했다.

제시카 이버트 미국 세인트룩스 메디컬센터 전문의가 2003년 국제학술지 〈노인학 저널The Journals of Gerontology〉에 발표한 연구 결과에 따르면, 100세 이상 장수한 424명의 표본 집단 가운데 약 19%는 100세 전에 고령과 관련된 질병을 앓지 않은 것으로 나타났다. 전체의 43%는 80세 이후에 고령 관련 질환을 앓았고 나머지 38%는 80세 이전에 이 같은 질환을 앓은 것으로 조사됐다.

폰타나 교수는 "수백만 쌍의 쌍둥이를 대상으로 진행한 연구 조사 결과에 따르면, 장수의 유전적인 요인은 10%도 채 되지 않았다"며 "결국 어떻게 살아가느냐가 노화와 수명을 결정짓는다는 뜻"이라고 강조했다.

루이지 폰타나 교수는 수십 년간 각종 과학적인 연구를 통해 밝혀진 장수 비결을 공개했다. 건강한 식이요법, 꾸준한 신체 운동, 스트레스 감소를 위한 명상, 두뇌 인지 훈련과 숙면, 감성적이고 창의적인 지능 함양, 자신감 고취 등이다. 그러면서 그는 건강한 식이요법이 가장 중요하다고 강조했다.

미국심장협회AHA에 따르면, 과일과 채소, 통곡물, 생선과 해산물, 견과류, 식물성 오일 등은 섭취를 늘리고 당류, 가공식품, 짠 음식, 주류 등은 섭취를 최소화하는 것이 심혈관 건강을 증진하는데 도움이 되는 것으로 나타났다.

어떤 음식을 먹느냐도 중요하지만 언제, 얼마나 먹느냐도 중요하다는 것이 루이지 폰타나 교수의 설명이다. 그는 "세포의 과포화는 모든 질병의 원인이다. 간헐적 단식을 하게 되면 일부 세포들이 에너지를 내기 위해 세균이나 불필요한 단백질, 세포 기관, 미토콘드리아를 먹는다"며 "결국 간헐적 단식은 세포의 과포화 현상을 예방해 다이어트를 넘어 건강에도 매우 효과적이라고 할 수 있다"고 말했다.

간헐적 단식이란 건강한 성인을 기준으로 일반적으로 매일 하루 16시간 공복을 유지하면서 오후 12~8시 안에만 식사하는 것을 말한다. 현재 성인의 하루 칼로리 섭취 권장량은 2,000칼로리 수준이지만, 실제로는 이보다 30% 덜 먹는 편이 심장 등 장기 건강에 좋다는 연구 결과도 속속 나오고 있다.

루이지 폰타나 교수는 최근 전 세계적으로 물리적 수명이 늘어난 만큼 보건 시스템 역시 이전과는 달라져야 한다고 강조했다. 연구와 교육, 의료 서비스와 맞물린 적절한 식이요법의 보급 없이는 질병에 걸리는 사람 수가 크게 늘 것이고 이렇게 되면 국가와 개인이 부담해야 하는 의료 비용도 증가할 수밖에 없다는 것이다.

그러면서 루이지 폰타나 교수는 시드니대학교의 'CPC RPA 헬스포 라이프 프로그램'을 소개했다. 그는 "모든 환자는 개인별 전문 상담을 거쳐 그룹 세션, 온라인 건강 관리 플랫폼 등을 통해 맞춤 식이요법과 운동을 함께 제공받고 있다"고 말했다.

　노화를 되돌리기 위한 사람들의 노력은 큰 비즈니스 기회가 될 수도 있다는 설명이다. 그는 개인 맞춤형 의료·건강 서비스를 중심으로 빅데이터와 AI, 웨어러블 기기 등 기술을 접목한 웰니스Wellness 시장이 폭발적으로 성장할 것으로 내다봤다. "건강수명 연구와 관련 제품, 건강에 도움이 되는 식음료, 화장품, 웨어러블 기기, 숙면 보조용품, 운동과 관련한 상품 등을 통합하는 이커머스(전자상거래) 플랫폼들도 머지않아 보편화할 것으로 보인다"고 말했다.

고령층의 디지털 디바이드 해소를 위한 AI의 활용

그렉 올슨 뉴욕주 고령화청 청장 | **론 김** 뉴욕주 의회 하원의원
클라이드 배널 뉴욕주 의회 하원의원 | **곽동원** 리즈마 USA CEO

미국 뉴욕주는 2022년 6월 뉴욕주 내 독거노인 800세대에 도우미 로봇을 시범 공급하면서 큰 화제를 모았다. 도입된 로봇은 이스라엘의 로봇 개발 기업 인튜이션로보틱스Intuition Robotics 가 개발한 AI 탁상로봇 '엘리큐ElliQ'다. 애초부터 노인을 타깃으로 개발한 이 로봇은 사용자와의 간단한 대화를 통해 약 먹을 시간을 알리거나 다양한 활동을 하게 한다. 가족에게 연락을 취하거나 위급 시 병원에 곧바로 연결하는 등 일상생활도 돕는다.

제24회 세계지식포럼에 초청된 뉴욕주 관계자들은 뉴욕주 고령화청이 약 1년간 시행한 독거노인 도우미 로봇 시범 사업에 대해 일단 긍정적으로 평가했다. 그렉 올슨 뉴욕주 고령화청 청장은 "엘리큐를 이용하는 독거노인은 일 평균 20건 이상 엘리큐와 대화를 하면서 일상생활에 도움을 얻고 있다"고 전했다. 종일 대화 상대 없이 지내는

론 김 뉴욕주 의회 하원의원(사진 가운데) 등 연사들이 제24회 세계지식포럼 '고령층의 디지털 디바이드 해소를 위한 AI의 활용' 세션에서 대화를 나누고 있다.

그렉 올슨 Greg Olsen

뉴욕주 내 고령 인구를 위한 프로그램과 정책 개발에 힘쓰고 있다. 고령화청 NYSOFA 청장 재임 전에는 은퇴한 미국인들을 위한 뉴욕주 연합의 초대 상임이사, 뉴욕주 고령화연합 상임이사를 역임했다. 시러큐스대학교 맥스웰행정대학원에서 노인사회복지학 석사 학위를 받았다.

론 김 Ron Kim

뉴욕주 40선거구 대표 의원으로 뉴욕주 입법기관에 선출된 최초이자 유일한 한국계 미국인이다. 현재 6선 의원이며, 뉴욕주 의회 고령화위원회 상임위원장으로 활동 중이다.

클라이드 배널 Clyde Vanel

뉴욕주 퀸즈의 33선거구를 대표하는 뉴욕주 의원이다. 감독, 분석·조사위원회의 의장이자 인터넷 및 신기술 소위원회 의장이다. 지식재산 변호사이자 기업가이기도 하다.

곽동원

AI와 휴먼 인터벤션을 융합한 시니어 케어 기업인 리즈마 Lisma USA를 이끌고 있다.

독거노인의 특성을 감안하면 고무적인 성과라는 것이다.

2017년 미국에서는 사회적 고립을 '유행성 전염병Epidemic'으로 분류했다. 건강에 끼치는 영향으로 치면 매일 담배 한 갑을 피우는 것과 같다는 설명이다. 그만큼 미국에서는 노인들이 사회에서 고립되지 않도록 하기 위한 여러 정책을 추진하고 있다.

특히 뉴욕은 오랜 기간 고령 친화적인 지역 사회를 구축하려고 노력해왔다. 이번 시범 사업도 그 일환이다. 2007년 뉴욕은 세계 최초로 세계보건기구WHO의 '고령 친화 도시'로 지정됐고, 2017년에는 미국은퇴자협회AARP에서도 고령 친화 도시로 인정받았다.

뉴욕주 고령층의 주거·교통·건강 등을 관리하는 고령화청은 현재 독거노인 800세대를 대상으로 시범 운용 중인 로봇의 데이터를 수집하고 있다. 이 데이터를 토대로 향후 확대 여부를 검토한다는 계획이다. 클라이드 배널 미국 뉴욕주 의회 하원의원은 "뉴욕은 정신건강 지원부터 경제 개발, 지역 기반 서비스까지 주 기관 프로그램과 정책 전반에 고령 친화적인 기조가 깔려 있다"며 "뉴욕에서는 연령과 관계없이 누구나 커뮤니티에 참여하고 의견을 제시할 수 있으며 다양한 지원을 받을 수 있다"고 말했다.

독거노인 도우미 로봇은 요양원으로 전부 수용되지 않을 정도로 가파르게 늘고 있는 노인들의 문제를 해결하기 위해 도입됐다. 그렉 올슨 청장은 "뉴욕에서 요양원은 대기 인원이 많아 6개월에서 1년 이상을 기다려야 입소가 가능한 경우가 대부분"이라며 "어렵게 들어가서도 시스템적으로 제대로 된 서비스를 받지 못하는 사람들이 더 많다"고 했다. 그러면서 "이런 공백을 기술의 도움을 받아 채우려는 것" 이라며 정책의 취지를 설명했다. 이어 그는 "뉴욕에서 요양원 비용은 연간 16만 달러에 달하지만, 로봇을 이용하면 연간 1만 달러로 경제 적인 부담도 덜 수 있다"고 덧붙였다.

다만 이들은 AI 로봇은 어디까지나 노인 지원 인력을 보조하는 도 구일 뿐 완전히 사람을 대체하기 위한 것이 아니라고 선을 그었다. 청 중 사이에서 '디지털 기기 사용에 익숙하지 않은 노인이 홀로 사는 집에서 로봇이 얼마나 효용이 있을지', '사람의 손길이 필요한 독거노 인을 로봇으로 더 고립시키는 것이 아닌지' 등 우려의 목소리도 다수 나왔기 때문이다.

"사람과의 소통이 필요한 독거노인을 로봇으로 오히려 더 사회적으 로 고립시키는 것 아니냐"는 청중의 질문에 올슨 청장은 "기술로 인 력을 대체하려는 것은 아니다"라며 선을 그었다. 이어 "엘리큐는 근처 지역의 커뮤니티 정보를 알려주고 실제로 독거노인이 집 밖에 나가 다른 사람들과 어울릴 수 있게 동기 부여를 하기도 한다"고 설명했다.

오히려 문제는 뉴욕주의 낮은 인터넷 접근성이라고 지적했다. 같은 뉴욕주 안에서도 인터넷이 아예 닿지 않는 지역과 세대가 여전히 존 재한다. 이는 추후 도우미 로봇을 확대하고자 할 때 인프라스트럭처 측면에서 확산을 어렵게 한다. 또 미래에 자율주행차 시스템이 발달 하면 도시에서 자율주행차를 운행하는 것 역시 인터넷 연결 문제로 난관에 부딪힐 가능성이 있다는 것이다.

론 김 뉴욕주 하원의원은 "인터넷이 깔려 있더라도 신뢰성과 안정성이 높은 인터넷 서비스는 매우 비싸다"며 "뉴욕주는 누구나 고품질의 인터넷을 저렴하게 이용할 수 있도록 하는 것을 목표로 '경제적인 커넥티비티Affordable connectivity' 프로젝트도 추진 중"이라고 설명했다. 클라이드 배널 의원은 "정보기술IT 강국인 한국의 기술 스타트업 중에도 적절한 파트너가 있다면 협업해볼 수 있을 것으로 기대한다"고 덧붙였다.

"새로운 산업혁명은 로봇 혁명"

왕싱싱 유니트리로보틱스 창업자

"향후 5~10년 정도면 좀 더 업그레이드된 AI 기술 프로그램이 개발돼 광범위하게 사용될 것입니다. 그렇게 된다면 제조 현장에서 로봇이 생산·조립 업무는 기본적으로 할 것이고, 집에서 설거지·빨래도 로봇이 할 것입니다. 저는 이것을 '완전히 새로운 산업혁명'이라고 명명하고 싶습니다."

왕싱싱 유니트리로보틱스Unitree Robotics 창업자이자 대표이사는 휴머노이드 로봇이 바꿀 세상에 대해 이같이 내다봤다. 그는 대학교 1학년 때부터 로봇에 관심을 두고 개발해왔다. 처음에는 2족 보행 로봇부터 개발하기 시작했다. 4족 보행 로봇 개발에 나선 것은 그가 석사과정에 진입했을 때였다. 당시 그의 지도교수는 크기가 큰 로봇을 만들어보자며 4족 보행 로봇을 시도해보자고 제안했다.

하지만 자금이 문제였다. 왕싱싱 대표는 가벼우면서도 자금이 적게 드는 4족 보행 로봇을 고민하다가 반려견 로봇을 고안했다. 대학원에서 고성능 동작 기술을 지닌 '엑스도그XDog'를 개발하고 졸업한 후에는 유니트리로보틱스를 2016년에 설립했다. 현재 그는 150개 이상의 국내외 특허를 등록한 '특허 부자'다. 그가 개발한 유니트리 제품은 중국 춘제 갈라 무대, 2022년 베이징 동계올림픽 개막식, 슈퍼볼 등 다양한 행사에 등장하고 있다.

왕싱싱 대표는 "4족 보행 로봇은 개인의 반려견, 교육기관의 연구 프로젝트, 산업용 등 3가지 용도로 사용한다"며 "현재 국내외 출고량과 매출액으로 봤을 때 상당히 수요가 크며 AI 발전에 따라 로봇의 기술 개발이 가속화되며 이에 따른 수요도 확충될 것"이라고 강조했다.

강아지 모양 4족 보행 로봇으로 시작한 그의 다음 행선지는 '휴머노이드' 로봇이다. 그는 "지금 휴머노이드 로봇은 전 세계적으로 가장 뜨거운 관심을 받고 있다"며 "최근 개발하고 있는 로봇 관련 기술들과 관련해서는 과거 대비 혁신이 많이 일어나고 있고 범용 로봇도 다양하게 개발되고 있다"고 말했다.

그는 "지금 AI 기술이 그 과정에서 큰 역할을 할 것"이라며 "휴머노이드 산업은 우리 회사에 장기적으로 가장 중요한 사업이 될 것"이라고 전했다.

왕싱싱 대표는 유니트리로보틱스의 강점으로 '최신화'를 꼽았다. 품질 대비 저렴한 가격도 유니트리가 내세우는 강점이다. 그는 "유니트리의 경쟁력과 강점을 한마디로 정리하면 최신 기술로 최신 제품을 생산한다는 점"이라며 "4족 보행과 휴머노이드는 비슷한 부분이 많으므로 휴머노이드 분야에서도 경쟁력이 강하다고 볼 수 있다"고 역설했다.

또 로봇과 AI 기술의 결합을 강조하며 향후 휴머노이드 로봇이 인간이 수행해왔던 위험한 업무를 대체할 수 있을 것이라고 전망했다. 왕싱싱 대표는 "유니트리는 최신 AI 기술을 개발해 이를 로봇에 실용화하는 것에 가장 주력하고 있다"며 "인간이 수행해왔던 제조 현장 조립 업무, 건설 시공 현장 업무 등을 로봇이 훌륭하게 대체 가능하다"고 언급했다.

Interview

"한국과 덴마크,
친환경 에너지 개발에 협력해야"

모겐스 뤼케토프트 에너지넷 감독위원회 의장

전 세계적으로 기후변화의 영향이 확대되면서 인류는 탄소 중립 달성이라는 중대한 과제에 직면해 있다.

경제성장을 유지하며 산업과 인프라를 재편하는 과제를 해결하려면 여러 부문의 협업이 필수적이다. 정부·산업계·개인이 똘똘 뭉쳐 미래 세대가 살아갈 수 있는 지속 가능한 미래를 만들기 위해 '원팀'으로 함께 협력해야 한다.

모겐스 뤼케토프트 에너지넷 감독위원회 의장은 이러한 목표를 달성하기 위해 중국의 협력이 필수적이라고 강조했다. 그는 〈매일경제신문〉과의 인터뷰에서 "중국이 동참하지 않으면 지속 가능한 개발, 파리기후변화협약(파리협정)의 목표를 달성할 수 없다"며 중국의 동참을 촉구했다. 에너지넷은 덴마크의 기후·에너지 관련 공기업이다.

모겐스 뤼케토프트 의장은 "파리기후변화협약은 지금까지 기후변화에 대한 가장 야심 찬 문서로서 미국·중국·유럽이 함께 노력한 역사의 순간이었다"며 "서명을 주저하던 UN 회원국들을 하나로 모으는 데 중국도 매우 중요한 역할을 했다"고 말했다.

이어 "2050년까지 넷 제로를 달성하려면 중국을 비롯해 유럽·미국·한국의 기술 개발과 정부 규제가 필요하다"며 "다른 이슈에 대한 의견과 이해관계가 다르더라도 기후 행동에 대해서는 협력해야 한다"고 했다. 중국은 세계에서 이산화탄소를 가장 많이 배출한 나라이기도 하다.

모겐스 뤼케토프트 의장은 기후 행동과 관련해 한국의 역할도 촉구했다. 그는 "덴마크와 한국은 지난 12~13년 동안 녹색 전환, 녹색 성장에 대한 파트너십을 통해 꽤 잘 협력해왔다"며 "양국이 녹색 전환의 선두주자가 될 수 있는 특별한 조건을 갖추고 있다"고 했다.

모겐스 뤼케토프트 의장에 따르면, 한국은 산업 발전 수준이 높고 녹색 전환에 필요한 여러 도구를 개발하고 있다. 또 덴마크는 풍력 에너지 경험이 풍부하다.

모겐스 뤼케토프트 에너지넷 감독위원회 의장이 제24회 세계지식포럼에 참석해 매일경제신문사와 인터뷰하고 있다.

그는 "덴마크와 한국 모두 지리적으로도 풍력을 많이 생산할 수 있는 친환경 에너지 인근 해안이라는 입지 조건이 좋다"며 "덴마크 기업들은 바다에 거대한 풍차를 설치해 친환경 전기를 생산하는 1세대라는 점에서 한국과 많은 협력을 할 수 있다"고 했다.

모겐스 뤼케토프트 의장은 그린 수소 분야에서도 한국과 덴마크가 협력할 수 있다고 주장했다. 그린수소는 물의 전기분해를 통해 얻어지는 수소로, 태양광 또는 풍력 같은 신재생에너지를 통해 얻은 전기에너지를 물에 가해 수소와 산소를 생산한다. 그레이 수소와 블루 수소에 비해 수소 생산 과정에서 이산화탄소를 전혀 배출하지 않아 궁극의 친환경 에너지로 꼽힌다.

그는 그린 수소에 대해 "산업 발전뿐 아니라 수익성 있는 지속 가능한 좋은 일자리와 좋은 수출 가능성을 창출하는 새로운 영역"이라며 "한국과 덴마크가 충분한 친환경 에너지를 자체적으로 공급하는 것뿐 아니라 장기적인 관점에서 전 세계가 같은 일을 할 수 있는 도구를 제공하는 데 힘을 모아야 한다"고 했다.

유가가 높든 낮든 녹색 전환에 힘써야 한다는 것이 그의 주장이다. 그는 "지구 온도의 빠른 상승, 일반적으로 한 세기에 한 번 일어날 법한 자연재해가 세계 어딘가에서 1년에 여러 번 일어나고 있다"며 "기후변화에 적응하는 과정에서 훨씬 더 많은 인류의 고통을 피하려면 지금이 대안이 없는 상황이라는 점을 인류에게 설명해야 한다"고 했다.

Interview

"소셜미디어에서는
진짜 관계를 맺을 수 없다"

마이클 리치 하버드대학교 의과대학 및 T. H. 챈 보건대학원 부교수

영국 주간지 〈이코노미스트〉는 2023년 5월 인스타그램 같은 소셜미디어가 청소년 우울의 한 원인일 수 있다고 보도했다. 오스트리아, 한국, 미국, 일본 등 17개국 건강 통계를 분석한 결과, 미국과 영국

마이클 리치 하버드대학교 의과대학 부교수이
자 보스턴어린이병원 소아청소년과 담당의가 제
24회 세계지식포럼에 참석해 매일경제신문사와
인터뷰하고 있다.

에서 인스타그램이 출시된 이후 자살률과 우울증 보고 비율이 급격
히 증가했기 때문이다. 또 소셜미디어를 상대적으로 많이 활용하는
10대 여학생 자살률은 2003년 10만 명당 3.0명에서 2020년 3.5명으
로 증가한 반면 남학생 자살률은 거의 변화가 없었다.

마이클 리치Michael Rich 하버드대학교 의과대학 소아청소년과 부교
수는 〈매일경제신문〉과의 인터뷰에서 "기기나 플랫폼, 애플리케이션
이 우리를 변화시킨다는 생각은 틀렸다"며 "우리는 그것들이 우리를
변화시킬 수 있는 방식으로 사용하고 있지만, 궁극적으로는 우리가
스스로를 변화시키는 것"이라고 말했다.

마이클 리치 교수는 '인터랙티브 미디어와 인터넷 장애 클리닉
CIMAID' 창립 멤버다. CIMAID는 디지털 기술 발달이 신체적·정신
적·사회적 건강에 미치는 문제에 대한 최초의 근거 기반 의학 프로
그램이다. 그는 미디어 매체 사용이 아이들의 건강과 발달에 미치는

긍정적·부정적 영향에 관한 연구에 주력하고 있다.

마이클 리치 교수는 소셜미디어를 올바르게 사용하는 방법을 가르쳐야 한다고 주장했다. 그는 "이러한 도구의 기능을 잘 이해하되 아주 많은 것을 기대하지 않고 우리의 말과 행동에 책임을 지는 것이 중요하다"고 했다. 이어 "이러한 도구가 우리에게 어떻게 작용하는지, 우리가 그것에 어떻게 반응하고 어떻게 행동하는지, 우리가 원하는 것이 무엇인지, 우리가 관계에 대해 원하는 것이 무엇인지 진정으로 생각해야 한다"고 덧붙였다.

메타버스에서도 인간관계의 본질은 바뀌지 않을 것이지만 현실과는 같지 않을 것이라고 봤다. 마이클 리치 교수는 "어떤 기술이든 인간의 본성은 인간의 본성대로 갈 것이라고 생각한다"며 "어떤 사람들은 서로에게 친절할 것이고 어떤 사람들은 다른 사람들을 착취할 것"이라고 했다. 이어 "어떤 일이든 한 방에 같이 있을 때 일어나는 것보다는 약화된 버전일 것"이라고 덧붙였다.

로봇과의 관계도 마찬가지다. 이번 세계지식포럼에는 강아지처럼 생긴 로봇 개들이 행사장을 뛰어다니며 참석자들의 관심을 끌었다. 마이클 리치 교수는 "연극의 핵심적인 측면 중 하나는 무대에서 일어나는 일들이 가짜라는 사실을 관객들이 일부러 잊는 것"이라며 로봇 개를 키우는 것도 비슷한 측면에서 이해할 수 있다고 설명했다. 그는 "10대 환자들에게 스마트폰이나 소셜미디어를 치우라고 말할 때 하는 말 중 하나는 스마트폰으로는 진짜 관계를 맺을 수 없다는 것"이라고 덧붙였다.

"10대 늦잠은 생체 시계 탓…
미국 캘리포니아에서는 8시 전 등교
법으로 금지"

사친 판다 소크생물학연구소 교수

"10대 때의 늦잠은 매우 자연스러운 현상입니다. 생체 시계가 늦게 자고 늦게 일어나도록 만들기 때문입니다. 미국 캘리포니아주에서는 중·고등학생을 대상으로 공립중학교는 오전 8시, 공립고등학교는 8시 30분 이전에 수업을 시작하지 못하도록 법으로 금지하고 있습니다."

생체리듬 분야의 세계적 석학이자 대중 서적 《생체리듬의 과학》의 저자인 사친 판다 미국 소크생물학연구소 교수는 〈매일경제신문〉과의 인터뷰에서 "중·고등학생은 과도하게 아침 일찍 일어나 활동을 하면 학습 능률이 떨어지는 것은 물론 성장이나 정서에도 좋지 못한 영향을 받을 수 있다"며 이처럼 말했다.

2019년 캘리포니아주는 공립중학교는 오전 8시 또는 그 이후, 공립고등학교는 오전 8시 30분에 수업을 시작하도록 규정하는 내용의 새로운 주 법률을 제정했다. 청소년기의 수면 부족이 학업 성취도를 떨어뜨리고 전염병과 성인병 등 질병의 발병률을 높인다는 연구 결과가 최근 잇달아 발표된 데 따른 것이다. 사친 판다 교수는 "10대에게는 아침잠도 중요하다"며 "유럽의 많은 국가도 청소년들의 삶의 질을 높이기 위해 8시 30분 이후 수업을 시작하도록 하고 있다"고 설명했다.

생체리듬은 하루 24시간을 주기로 일어나는 생체 활동의 규칙적인 변동을 의미한다. 그는 "생체리듬에 맞지 않는 생활 패턴은 집중력은 물론 면역력과 소화 능력 등 인체 전반적인 기능과 효율을 떨어뜨린다"고 지적했다.

사친 판다 교수에 따르면, 생체리듬은 정서적인 삶에도 상당한 영향을 미친다. 그는 "연인이나 부부간의 다툼도 번아웃(심신이 지친 상태)에서 비롯되는 경우가 많다"며 "잠에서 깬 뒤 1시간, 저녁 11시 이후에는 뇌가 충분히 쉬지 않아 평상시보다 더 예민할 수 있으므로 누구와도 말다툼을 시작하지 않는 것이 좋다"고 조언했다. 나이가 들수록 잠을 잘 못 자고 쉽게 우울해지는 것도 생체리듬과 관련이 깊다는 설명이다.

사친 판다 교수는 성인의 생체리듬에 맞는 가장 이상적인 생활습관으로 하루 6~8시간은 잠을 잘 것(하루 8시간은 침대에 누워 있을 것), 아침에 일어난 뒤 1시간은 음식(칼로리)을 섭취하지 말 것, 가급적 하루 8~10시간 안에 첫 칼로리 섭취부터 마지막 칼로리 섭취를 끝낼 것, 매일 같은 시간에 식사할 것, 하루 최소 30분 이상은 신체를 활발하게 움직일 것, 하루 최소 30분 이상은 햇볕을 쬘 것, 잠들기

2~3시간 전에는 음식을 먹지 말고 밝은 빛 대신 황색 계열의 어두운 조명 아래 생활할 것 등을 꼽았다.

한편《생체리듬의 과학》은 세계 13개국 언어로 번역 출간됐다. 사친 판다 교수는 "헬스케어 분야의 각국 정책 입안자들이 이 책을 참고해 공중보건 체계를 정비하는 데 활용했으면 한다"며 "특히 빠르게 고령화하고 있는 한국은 노인들의 생체리듬을 고려한 복지 정책을 펼칠 필요가 있다"고 말했다.

PART 3

위협받는 민주주의

더욱 치열해진 21세기 전쟁:
G2 갈등과
러시아-우크라이나 전쟁

노벨상 수상자에게 듣는
자유와 인권, 민주주의의 미래

올렉산드라 마트비추크 시민자유센터 설립자 겸 대표(2022년 노벨평화상 수상)
테리 마틴 독일 도이체벨레 수석 앵커

"지금의 전쟁은 러시아와 우크라이나 두 국가 간의 전쟁이 아니다. 독재주의와 민주주의 간의 전쟁이다. 여기서 우크라이나가 무너지면 전 세계 그 어느 누구도 민주주의 아래 보호받을 수 없을 것이다. 블라디미르 푸틴Vladimir Putin은 전 세계에 '군사력이 강한 국가는 국제 질서를 파괴하고 무력으로 국경을 넘어서도 된다'고 보여주고 있다. 지금 정의를 회복하지 않는다면 전 세계 곳곳에서 우크라이나가 겪고 있는 것과 유사한 참극이 벌어질 것이다."

러시아군이 우크라이나에서 자행한 전쟁 범죄 사건을 조사해 세상에 알린 공로로 2022년 노벨평화상을 받은 우크라이나 시민단체 CCL의 설립자 올렉산드라 마트비추크 대표는 제24회 세계지식포럼에서 "우크라이나에서 러시아의 폭주를 막지 못하면 러시아는 물론 북한과 아프가니스탄, 이란 같은 다른 전체주의 독재 정권들도 상대

올렉산드라 마트비추크 시민자유센터CCL 대표(사진 오른쪽)와 테리 마틴 독일 도이체벨레 수석 앵커가 제
24회 세계지식포럼 '노벨평화상 수상자에게 듣는다: 자유와 인권, 민주주의의 미래'에서 대담을 나누고
있다.

올렉산드라 마트비추크Oleksandra Matviychuk

우크라이나와 유럽안보협력기구OSCE 지역의 인권 문제를 연구하는 인권변호사·시민운동가
다. 현재 그녀는 우크라이나 인권 단체인 CCLCenter for Civil Liberties을 이끌고 있다. CCL은 우
크라이나 침공 이후 러시아군의 전쟁 범죄 자료 수집과 규명에 힘쓴 공로로 2022년 노벨평
화상을 수상했다.

테리 마틴Terry Martin

다년간 국제 뉴스를 다뤄왔고 독일 방송사 도이체벨레DW의 베테랑 앵커다. 주요 8개국G8 회
의, 유엔 기후변화 협약 등 국제 행사와 자연재해, 주요 선거 등을 생중계하며 수많은 정·재
계 인사를 인터뷰해왔다. TV 프로그램과 대형 콘퍼런스도 다수 진행해왔다. 영문학과 심리
학을 공부하며 일론칼리지Elon Collage를 졸업한 후 웨이크포레스트대학교에서 석사 학위를
마쳤다.

적으로 군사력이 약한 다른 국가들을 약탈하면서 더욱 진격해 나갈 것이라고 생각한다"며 이처럼 말했다.

올렉산드라 마트비추크 대표는 국제 질서를 유지하는 민주주의와 법치주의를 정상화하는 것은 전 세계가 동참해야 하는 문제라고 강조했다. 그는 "많은 사람이 민주주의가 위기를 맞았다는 사실을 망각하고 있는 것 같다. 부모로부터 자유의 가치를 부여받았고 한 번도 이를 쟁취하기 위해 싸워본 적 없는 경우가 많기 때문"이라며 "지금 우크라이나는 민주주의의 미래를 위해 싸우고 있다고 해도 과언이 아니다"라고 말했다.

올렉산드라 마트비추크 대표는 세계지식포럼 첫날인 2023년 9월 12일 블라디미르 푸틴 러시아 대통령과 김정은 북한 국무위원장이 러시아 블라디보스토크에서 전격 회동해 정상회담을 한 것과 관련해 "북한이 러시아를 지지하는 것은 놀랍지 않다"고 말했다. 그는 "전체주의 독재 정권들은 늘 서로를 지지하면서 더 강력하게 체제를 유지하려고 한다. 예컨대 북한과 러시아는 '민주주의는 거짓된 가치'라는 것을 세계에 알리는 공동의 계획을 구상할 수도 있다"며 "그만큼 민주주의는 위협을 받게 되는 셈"이라고 지적했다.

그는 9월 9일 주요 20개국G20이 공동성명에 우크라이나를 침공한 러시아에 대한 직접적인 규탄 내용을 담지 않는 등 세계 각국이 러시아에 대한 제재 수위를 높이지 못하는 상황에 대해서도 유감을 표했다. 올렉산드라 마트비추크 대표는 "중국·인도·베트남 같은 국가의 공식 입장은 '중립'인데 러시아 같은 경제 대국이자 군사 강국이 일방적으로 우크라이나를 침공해 국제법을 완전히 무시한 행위에 대해서는 중립이라는 것이 있을 수 없다고 생각한다"며 "이런 끔찍한 일에 중립이라고 하는 것은 사실상 우크라이나를 점령하는 러시아를 지지하는 것"이라고 비판했다. 그러면서 "러시아와 적당히 좋은 관계를 유지하기 위해 푸틴 대통령과 악수한 자들은 전범과 손을 잡은 대가를 반드시 치르게 될 것"이라고 덧붙였다.

올렉산드라 마트비추크 대표는 현재 우크라이나에서 일어나고 있는 러시아의 극악무도한 전쟁범죄들이 매우 조직적이고 계획적으로 행해지고 있다고 봤다.

CCL의 인권 이니셔티브인 '푸틴 재판소The Tribunal for Putin, T4P'가 2014년부터 현재까지 시민의 증언 등을 토대로 조사·기록한 전쟁 범죄만 해도 약 5만 건에 달할 정도다. 이 가운데 80% 이상이 민간인이나 민간 시설에 대한 포격에서 비롯된 사건들이다.

올렉산드라 마트비추크 대표는 "우리가 기록한 5만 건은 빙산의 일각일 뿐"이라며 "러시아군은 학교·병원·교회·가정집을 공격하면서 사람들을 강제로 이주시키고 민간인을 대상으로 강간·납치·고문을 일삼고 있다"고 전했다.

이어 그는 "이는 일반 시민에게 엄청난 고통을 가함으로써 저항 심리를 꺾고 완전한 속국으로 만들려는 러시아군의 전략"이라며 "그것이 아니고서는 탱크로 시민들에게 무차별적으로 발포하고 그 시신들의 잔해를 도로에 뿌려지도록 할 이유가 없고, 8살짜리 아이 앞에서 어머니를 강간할 이유가 없으며 공놀이를 하던 14살짜리 아이를 총으로 쏴 죽일 이유가 전혀 없다"고 말했다.

러시아군의 이 같은 전쟁 범죄는 본격적인 우크라이나 침공이 있기 전인 2014년부터 계속돼왔지만 그동안 러시아가 이런 일에 특별한 책임을 진 적은 한 번도 없었다는 것이 올렉산드라 마트비추크 대표의 설명이다.

그는 "푸틴 대통령을 비롯한 러시아 지도 세력을 심판하고 실질적으로 처벌할 수 있는 권한과 힘을 가진 '우크라이나 침공 특별재판소' 설립을 위해 세계 각국이 힘을 모아야 한다"고 강조했다. 현재도 전쟁 범죄를 취급하는 국제형사재판소ICC가 있지만, 러시아는 ICC 당사국이 아니므로 푸틴 대통령을 과거 나치 전범처럼 법정에 세울 만한 법적 근거가 없다는 설명이다.

앞서 ICC 전심재판부는 2023년 3월 우크라이나 점령지에서 아동 수백 명을 납치해 러시아로 불법 이주시킨 전쟁 범죄 혐의로 푸틴 대통령과 마리아 알렉세예브나 리보바-벨로바Maria Alekseyevna Lvova-Belova 러시아 대통령실 아동인권 담당 위원 등 2명에 대한 체포영장을 발부했다. 하지만 푸틴 대통령은 체포영장을 발부한 다음 날 예고 없이 크림반도를 찾아보란 듯 어린이센터와 미술학교를 방문해 공분을 샀다.

그러나 이와 관련해 올렉산드라 마트비추크 대표는 "ICC의 체포영장 발부는 그 자체로 매우 중요한 의미가 있다"며 "'핵무기가 있어도, 무소불위의 권력을 가진 러시아의 대통령이어도 국제 질서를 해치면 책임을 져야 한다'는 메시지를 세계에 던진 것으로 상당한 여파가 있을 것"이라고 평가했다.

다만 그는 국제 사법 시스템이 제대로 작동하기까지는 오랜 시간이 걸릴 것으로 내다봤다. 올렉산드라 마트비추크 대표는 "오늘날 상황에서는 법적인 수단은 더는 효과가 없다"며 "미래에는 국제 질서를 잡을 수 있다고 생각하지만 당장은 무기를 갖고 우리 자신을 방어해 생존하는 것이 더 중요하다"고 말했다. 이어 그는 "우리는 정당 방위할 권리가 있고 전 세계는 우리를 지지할 것이라고 믿는다. 우리는 맨손으로 싸울 수 없다"며 우크라이나에 대한 군사적 지원을 주저하는 국가들에 우회적으로 지원을 촉구했다.

올렉산드라 마트비추크 대표는 '수만 건의 전쟁 범죄를 기록할 때 정서적으로 영향을 받지 않느냐'는 테리 마틴 수석 앵커의 질문에 "가끔은 인간적인 고통이 우리를 태우고 있다고 느낄 정도"라면서도 "그럼에도 계속해서 이 일을 할 수 있는 원동력은 첫째로 언젠가 범죄를 저지른 사람들이 그 대가를 치르게 만들겠다는 목표가 있기 때문"이라고 답했다.

그러면서 "또 다른 힘은 평범한 사람들이다. 우크라이나 키이우가 러시아군에 포위됐을 때 많은 국제기구가 우리를 혼자 두고 철수했지만, 평범한 사람들이 무너진 잔해 속에서 사람을 구했고 목숨을 걸고 지하에서 의료 시술을 해줬다"며 "이런 사람들이 상상 이상의 임팩트를 만들고 있다"고 말했다.

또 '어떻게 하면 우크라이나를 도울 수 있느냐'는 청중의 질문에는 "우리를 돕는 방법은 수백 가지가 있을 수 있다"며 "우크라이나에 대한 글을 쓰고 러시아의 선동에 맞서줘도 되고, 난민을 받아줄 수도 있고, 기금을 모금해 물품을 지원해줄 수도 있고, 우크라이나에 더 많은 지원을 할 수 있도록 정부에 압박을 가할 수도 있다"고 말했다. 이어 그는 "거대한 전쟁을 맞닥뜨렸을 때 한 사람의 노력은 아주 작게 느껴질 수 있지만, 우리는 그 노력이 필요하다"며 "하나의 물방울 같은 개인들이 힘을 합치면 우리는 바다가 될 수 있다"고 덧붙였다.

지정학 라운드 테이블: 3개국 관점에서 본 경쟁의 귀환

에드윈 퓰너 헤리티지재단 창업자 | **에스코 아호** 제37대 핀란드 총리
하토야마 유키오 제93대 일본 총리 | **윤영관** 아산정책연구원 이사장(전 외교통상부 장관)

"현재의 국제법은 자국을 방어하기 위해서 혹은 UN 안전보장이사회 결정에 의해서만 무력을 사용할 수 있다. 그 외의 경우 침공으로 간주한다." 블라디미르 푸틴 러시아 대통령이 2013년 9월 시리아 사태를 주시하고 있던 미국에 했던 말이다. 에스코 아호 전 핀란드 총리는 푸틴 대통령의 과거 발언을 재조명하면서 "스웨덴과 핀란드가 북대서양조약기구NATO에 가입하게 된 계기는 푸틴 자기 자신"이라고 말했다.

세계지식포럼 '지정학 라운드 테이블' 세션에는 핀란드·일본·미국을 대표하는 저명한 지도자 3명이 모였다. 20년간의 핀란드 의회 활동을 거쳐 37대 총리를 지낸 에스코 아호 전 핀란드 총리가 참석했다. 2009년 민주당 소속으로 일본 역사상 최초 단독 정당에 의한 정권 교체를 이뤄냈던 하토야마 유키오 전 일본 총리, 미국 싱크 탱크

에드윈 퓰너 헤리티지재단 창업자(사진 왼쪽 2번째) 외 연사들이 제24회 세계지식포럼 '지정학 라운드 테이블: 3개국 관점에서 본 경쟁의 귀환' 세션에서 의견을 나누고 있다.

에드윈 퓰너 Edwin Feulner

미국 싱크 탱크 헤리티지재단The Heritage Foundation 창업자이며, 현재 아시아연구센터 회장을 맡고 있다. 과거 미국 하원 공화당 연구위원회의 전무이사, 필립 크레인Philip Miller Crane 행정 보좌관, 국방부 장관 멜빈 레어드Melvin Robert Laird Jr.의 기밀 보좌관 등으로 활동했으며 스탠퍼드대학교 후버연구소 펠로, 미국 전략국제문제연구소CSIS 공보연구원 등을 역임했다.

에스코 아호 Esko Aho

제37대 핀란드 총리로 1983년부터 2003년까지 20년간 핀란드 의회에 몸담았다. 1990~2002년 핀란드 중앙당 총재, 1991~1995년에는 핀란드 총리를 역임하며 핀란드의 유럽연합 EU 가입을 이끌었다.

하토야마 유키오 鳩山由紀夫

제93대 일본 총리로 일본의 케네디 가家로 불리는 정치 명문 가문 출신이다. 대표적인 친한파 정치인이기도 한 그는 총리 사임 후 싱크 탱크인 동아시아공동체연구회를 설립해 한국과 중국 등지를 오가며 다양한 활동을 이어가고 있다.

윤영관

아산정책연구원 이사장이자 서울대학교 정치외교학부 명예교수다. 2003~ 2004년 대한민국 외교통상부 장관을 역임했다.

헤리티지재단 창업자인 에드윈 퓰너 미국 CSIS 연구원이 한자리에 모여 이러한 지정학적 역동성에 대처하기 위한 각 국가의 전략을 논의했다. 에드윈 퓰너 창업자는 과거 미국 국방부 멜빈 레어드 장관 기밀 보좌관으로 활약하는 등 지정학 국제 정세 전문가다. 특히 2번째 해를 넘길 것으로 보이는 러시아-우크라이나 전쟁에 대한 평가에 관심이 쏠렸다.

이 세션에서 특히 주목을 받은 것은 아호 전 총리가 러시아-우크라이나 전쟁을 바라보는 시각이었다. 핀란드는 러시아와 3만 킬로미터에 달하는 국경을 접하고 있을 뿐 아니라 2차 세계대전 당시에는 실제로 당시 소비에트연방의 침공을 받은 국가다. 하지만 종전 이후 약 80년간 가입하지 않았던 서유럽의 공동 방위 체계에 2022년 5월에 들어서야 동참하게 됐다.

아호 전 총리는 "1990년대까지만 해도 NATO에 가입을 찬성하는 국민은 25%에 불과했다"면서 이 수치는 "러시아가 우크라이나를 침공하면서 54%로 늘었고 2022년에 70%까지 올라갔다"고 말했다. 지정학적으로 러시아와 서유럽의 완충 지대에 위치한 국가들의 NATO 비가입을 러시아가 압박하면 할수록 이 국가들이 오히려 NATO에 가입하는 결과를 낳았다는 주장이다.

실제로 2022년 초 러시아는 핀란드와 스웨덴의 움직임을 두고 외무부 대변인이 나서 "NATO 가입은 해로운 결과를 초래할 수 있고 군사적·정치적으로 심각한 결과에 직면할 수 있다"며 위협했지만 이후 NATO 가입 움직임에는 더욱 속도가 붙었다.

한편 에드윈 퓰너 헤리티지 재단 창업자는 러시아-우크라이나 전쟁 상황에서 미국의 역할을 두고 "아프가니스탄에서 미군 철수로 인해 세계에 퍼진 '미국은 신뢰할 수 없는 파트너'라는 인식을 이번에 만회한 것"이라고 평가했다. 그는 전쟁 지원에서 민간 차원의 노력이 돋보였다는 점을 강조했다. "전쟁 상황에서 어려움을 겪는 통신 분야에 대해 일론 머스크의 저궤도 위성들이 도움을 줬다"면서 "우크라이나와 협력해 러시아 정찰 상황을 전달해왔다"고 말했다.

유키오 전 총리는 미·중 관계의 변화에 주목했는데 G7이라는 전통적인 강대국보다 중국을 비롯한 개발도상국들의 영향력이 높아지고 있다는 점을 지적했다.

그는 "1980년대에는 G7의 GDP 합계가 세계 경제의 61%를 차지했지만, 2022년에는 44%를 기록했고 앞으로 40% 이하로 떨어질 전망"이라면서 "반대로 BRICS(브라질·러시아·인도·중국·남아프리카공화국 등 신흥경제 5국)의 GDP 합계가 세계 경제에서 차지하는 비중은 2022년에 26%이고 앞으로 40% 이상으로 높아질 것"이라고 말했다.

에드윈 퓰너 창업자는 유키오 전 총리의 발언에 공감하면서도 중국의 성장은 공평한 경쟁이라는 질서에 반하면서 이행된 것이라고 목소리를 높였다. 그는 "중국의 안보 부처들은 미국의 컨설팅회사들이 가지고 있는 회사 내부 정보와 기밀 정보를 탈취하는 시도를 이어가고 있다"고 지적했다. 또 중국이 여전히 스스로를 개발도상국으로 평가하고 있는 데 대해서도 "세계 2대 경제 대국임에도 개발도상국 지위를 통해 혜택을 많이 받고 있다"고 말했다.

미국이 그리는
새로운 세계 질서

론 클레인 제30대 백악관 비서실장 | **김성한** 고려대학교 국제대학원 교수

"2000년대 서구권 지도자들은 무역 성장으로 중국의 민주주의가 활성화될 것이라 봤지만 그 반대였다. 40년간 빠르게 성장한 중국은 이제 성장률이 줄고 있고, 자유가 없는 수익은 줄어들고, 위험해질 것이다."

조 바이든 대통령의 30년 지기 복심으로 불리는 론 클레인 전 백악관 비서실장이 "바이든 대통령의 아시아 정책 우선순위가 달라졌다"고 밝혔다. 바이든 정부의 효과적인 정책 효과가 나타나고 있는 만큼 2024년 대선에서 바이든 대통령의 재선도 확신했다.

'미국이 그리는 새로운 세계 질서: 론 클레인과의 대화' 세션에 등장한 클레인 전 실장은 "미국은 아시아에서 과거 무역과 대중 관계에 집중했지만 이제 바이든 대통령의 정책 우선순위가 달라졌다"며 "한국 같은 아시아의 발전된 국가들과 협력하기 시작한 것"이라 설명했

론 클레인 제30대 백악관 비서실장(사진 오른쪽)과 김성한 고려대학교 국제대학원 교수가 제24회 세계지식포럼 '미국이 그리는 새로운 세계 질서: 론 클레인과의 대화' 세션에서 청중에게 발표하고 있다.

론 클레인Ron Klain

미국 민주당 정권 중 가장 오래 재임한 초대 비서실장(2021~2023)으로 조 바이든Joe Biden 정부의 백악관 직원들을 감독하고 내각의 일원으로 활동했다. 그는 중간선거에서 초당적인 입법 성과와 사법부 지명에 초점을 맞춰 백악관을 예상치 못한 승리로 이끌었다는 평가를 받았다. 비서실장으로 재직하는 동안 〈타임〉지가 발표한 글로벌 리더 100명에 선정되었다.

김성한

고려대학교 국제대학원GSIS 국제관계학 교수로, 2022~2023년 제5대 국가안보실장에 선임됐다. 고려대학교 일민국제관계연구원 원장을 지냈다.

다. 그는 "미국은 과거 아웃소싱과 생산지를 해외로 옮기는 정책을 펼쳤지만, 결과적으로 미국과 미국 중산층에 도움이 안 됐고, 또 코로나19 팬데믹은 미국 공급망에도 충격을 줬다"고 그 배경을 밝혔다.

클레인 전 실장은 "20년 전 미국은 중국과의 교역을 늘리고, 중국의 세계무역기구WTO 가입과 함께 중국에 자유 시민 사회 발전과 인권 개선에 도움을 주려 했었다"며 "그러나 중국은 경제에서 수익을 냈지만, 자유는 증진되지 않았고 중국에서 기업 활동을 장려하는 것이 민주주의나 자유에 좋지 않았다"고 전했다.

클레인 전 실장은 "바이든 정부는 중국을 중점에 두고 아시아를 생각하는 것이 아니라 인도·태평양을 중심으로 보고 있다"며 "최근 미국뿐 아니라 전 세계가 중국에 투자하지 않고 다른 곳에 투자하는 것도 미국이 주도한 것이 아니라 결과적으로 중국의 자체적인 매력도가 떨어진 것"이라 강조했다.

그는 중국에는 강경한 입장을 피력하면서도 한·미 관계는 호혜적인 관계로 발전하고 있다고 평했다. 클레인 전 실장은 "한국·일본·호주·인도 등 인도·태평양과 협력하는 것은 반중국 정책이 아니며 민주 국가 중심으로 재편하는 것이 미국에 도움이 되기 때문"이라고 설명했다. "이에 따라 미국은 경제와 안보에서 중국 의존도를 낮추고, 한국·일본과의 협력을 증대시키고 있다"고도 전했다.

한국에서는 삼성전자, SK, 한화 등이 1,000억 달러 이상을 미국에 투자했고, 미국에서는 넷플릭스 등이 한국에 700억 달러 이상을 투자한 점도 강조했다. 아울러 바이든 정부가 북한의 핵미사일 억제력을 강화하고, 한국이 우크라이나 공조에 참여하는 점도 높게 샀다.

2024년에 열리는 미국 대선에서는 바이든 대통령의 재선을 확신했다. 미국 내부적으로나 세계적으로도 바이든의 정책이 효과를 보고 있기 때문이라는 판단이다. 클레인 전 실장은 "2024년에도 바이든 대통령이 근소한 차이로 승리할 것"이라며 "2022년 한국 대선도 0.7% 차에 불과하지 않았나" 하고 전했다. 이어 "바이든 정부는 계속해서 미국 국민에게 도움이 되는 결과를 내고 있고 반도체법, IRA 등이 성공하고 있다"고 덧붙였다.

도널드 트럼프Donald Trump 전 대통령을 견제하는 주장도 내놨다. 클레인 전 실장은 "바이든은 우크라이나와 함께하지만, 트럼프는 푸틴과 가깝고, 김정은에게 연서도 보냈다"며 "(트럼프가 당선되면) 과거로 회귀할 것으로, 국제 사회에서도 중요한 문제"라고 지적했다.

세션 좌장을 맡은 김성한 전 국가안보실장(고려대학교 교수)은 "국제 질서가 위협받고 있는 가운데 한국은 미국과의 강력한 연대에 이어 이를 확대해 일본과 인도·태평양 국가와 협력하게 됐다"며 "국제 사회에서 다른 국가들이 볼 수 있는 롤모델이 됐다"고 평가했다.

스트롱 맨과
민주주의의 위기

티에리 드 몽브리알 프랑스 국제관계연구소 이사장 | **에드윈 풀너** 헤리티지재단 창업자
로빈 니블릿 채텀하우스 석좌 연구원 | **최강** 아산정책연구원 원장

역사는 과연 진보하는가. 독일 철학자 헤겔은 "인류의 역사는 자유 의식이 진보해온 역사"라고 했다. 이후 많은 사람이 이 같은 역사 인식을 받아들였다. 그러나 적어도 민주주의의 관점에서는 최근 회의론도 제기되고 있다. 독재에 가까운 강력한 지도자인 '스트롱 맨Strong Man' 리더십이 러시아와 중국을 비롯해 세계 각지에서 힘을 얻고 있기 때문이다.

특히 코로나19 팬데믹을 거치며 세계 강대국들이 자국 우선주의와 보호무역주의를 강조하고 있다. 이들이 고립주의적 입장을 취하면서 국제 협력은 더욱 어려워졌다. 경제 위기, 불평등, 인종·민족·젠더 갈등은 더욱 심화됐다. 사회 분열과 정치 갈등이 극단적으로 바뀌고 있다. 혼란의 시기를 맞아 권위주의적인 '스트롱 맨' 리더십이 두드러지고 있다.

티에리 드 몽브리알 프랑스 국제관계연구소(사진 왼쪽 2번째) 외 연사들이 제24회 세계지식포럼 '스트롱 맨과 민주주의의 위기' 세션에 참석해 의견을 나누고 있다.

티에리 드 몽브리알Thierry de Montbrial

1979년에 그가 설립한 프랑스 국제관계연구소IFRI 이사장이고, 현재 프랑스 국립예술산업대학 명예교수이기도 하다. 2008년 세계정책콘퍼런스WPC를 창립했다. 1974년부터 1992년까지 에콜 폴리테크니크 경제학과를 이끌었으며, 1993년부터 2001년까지 프랑스 전략연구재단의 초대 회장을 역임했다.

로빈 니블릿Robin Niblett

채텀하우스Chatham House(영국 왕립 국제문제연구소)의 석좌 연구원이며 런던에 본사를 둔 전략자문회사인 해클루트Hakluyt & Company 선임 고문이다. 미국 CSIS 선임 고문이자 아시아 소사이어티 정책연구소Asia Society Policy Institute 석좌 연구원이기도 하다.

최강

아산정책연구원 원장이다. 2012년부터 2013년까지 국립외교원에서 기획부장과 외교안보연구소장을 역임했으며, 아산정책연구원에서 2005년부터 2012년까지 교수로 재직하며 2008년부터 2012년까지 미주연구부장을 지냈다.

강력한 힘을 앞세우며 과거의 영광을 회복하겠다고 약속하는 강한 지도자는 충분히 매력적일 수 있다. 이러한 현상은 독재 정부뿐 아니라 민주적 선거로 당선된 민주 정부에서도 나타날 수 있다. 특히 러시아의 우크라이나 침공은 대표적인 사례다.

불확실한 세계 정치 상황에서 권위주의와 민족주의가 겹치며 민주주의가 위기에 처했다는 우려도 나오고 있다. 최근의 분열된 세계는 과연 앞으로 나가고 있는가. 오히려 민주주의가 후퇴하고 있는 것은 아닌가. 이 같은 물음이 전 세계적인 화두가 됐다.

현상을 진단해보기 위해 '싱크 탱크 라운드 테이블: 스트롱 맨과 민주주의의 위기'에서는 세계 저명한 싱크 탱크의 수장들이 나와 세계 각지에서 대두된 스트롱 맨 리더십과 관련된 의견을 나눴다. 티에리 드 몽브리알 IFRI 이사장, 에드윈 퓰너 헤리티지재단 창업자, 로빈 니블릿 채텀하우스 석좌 연구원이 연사로 나섰으며, 최강 아산정책연구원장이 좌장을 맡았다.

몽브리알 이사장은 결국 스트롱 맨 부상의 기저에는 효율성에 대한 요구가 깔려 있다고 분석했다. 민주주의의 약점이 효율성에 있고, 이를 극대화하는 스트롱 맨들이 각광 받고 있다는 것이다.

그는 "효율성과 정당성을 생각해봐야 한다"며 "정권이 시민들의 인정을 받는 것이 정당성이라고 한다면, 효율성은 의사결정과 관련된 것"이라고 운을 뗐다.

몽브리알 이사장은 "전략적 사고를 하고 집행하면서 목표를 달성하는 것이 효율성인데, 권위주의 정권은 강력한 리더십을 통해 목표 달성에 유리하다"며 "정당성이 있는 정부라도 성과를 보이지 않는다면 정권을 유지할 수 없다"고 했다. 또 "많은 사람이 현상을 민주주의 국가 대 나쁜 독재 권위주의 국가로 나누는데, 이렇게 흑백으로 나누는 것은 적절한 방법이 아니다"고 조언했다.

에드윈 퓰너 헤리티지재단 창업자는 민주주의가 회복 탄력성이 있다며, 스트롱 맨의 부상과 전쟁이 오히려 민주주의 진영이 하나가 되는 기회가 됐다고 분석했다. 그는 "민주주의 시스템의 근간을 이루는 것이 바로 회복 탄력성"이라며 "푸틴이 우크라이나를 침공했을 때 민주주의 국가들이 하나가 됐다"고 했다.

그는 "푸틴의 공격으로 의도치 않게 지난 50년 만에 가장 강력한 NATO가 생겼다"며 "우크라이나 침공 이전에 핀란드 인구의 70%만 NATO 가입을 찬성했는데, 이제는 핀란드가 가입해 활발한 활동을 하고 있다"고 덧붙였다.

또 "한국과 일본이 NATO의 옵저버로 정식 참여하겠다는 얘기가 나왔는데, 이는 민주주의가 어떻게 푸틴 같은 독재자에 대응하는지 보여준 사례"라고 강조했다.

로빈 니블릿 채텀하우스 석좌 연구원도 러시아의 푸틴과 중국의 시진핑이 대서양과 태평양을 하나가 되게 했다고 진단했다. 그는 G7에 한국과 호주를 넣어야 한다고 주장했다. 그는 "스트롱 맨의 부상에서 가장 흥미로운 점은 덕분에 그동안 따로 움직이던 대서양과 태평양이 하나가 되었다는 것"이라며 "비군사적 '냉전'이 다시 부상하는 것이 강력한 신호"라고 말했다.

그는 "호주와 한국이 G7에 참여해야 한다. 반드시 한국을 포함해야 한다"며 "민주주의 진영이 중국과 타이완 문제와 무관하게 반도체, 2차 전지 산업을 발전시키려면 공급망 차원에서 두 국가가 꼭 필요하다. 유럽이 러시아에 의존적인 것과 같이 중국에 의존적이면 안 된다"고 지적했다.

2

"지구 반대편 전쟁에
왜 관심 가져야 하나요"

제임스 매티스 장관에게 듣는다: 미국의 아태 군사력 우위는 지속될까?

제임스 매티스 제26대 미국 국방부 장관 | 전인범 제25대 육군특수전사령관

"미국이 베트남과 과거 전쟁을 한 역사에도 불구하고 관계를 격상한 것은 아시아·태평양 지역에서 군사 역량을 강화하겠다는 의지의 표현이다." 미국 도널드 트럼프 행정부의 첫 국방 수장이던 제임스 매티스 전 국방부 장관은 아시아·태평양 안보의 중요성에 대해 강조했다. 이날 매티스 전 장관의 대담자로는 전인범 전 특수전사령관이 나섰다.

그는 미국의 아시아·태평양 지역 군사력 강화는 '중국 견제'를 위한 것이라고 분석했다. 특히 최근 우크라이나와 러시아 전쟁으로 인해 언제든 새로운 전쟁이 일어날 가능성이 커졌다고 지적했다. 매티스 전 장관은 "중국은 이번 러시아 전쟁을 보면서 대만 공격에 대한 다양한 시나리오를 세웠을 것"이라며 "치밀하고 세밀하게 대비할 것"이라고 말했다.

제임스 매티스 제26대 미국 국방부 장관(사진 오른쪽)과 전인범 제25대 육군특수전사령관이 제24회 세계지식포럼 '제임스 매티스 장관에게 듣는다: 미국의 아태 군사력 우위는 지속될까?' 세션에서 화상으로 대담을 나누고 있다.

제임스 매티스 James Norman Mattis

40년 이상 해병대에서 보병 장교로 복무했으며, 국방부 장관실, NATO 연합군 총사령관, 중동과 남아시아 전역에서 25만 명의 미군과 연합군으로 구성된 미국 중부군사령관으로 근무했다. 2017년 1월부터 2018년 12월까지 제26대 미국 국방부 장관을 역임한 후 사임했다.

전인범

육사 37기로 입관해 1981년에 보병 소위로 임관했다. 중위로 진급한 지 한 달 만에 당시 1군단장이었던 이기백 장군의 부관으로 선발돼 육군 역사상 처음으로 중위가 3성 장군 전속부관이 됐다. 이라크 다국적군 사령부에서도 근무했으며 미국 동성훈장과 우리나라 화랑무공훈장 등 총 13개 훈장을 받았다.

전인범 전 사령관이 "타국의 전쟁에 왜 한국이 관심을 가져야 하는가"라고 묻자, 매티스 전 장관은 "한국 이익과도 직결되는 문제이기 때문"이라고 답했다. 그는 "대만이 공격을 당하면 한국의 피해도 불가피하다"며 "인도주의적 차원이 아니라 경제 등 실질적 위협을 막기 위해서라도 한국이 위협에 주목하고 대비해야 한다"고 강조했다. 그는 중국의 군사력이 강해지고 있지만, 동맹국 기술은 더 빠르게 발전하고 있으므로 충분히 대응이 가능하다고 봤다.

매티스 전 장관은 국방력 강화가 양보할 수 없는 가치라고 봤다. 그는 "평화는 은행 대출과 같다. 돈을 빌리려면 이자를 내듯 자유를 빌리고 싶으면 안보에 대한 대비가 필요하다"고 강조했다.

매티스 전 장관은 러시아·우크라이나 전쟁으로 북한이 과연 무엇을 배웠을까도 분석했다. 그는 "우선 우크라이나 전쟁으로 북한은 전쟁이라는 것이 생각보다 그렇게 쉽지 않다는 것을 배웠을 것"이라며 2022년 2월 러시아의 우크라이나 침공 시 러시아 군인들이 2주 정도 있을 것으로 생각하고 군장을 꾸렸다는 얘기를 듣지 못 했느냐고 반문했다. 그는 또 "북한은 한국의 하이테크 장비들이 북한에 예상보다 큰 피해를 입힐 수 있다는 것을 깨달았을 것"이라고 덧붙였다.

전쟁 초기 우크라이나는 전력이나 장비 면에서 모두 수적으로 열세였지만 서방이 공급한 전자장비와 무인항공기UAV 등 덕분에 민간인들도 전쟁에 참여해 공세를 이어가고 있다는 얘기였다. 매티스 전 장관은 "가장 중요한 것은 자유 세계의 시민을 건드리면 안 된다는 것을 깨달았을 것"이라고 강조했다. 그는 "군인이 아니라 민간인이라

육군사관학교 생도들이 제임스 매티스 전 장관의 발표를 듣고 있다.

고 해도 자유를 빼앗겼을 때 사람들은 미친 듯이 싸운다"며 "나는 지
금 중국도 우크라이나전을 보면서 같은 생각을 하고 있을 것이라 생
각한다"고 밝혔다.

그렇다면 중국이 우크라이나 전쟁 상황을 보면서 대만 통일 계획
을 다시 짜고 있다는 얘기인가. 매티스 전 장관은 청중의 질문에 "군
에서 신병들에게 '적군이 1번부터 4번까지 중 어떤 작전을 취할 것 같
으냐'고 사지선다 질문을 던지는데 정답은 5번"이라면서 웃었다. 그는
"전쟁은 근본적으로 예측 불가하다는 것이 역사의 교훈이며, 군은 모
든 가능성에 대해 준비하는 것일 뿐"이라는 것이 그의 철학이다.

다만 그는 러시아의 경쟁력이 악화되는 것을 우려했다. 그는 "전쟁
이 길어질수록 러시아를 보면 점점 중국의 경제 식민지화가 되고 있
다"면서 "이는 러시아 국민들이 원했던 방향은 절대 아닐 것"이라고
진단했다.

이날 현장에는 육군사관학교 생도 약 200명이 특별 청중으로 함께 했다. 그는 이들을 위한 조언도 아끼지 않았다. "최고의 리더가 되는 길은 육체적인 강인함이 우선"이라면서 "리더의 체력이 부족하면 이를 따르는 조직 전체의 활력도 줄어들 수밖에 없다"고 강조했다.

파편화되고 있는 세계 통상 환경의 전망과 대응

제프리 숏 피터슨국제경제연구소 선임연구원 | **리쓰치** 대외경제무역대학 교수
최석영 법무법인 광장 고문 | **우라타 슈지로** 와세다대학교 교수
버나드 호크만 유럽대학연구소 교수 | **박태호** 법무법인 광장 국제통상연구원 원장

해외 투자나 수입보다 국내 생산을 더 중시하는 보호무역주의가 미국 등 주요국을 중심으로 확산하는 추세다. 미국과 중국 간 분쟁은 안보에서 경제·기술 분야까지 확대되고 있다. 국제 통상 전문가들은 산업보조금이 국제 공급망을 와해시킬 것이라며 WTO가 제 기능을 못 하고 있다고 꼬집었다.

세계지식포럼 '파편화된 세계 통상 환경의 전망과 대응' 세션에서 좌장을 맡은 박태호 법무법인 광장 국제통상연구원 원장은 "미국은 인도·태평양 경제프레임워크IPEF 회원국으로만 만들어진 공급망을 구성하려고 하고 있고, EU도 중국 의존도를 낮추려고 한다"며 "다자무역 질서 체계는 이런 움직임에 효과적으로 대응하지 못하고 있는 실정"이라고 지적했다.

이날 세션에 참석한 연사들은 각국이 핵심 산업에 지급하고 있는

제프리 숏 Jeffrey J. Schott

1983년부터 피터슨국제경제연구소PIIE에서 국제 무역 정책과 경제 제재에 관해 연구하고 있다. 1974년부터 1982년까지는 미국 재무부에서 국제 무역과 에너지 정책을 담당했다. 도쿄 라운드 다자간 무역 협상에서 GATT 보조금협정을 협상하는 미국 대표단의 일원이었다.

리쓰치

중국 국제경영경제대학 WTO 중국연구소 부교수다. 영국 에든버러대학교 사회정치학과 방문연구원을 역임했고 연구 분야는 WTO와 중국, 산업보조금, 반덤핑, 상계관세를 포함한다.

최석영

37년간의 외교관 생활을 하면서 양자·다자 분야의 외교와 교섭 경험이 풍부하다. 특히 WTO, FTA 등 통상 분야와 국제 거래 분야의 전문가로 인정을 받는다. 그는 2016년 5월 법무법인 광장에 합류해 폭넓은 경제·외교의 경험을 바탕으로 필요한 자문을 지원하고 있다.

우라타 슈지로 浦田秀次郎

경제무역산업연구소RIETI 회장이며 와세다대학교 명예교수다. 브루킹스연구소 연구원을 역임했고 세계은행 이코노미스트다. 게이오대학교에서 경제학 학사, 스탠퍼드대학교에서 경제학 박사 학위를 받았다.

버나드 호크만 Bernard Hoekman

2013년 이탈리아 피렌체 소재 유럽대학연구소EUI에 합류해 로버트 슈만 고등교육센터의 글로벌경제학 교수 겸 이사로 재직하고 있다.

박태호

서울대학교 국제대학원 명예교수이자 서울국제포럼SFIA 회장이다. 지난 40년간 대학, 국책연구원, 정부, 국제기구 등에서 일해온 국제 통상 전문가다. 현재 법무법인 광장 국제통상연구원 원장이다.

제프리 숏 피터슨국제경제연구소 선임연구원(사진 왼쪽 2번째) 외 연사들이 제24회 세계지식포럼 '파편화된 세계 통상 환경의 전망과 대응' 세션에서 의견을 발표하고 있다.

보조금이 국제 통상 관계에 끼칠 파급력에 주목했다. 리쓰치 대외경제무역대학UIBE 교수는 "산업보조금은 잘 설계하고 이행하지 않으면 불필요하게 높은 비용을 초래할 수도 있다"며 "차별적인 보조금이 지급될 경우 국내 기업들이 호의적인 환경에서 경쟁할 수 없게 되거나 혁신이나 효율성이 저해될 수 있다"고 말했다.

최석영 법무법인 광장 고문 역시 "보조금은 결국 글로벌 시장의 왜곡을 가중시키고 공급망을 와해시킬 것"이라며 "다자통상 시스템을 약화시키는 계기가 될 텐데, 현재 WTO 규정은 새롭게 확대·팽창하는 산업보조금에 대한 대응이 역부족하다"고 비판했다. 미국의 IRA의 국내 기업에 대한 세제 혜택이 WTO 규정에 반하는 대표 사례라는 것이다. 최석영 고문에 따르면, EU의 탄소국경조정제도CBAM 역시 WTO 규정과 충돌할 소지가 있다.

연사들은 이에 대응하기 위해 보조금과 관련된 국제 규정이 역할을 할 수 있도록 해야 한다고 강조했다. 리쓰치 교수는 "보조금 협정을 좀 더 실행 가능하고 제 기능을 할 수 있도록 운영해야 한다"고 지적했다. 최석영 고문은 "미국·유럽·일본·중국 같은 통상 대국이 WTO 시스템을 재활성화시키려는 정치적 합의에 도달하지 못하면 각국의 산업보조금 정책에 대응하기가 역부족일 것"이라고 설명했다.

WTO의 기능을 보완하기 위해 지역 간 자유무역협정FTA을 활성화해야 한다는 주장도 나왔다. 우라타 슈지로 와세다대학교 교수는 "FTA는 다양하게 존재하며 참여하는 국가가 많을수록 결과가 좋을 수 있다"며 "환태평양경제동반자협정CPTPP과 역내포괄적경제동반자협정RCEP이란 2가지 큰 FTA가 있다"고 말했다.

슈지로 교수는 한국도 이 같은 협정에 가입할 것을 권유했다. 그는 "CPTPP에는 일본과 호주 등이 함께하고 있고 한국은 가입하지 않았는데, 한국도 가입하면 좋을 듯하다"며 "지역 FTA는 전체적으로 모든 회원국이 규칙을 존중하고 준수하며 약속을 제대로 이행·집행하는 것이 매우 중요하다"고 전했다.

제프리 숏 PIIE 선임연구원은 미국이 주도하고 있는 메가 FTA인 IPEF에 대해 긍정적인 방향이라고 평가하면서도 한계점을 꼬집었다. 그는 "IPEF는 우선 아주 적은 금액의 돈을 두고 협상하고 있다"며 "각국이 서로 의지가 강하다는 사실을 믿을 수 있을 만한 확약 조치에 대한 신뢰성이 부족하다"고 꼬집었다.

버나드 호크만 EUI 교수는 IPEF가 제대로 작동하기 위해 필요한 점으로 구속력을 높여야 한다고 주장했다. 호크만 교수는 "IPEF의 경우 국가 차원에서 이미 합의한 것을 지키면 어떤 인센티브가 있는지, 이행을 위한 지원 메커니즘이 뭔지 명확히 해야 한다"고 지적했다. 이어 "IPEF에 협조하는 국가들을 위한 구속력 있는 분쟁 해결 메커니즘이 없는데, 이들 국가가 약속한 사항을 이행하는지에 대한 모니터링 계획도 필요하다"고 덧붙였다.

미·중 패권 경쟁과 무역의 미래

위먀오제 랴오닝대학교 총장 | 로버트 쿱먼 아메리칸대학교 교수,
피터 숏 예일대학교 경영대학원 교수 | 유명희 서울대학교 국제대학원 객원교수

세계 경제 석학들은 최근 고개를 들고 있는 패권주의, 보호무역주의를 완화하고 WTO가 강조한 다자주의, 무역 효율성을 강화해야 한다고 입을 모았다. 특히 코로나19 팬데믹으로 붕괴된 공급망을 복원하려면 경제 규모가 큰 국가 간의 양자주의로는 한계가 있는 만큼 다자주의로 복귀해야 한다는 시각이다.

'미·중 패권 경쟁과 무역의 미래' 세션에서는 국가 간 패권, 보호무역주의의 한계를 극복하기 위해 다자주의로의 전환이 필요하다는 의견이 집중적으로 조명됐다.

피터 숏 예일대학교 교수는 "세계화의 기조가 가까운 시일 내에 복원되기는 어렵겠지만, 국가들이 서로 대화하지 않는다면 모두가 패자가 될 것"이라며 "공급망 복원, 회복력의 관건은 결국 다자주의"라고 설명했다.

위먀오제余淼杰

제14기 전국인민대표회의 부대표이며 랴오닝대학교 총장, 베이징대학교 문과 석좌교수 등을 맡고 있다.

로버트 쿱먼 Robert Koopman

아메리칸대학교 국제서비스대학SIS 교수다. WTO 수석 경제학자, 제네바대학원 국제경제학 부교수를 역임했다. 그의 연구는 무역 정책이 경제 발전과 성장에 미치는 영향에 초점을 맞추고 있다.

피터 슛 Peter Schott

예일대학교 경영대학원의 후안 트립 경제학 교수이며, 미국 국가경제연구국NBER, 경제정책연구센터 연구원Research Fellow이다. 그의 연구는 국가, 기업, 노동자가 세계화에 어떻게 반응하는지에 초점을 맞추고 있다.

유명희

대한민국 최초로 여성 통상교섭본부장을 역임(2019~2021)한 국제 통상 전문가다. 30년간 통상 관련 정부 부처(산업통상자원부와 외교부)와 국제기구에 근무하면서 대외 통상 정책을 수립하고 국제 협상에 참가했다. 한국 수석대표로서 RCEP, 한미 FTA 재협상 등 다수의 양자·다자 통상 협상을 타결로 이끌었다.

그는 "안보는 자국 산업 보호를 위한 일종의 천막이자 보호주의"라며 "다만 중국에 대한 우려는 실제 큰 위협이 될 수 있고, 과거 트럼프 정부가 내린 관세 조치를 바이든 정부도 유지하고 있다"고 전했다. 이어 "미국 내부적으로는 제조업과 강력한 노조가 보호주의에 영향을 미치기도 한다"며 "결국 세계화의 탄력이 떨어지고 있고, 이는 무역을 위한 비용을 증가시키고 소비자 가격이 증가하면서 인플레이션 문제가 가중되는 문제로 이어지고 있다"고 분석했다.

피터 숏 교수는 "혁신적인 제품을 생각하면 A가 아이디어를 만들고, B가 제조하는 식으로 공급망을 분산해야 한다. 어느 국가 혼자 하기는 어렵다"고 설명했다. 예컨대 중국은 저렴한 제품만 만든다고 생각하기 쉽지만, 애플의 아이폰처럼 삶을 변화시키는 제품의 제조를 담당하기도 한다는 것이다. 그는 "국수주의 정책이 계속되면 가치 있는 제품도 소비자가 사용하기 어려워질 수 있다"고 지적했다.

WTO 역할론도 제기됐다. 최근 양자 협정과 블록화도 과거 WTO의 DNA에 기반한 만큼 WTO가 무역 시장 회복을 위해 노력을 해야 한다는 의미다. 로버트 쿱먼 아메리칸대학교 교수는 "WTO가 투명하고 복원력 있는 무역 규칙을 제정할 필요가 있다"며 "WTO가 무역 분쟁 해결 기능에 신뢰도를 높여 코로나19 팬데믹 이후 교역 회복을 지원해야 한다"고 설명했다.

쿱먼 교수는 "세계 교역은 꾸준히 증가하고 있지만, 미국의 가구 소비 지출은 완전히 회복되지 않았고, 중국의 가계 수요도 약세로 언제든 역풍을 맞을 수 있다"며 "WTO는 기존 틀을 유지하고 있지만, 국가별로 관세와 보조금, 보호주의로 강력한 도전을 맞을 가능성도 있다"고 전했다.

로버트 쿱먼 교수는 특히 "WTO는 투명성 부분에서는 A 학점이지만 분쟁 해결 능력에서는 C 학점으로 실패에 가깝다"며 "미국·인도·베트남 등이 이를 양자주의로 해결하려는 추세를 보이고 있어 이는 세계적으로는 관세비용을 증가시키게 되는 악영향을 끼친다"고 지적했다. 그는 "개발도상국까지 무역 효율성을 강화하는 지점까지 세계화가 정립되려면 비용이 많이 발생하더라도 다변화를 추진하는 방향으로 가야 한다"고 강조했다.

위먀오제 중국 랴오닝대학교 총장은 중국을 중심으로 한 아세안 교역량 확대와 한·중·일 FTA의 필요성을 제기하기도 했다. 위먀오제 총장은 "최근 보호무역주의가 고개를 들면서 세계 시장이 미국·유럽·중국 중심의 세 블록으로 재편되고 있다"며 "중국은 수입을 늘리면서 원가 절감과 생산성 개선에 도전하고 있으며, 서비스 무역 부분 강화에 나서고 있다"고 전했다. 그는 "2022년 중국의 서비스 교역은 미국 대비 훨씬 뒤처지고 있어 이를 증가시킬 필요가 있다"며 "한국이 잘하고 있는 교육과 의료 서비스 부분을 중국도 특히 강화해야 한다"고 설명했다.

위먀오제 총장은 "중국은 아세안의 교역량을 늘리고 있고 한국과 일본이 가장 중요한 교역국인 만큼 한·중·일 FTA 체결로 세계화를 이뤄가기를 바란다"며 "중국은 일대일로 이니셔티브를 이용해 러시아와 몽골을 비롯해 이를 한국으로까지 이어지게 하는 데 노력하고 있다"고 덧붙였다. 그는 "아세안은 세계 경제에서 30~40%를 차지하고 있어 세계 공급망에서 큰 목소리를 낼 수 있다"며 "중국은 과거 미국과 유럽에 중요한 교역 수출국이었지만 현재 불확실성이 증가하면서 브라질·러시아·인도·중국 등 브릭스 다른 국가로 수출 다변화를 시도하고 있다"고 전했다.

책상 위부터 우주까지…
넓어진 전장

반도체 전쟁과
한국의 생존 전략

크리스 밀러 《칩 워》 저자(터프츠대학교 겸임교수) | **권석준** 성균관대학교 화학공학부 조교수

"지난주 중국의 첨단 반도체 소식을 듣고 많은 사람이 놀랐다. 나는 오히려 사람들의 반응을 보고 놀랐다. 대단한 뉴스라고 생각하지 않았기 때문이다." 베스트셀러 《칩 워》의 저자 크리스 밀러 교수는 "시장의 과도한 우려와 달리 중국 반도체 산업은 한계에 직면해 있다"며 이처럼 분석했다. 한국 기업도 당장 규제 불확실성에 시달리지는 않을 것으로 전망했다.

최근 중국 화웨이가 최신형 스마트폰에 선단급인 7나노미터 반도체를 탑재한 것이 드러나면서 중국의 반도체 약진에 대한 경계가 높아졌다. 한국 기업도 미국의 대중 추가 규제의 타깃이 될 수 있다는 우려까지 나오고 있다.

이에 대해 밀러 교수는 "중국의 7나노미터 공정이 어느 정도 수율을 가졌는지 확인된 바가 없다"면서 "극자외선EUV 노광 장비가 아닌

크리스 밀러 《칩 워》 저자(화면 오른쪽), 권석준 성균관대학교 화학공학부 교수(사진 오른쪽 1번째)가 제24회 세계지식포럼 '반도체 전쟁과 한국의 생존 전략' 세션에서 청중을 만나고 있다.

크리스 밀러Chris Miller

〈파이낸셜타임스〉가 선정한 올해 최고의 비즈니스 북《칩 워Chip war》의 저자이자 국제 정치·경제·기술 전문가다. 미국 터프츠대학교 국제역사학부 겸임교수이자 러시아·유라시아 프로그램 공동책임자도 맡고 있다.

권석준

성균관대학교 화학공학부·고분자공학부·반도체융합공학부에 재직 중인 교수다. 반도체 소재와 소자, 물성과 설계 분야의 연구를 하고 있다. 서울대학교 공과대학 화학생물공학부에서 학사와 석사 학위를, 미국 MIT에서 화학공학 박사 학위를 받았다.

일반 장비를 사용해 제조했을 것이 유력하므로 경제성이 매우 떨어질 것으로 본다"고 설명했다. 비교적 신형 반도체급인 7나노미터 양산에 성공했을지라도 실제 삼성과 TSMC 등 시장에서 통용되는 제품과는 가격 경쟁이 되지 못한다는 의미다.

미국 상무부는 2022년 10월 7일 대중 수출 통제 조치(잠정안)를 발표했다. 이 조치에는 특정 사양 이상의 첨단 컴퓨팅 칩과 슈퍼컴퓨터에 사용하는 모든 제품은 중국에 수출하려면 허가가 필요하다는 내용을 담았다.

미국의 '우려 거래자Entity List'로 분류된 중국 28개 반도체 관련 기업에 수출하는 모든 제품도 중국에 수출하려면 허가를 받아야 했다. 18나노미터 이하 D램과 낸드 반도체를 만드는 장비도 수출 제한 품목으로 분류됐다.

잠정안을 발표한 뒤 미국 정부는 중국 정부와 소통하며 추가 통제 방안을 준비해왔다. 우려 거래자란 국제 안보와 세계 평화를 위해 무역 거래가 제한되거나, 무역 거래 시 주의를 기울일 필요가 있는 단체와 개인을 의미한다. UN 안전보장이사회, 다자간 국제수출통제체제 회원국과 각국 정부는 우려 거래자를 선별해 통보·게시하고 있다.

업계에서는 세계적인 관심을 모으는 AI 반도체 관련 통제를 강화할 것으로 보고 있다. 현재 미국 엔비디아는 상무부의 대중 수출 통제에 따라 기존 A100보다 성능을 낮춘 A800을 중국에 수출하고 있는데, 이런 저사양 AI 반도체까지 수출을 금지하는 방안이 거론된다. 미·중 반도체 전쟁이 AI 반도체로 집중되는 것은 향후 시장 확장성이 크기 때문이다.

글로벌 시장조사기관 가트너에 따르면, 2022년 326억 달러 수준인 AI 반도체 시장 규모는 2026년에 657억 3,000만 달러, 2030년에 1,179억 달러까지 급성장할 전망이다.

그는 현재 중국이 내놓은 성과가 미국의 규제 무용을 의미하지 않는다고도 답했다. 밀러 교수는 "7나노미터 공정에서 내놓은 결과물은 규제 발표 이전에 갖춘 장비들"이라면서 "규제에 관한 결과는 앞으로 수년에 걸쳐 확인할 수 있을 것"이라고 봤다.

그는 이 같은 시각을 근거로 삼성전자와 SK하이닉스 등 우리 기업이 미국으로부터 규제 유예 조치를 받는 데 큰 어려움이 없을 것으로 예상했다.

밀러 교수는 "현 행정부의 목적은 중국 기업 이외 동맹국에 타격을 미치는 것을 원치 않는다"고 말했다. 이어 "혹 한국 기업이 중국 공장을 당장 폐쇄해야 하는 규제를 시행하면 중국이 이를 인수할 수도 있으므로 복합적 고려가 필요할 것"이라고 말했다.

그는 앞으로 중국과 비중국으로 반도체 산업 공급망이 양분화할 것으로 봤다. 비중국 공급망 영역에서는 한국과 미국의 동맹이 더욱 강화될 것으로 예상했다.

밀러 교수는 "미국의 시스템 반도체 역량과 한국의 고대역폭메모리HBM는 엄청난 시너지를 낼 수 있어 가장 좋은 파트너"라면서 "이뿐 아니라 파운드리Foundry에서도 앞으로 더 많은 협력 확대가 이어질 것으로 보인다"고 전망했다.

미국과 중국, 그리고 AI 기술의 미래

론 클레인 제30대 백악관 비서실장 | **장야친** 칭화대학교 AI산업연구소 학장
칼 베네딕트 프레이 옥스퍼드대학교 교수 | **게리 마커스** 뉴욕대학교 명예교수
알리 아슬란 TV쇼 사회자 겸 저널리스트

최근 생성형 AI의 발전으로 세계 양대 강국인 미국과 중국이 가장 앞선 AI 기술을 선점하기 위한 경쟁에 박차를 가하고 있다. '미국과 중국, 그리고 AI 기술의 미래' 세션에서는 AI 발전, 국제 협력, 상업적 응용, 윤리적 고려 사항 등에 대해 논의가 이어졌다.

게리 마커스 뉴욕대학교 명예교수는 미국과 중국의 AI 기술 발전에서 아주 큰 차이는 없다고 했다. 마커스 교수는 "지금 AI 기술은 모든 곳에 쓰일 수 있는 '범용 AI 기술'이 미래에 어떤 모습일지 조금 보여주는 정도인데 범용 AI 기술을 어느 나라가 먼저 달성할지는 알기 어렵다"며 "미국과 중국 혹은 그 외 다른 나라일 수도 있다"고 했다. 그는 "현재로서는 미국이 조금 더 앞서 있기는 하지만 양쪽 기술 수준은 비슷한 정도라고 보는 것이 맞다"고 했다.

게리 마커스 뉴욕대학교 명예교수(사진 오른쪽 1번째) 외 연사들이 제24회 세계지식포럼 '미국과 중국, 그리고 AI 기술의 미래' 세션에서 좌담을 나누고 있다.

장야친張亞勤

청화대학교 AI 석좌교수이자 청화대학교 AI산업연구소AIR 학장이다. 2014년부터 2019년까지 바이두 총재를 역임했다. 바이두에 입사하기 전에는 16년 동안 마이크로소프트 임원으로 근무했다.

칼 베네딕트 프레이Carl Benedikt Frey

영국 옥스퍼드대학교 마틴스쿨에서 '일의 미래Future of Work' 프로그램 디렉터로 일하고 있다. 그는 '일의 미래'와 기술이 어떻게 경제와 노동력을 바꿀 수 있는지에 대한 선도적인 학자로 꼽힌다.

게리 마커스Gary Marcus

인지과학과 인공지능 분야의 선도적인 인물로, 뉴욕대학교 심리학 및 신경과학 명예교수다. 현대 인공지능이 지닌 한계를 수십 년 전에 예측한 것으로 잘 알려져 있다.

알리 아슬란Ali Aslan

미국의 CNN, ABC뉴스, 싱가포르의 채널뉴스아시아Channel New Asia 등에서 활동해온 20년 경력의 TV 진행자이자 언론인이다.

장야친 중국 칭화대학교 AIR 학장도 "지금 AI 발달은 초기 단계다. 마라톤 42.195킬로미터 중 5킬로미터 정도를 온 수준"이라고 했다. 장야친 학장은 "생성형 AI 등 AI 기술은 앞으로도 다양하게 발전할 것"이라며 "20년이 지나면 기대할 수 있는 것들이 많다"고 했다. 또 "한 연구에 따르면, AI 관련 전체 논문 중 30%가 중국 연구진에 의한 것이고, 인용되는 논문 20%가 중국 연구진 논문"이라며 "AI 기술이 발전하는 데 중국 과학자들의 기여가 크다"고 했다.

게리 마커스 교수는 AI 발전에서 경쟁의 필요성을 강조했다. 그는 "중국과 AI 경쟁에서 빅테크 기업들이 한 분야에 크게 투자를 하면서 역할을 하고 있다"며 "계속 새로운 회사들이 시장으로 진입하고 새로운 접근법들을 시도해야 한다. 이 기저에는 경쟁이 있다"고 했다.

론 클레인 전 백악관 비서실장은 AI 관련 규제 필요성을 주장했다. 론 클레인 전 실장은 "AI는 강력한 기술이고 잠재력이 크지만, 무엇보다도 악용 가능성도 있으므로 산업 리더들부터 규제가 필요하다고 주장하고 있다"며 "투명성, 공시, 반차별 등에 대한 논의를 하고 있다"고 했다.

게리 마커스 교수도 가짜 뉴스, 사이버보안 위협 등 AI가 가져올 부작용에 대한 고려가 필요하다고 경고했다. 최근 미국 하와이 마우이섬에서 발생한 화재 원인을 두고 이에 대한 가짜 뉴스가 퍼진 사례, 어린아이 목소리를 딥페이크 기술로 흉내 내 유괴범인 것처럼 돈을 요구한 범죄자의 사례 등을 예로 들었다.

마커스 교수는 "아직 초기 단계에 있는 AI 기술도 관리와 통제가 어려워지고 있으므로 우리는 신중한 태도를 취해야 한다"며 "정말 강력하고 통제할 수 없는 기술이 나왔을 때 어떻게 대처해야 할지 모두 생각하고 조율할 필요가 있다"고 했다.

칼 베네딕트 프레이 옥스퍼드대학교 마틴스쿨 교수는 AI로 인해 일자리 경쟁이 치열해질 수 있다는 점을 지적했다.

칼 프레이 교수는 "자동화 기술이 발달할 때마다 실업이 발생한 것은 사실이지만 AI는 여전히 신뢰할 수 없는 부분도 있다"며 "AI로 인해 직업의 진입 장벽이 낮아져 경쟁이 치열해질 가능성이 크다"고 말했다. 우버가 퍼지면서 택시 기사들 사이의 경쟁이 치열해진 것과 비슷하다는 것이다.

AI 규제에 대해서도 심도 있는 논의를 진행했다. 칼 프레이 교수는 "우리가 AI 규제를 만들지라도 모든 경우의 수를 다 커버할 수는 없다. 기술 발전과 관련해 어떤 상황이 발생할지를 예측할 수 없기 때문"이라며 "인센티브를 제공해서 이런 의도치 않은 부작용을 예방하는 것이 중요하다"고 했다.

장야친 학장은 "AI 관련 소프트웨어, 하드웨어 오너십을 명확히 해야 한다"며 "AI 범죄가 발생하면 기술이나 기기를 소유하고 있는 조직이 책임을 잘 지도록 해야 한다"고 했다.

게리 마커스 교수는 데이터 투명성도 강조했다. 그는 "기업들의 가이드라인을 보면 AI 시스템이 어떤 데이터를 이용하는지 공개하지 않는다"며 "채용과 대출 등에서 편견을 가지는 AI 모델이 있다면 그 모델이 어떤 데이터를 활용했는지 알 수 있도록 해야 한다"고 했다.

모사드 전 원장과의 대화: 글로벌 사이버보안 위협을 막는 기술

타미르 파르도 XM Cyber 공동창업자(모사드 전 원장) | **안철수** 대한민국 국회의원

"정부는 미사일 공격으로부터 당신을 보호할 것입니다. 그러나 해킹 등 사이버 공격 앞에서 당신은 혼자입니다." 세계 최고의 정보기관 중 하나로 꼽히는 이스라엘 모사드를 이끌었던 타미르 파르도 전 원장의 경고는 예사롭지 않았다. 사이버 공격이 초래할 치명적인 결과에 대해 사람들이 아직 완전히 이해하지 못하고 있다는 지적이었다.

파르도 전 원장은 '모사드 전 원장과의 대화: 글로벌 사이버보안 위협을 막는 기술'을 주제로 열린 세션에서 사이버보안의 중요성을 실감나게 전했다.

그는 2011년부터 2016년까지 이스라엘 정보기관인 모사드 원장으로 재직했으며 퇴임한 후에는 사이버보안업체 'XM 사이버'를 설립했다. 모사드는 정보 수집은 물론 분석, 해외 특수공작과 대테러 업무

타미르 파르도 모사드 전 원장(사진 오른쪽)과 안철수 대한민국 국회의원이 제24회 세계지식포럼 '모사드 전 원장과의 대화: 글로벌 사이버보안 위협을 막는 기술' 세션에서 대담을 나누고 있다.

타미르 파르도Tamir Pardo

2011년부터 2016년까지 이스라엘 정보기관인 모사드Mossad 원장으로 재직했다. 퇴임 후 이스라엘 사이버보안업계 주요 인사들과 함께 사이버보안업체 'XM 사이버XM Cyber'를 설립했다.

안철수

의사 출신으로 '안철수연구소(안랩)'라는 보안소프트웨어 회사를 창업해 한국판 빌 게이츠로 명성을 쌓았다. KAIST와 서울대학교 등에서 교수직을 맡으며 후학 양성에 힘을 쏟던 중 2011년 서울시장 보궐선거를 계기로 정치권에 입문했다. 이후 국회의원에 세 차례 당선됐다.

등에서 탁월한 능력을 보유한 기관이다.

그는 "과거에는 대규모 기관들만 사이버 공작 능력이 있었지만, 오늘날에는 거의 모든 국가에서 뛰어난 해커를 찾아볼 수 있다"며 "국가뿐 아니라 범죄 조직도 손쉽게 랜섬웨어를 활용한 사이버 공격으로 2만 킬로미터 떨어진 기업을 공격해 돈을 벌 수 있다"고 말했다.

이어 "평시인 지금은 랜섬웨어 공격이 기업으로부터 돈을 뜯어내기 위한 수단으로 쓰이지만, 전시에는 사회의 주요 기능을 완전히 마비시킬 수 있다"며 "나는 이러한 사이버 공격을 '침묵의 핵무기'라고 부른다"고 말했다.

파르도 전 원장은 "드와이트 아이젠하워 전 미국 대통령은 어떤 조치를 취하지 않으면 핵무기로 인해 지구가 망할지도 모른다는 점을 깨닫고 핵무기 사용을 금지해야 한다는 공감대를 끌어냈다"며 "이로 인해 국제조약을 체결했다"고 말했다.

그는 "하지만 사이버 공격에 대해서는 이런 종류의 글로벌 리더십이 보이지 않는다"며 "인류가 아주 치명적인 결과를 목도하기 전까지 꽤 오랜 기간 리더십 부재가 이어질 것으로 우려된다"고 덧붙였다.

그는 최근 사이버 공격을 당한 기업의 사례를 들며 그 심각성을 호소했다. 파르도 전 원장은 "미국 라스베이거스에 있는 MGM리조트가 공격을 받아 객실 문 개폐 장치와 현금입출금기가 마비된 적이 있다"며 "미국 연방수사국FBI이 현재 수사 중인 사안으로 랜섬웨어 공격으로 추정되지만, 아직 구체적인 원인이 밝혀지지 않았다"고 설명했다. 이어 "몇 주 전에는 내 친구가 근무하는 이스라엘의 한 병원 응급실에서 갑자기 의무 기록이 모조리 삭제되면서 엄청난 혼란이 있었다"고 설명했다.

또 "2022년 딜로이트 보고서에 따르면, 스위스 대기업 중 45%가 사이버 공격 대상이 됐다는 분석 결과가 나왔다"며 "기업들이 개인정보 보호 논란을 두려워해 사건을 은폐하면서 공개적으로 이를 인정하지 않을 뿐"이라고 말했다.

파르도 전 원장은 글로벌 리더십 부재로 인해 개인과 기업이 각자 스스로 사이버보안을 책임져야 하는 상황에 처했다고 지적했다. 그는 "최근 이스라엘의 한 대형 병원에 보안 시스템 도입을 권유하자 그곳 의사는 그 비용을 아껴서 자기공명영상MRI 장비를 1대 더 들여서 환자를 살려야 한다고 대답했다"며 "사이버 공격을 당하지 않는다고 가정하면 맞는 말이지만 한 번의 공격만 받아도 아주 많은 환자가 피해를 입게 될 것"이라고 말했다.

파르도 전 원장은 효과적인 사이버보안 전략에 대해 "해커들이 네트워크를 활용해 회사에 진입하고자 할 때 이를 막을 방법은 이제 없다"며 "두꺼운 방화벽을 세우는 방식은 무의미하다"고 단언했다. 이어 "가장 핵심적인 자산에 방어를 집중하는 것이 중요하다"며 "해커들은 주로 네트워크 말단에서 침입할 구멍을 찾으므로 해커들이 우리가 생각하는 필수 자산에 접근하는 경로를 파악해서 차단하는 것이 효과적인 방식"이라고 강조했다.

현대전戰의 핵심 전장, 우주가 열린다

박인호 대한민국 공군 39대 참모총장 | **존 레이먼드** 미국 우주군 초대 참모총장
미하엘 쇨호른 에어버스 D&S 최고경영자 | **테리 마틴** 앵커

"우주에서 패배하면 지구에서도 패배하게 될 것이다." 존 레이먼드 미국 우주군 초대 참모총장은 '현대전戰의 핵심 전장, 우주가 열린다' 세션에서 이같이 강조했다. 이날 세션에는 레이먼드 전 총장을 비롯해 박인호 전 공군참모총장, 미하엘 쇨호른 에어버스 D&S CEO가 참석해 지구를 넘어 우주로 확대되고 있는 각국 경쟁에 관해 토론했다.

레이먼드 전 총장은 "우주는 과거 미국과 소련 두 나라 양강 구도였지만 지금은 많은 나라가 가능성을 보고 뛰어들어 춘추전국을 이루고 있다"며 "앞으로 우주 영역에서 1조 달러(약 1,300조 원) 시장이 형성될 것"이라고 말했다.

세계가 지구를 넘어 우주로 눈을 돌리고 있다. 2022년 한 해 우주로 발사한 로켓은 180회로 역대 최대다. 이틀에 한 번꼴로 각종 위성

존 레이먼드 미국 우주군 초대 참모총장(사진 오른쪽 1번째) 외 연사들이 제24회 세계지식포럼 '현대전의 핵심 전장, 우주가 열린다' 세션에서 좌담을 나누고 있다.

박인호

공군사관학교장, 합참 전략기획본부장, 제39대 공군참모총장을 역임했다. 현재 한국국방우주학회 공동대표, 법무법인 대륙아주 고문 등으로 활동하고 있다.

존 레이먼드 John William Raymond

2019년부터 2023년까지 미국 우주사령부 사령관을 역임했다. 38년이 넘는 군 경험 중 우주군사 작전의 미래를 만드는 데 중요한 역할을 했으며 미국 우주군USSF 설립에 결정적인 역할을 했다.

미하엘 쇨호른 Michael Schoellhorn

2021년부터 에어버스 디펜스 앤드 스페이스Airbus Defence and Space CEO를 맡아 회사를 이끌고 있다. 에어버스 집행위원회 멤버로서 에어버스의 국방, 우주, 무인 항공 서비스와 관련 정보 활동을 책임지고 있다.

등을 실은 로켓을 우주로 발사한 것이다. 우주 개척은 미국이 선두를 달리면서 중국이 뒤따르고 인도 역시 다크호스로 부상하고 있다.

일론 머스크Elon Musk가 설립한 미국 우주탐사 기업 스페이스 XSpaceX는 2022년 한 해에만 로켓을 우주로 61회 띄웠다. 다른 미국 기업들도 2022년 17회 발사에 성공했다. 중국은 62회로 뒤를 이었고 과거 미국과 함께 우주 개발의 양대산맥을 이뤘던 러시아는 2022년 21회 발사에 그쳤다. 이 밖에 뉴질랜드 9회, EU 5회, 인도 5회, 이란 1회 순으로 뒤를 이었다.

특히 최근 러시아-우크라이나 전쟁을 계기로 우주 공간에서의 기술력이 지구 위 전쟁에서 승패를 가르는 것으로 확인되면서 지구 전쟁이 우주 전쟁으로 확전되는 양상이다. 미하엘 쉴호른 에어버스 D&S CEO는 "전쟁 중에 러시아가 우크라이나 통신 위성을 요격해 폭파했는데, 이 위성이 에너지 발전과 연관돼 있어 민간 발전 업계에 타격을 주는 일이 발생했다"고 말했다.

우크라이나가 군사 대국인 러시아의 전면 침공에 맞서 장기간 버텨낼 수 있었던 데도 우방국의 우주에서 지원이 큰 역할을 하고 있다는 설명이다. 미국·영국·핀란드 등 유럽 국가가 제공한 인공위성 정보들이 우크라이나가 개전 초기 러시아가 쏜 탄도·순항 미사일의 궤적을 추적하고 요격하는 데 큰 도움을 준 것으로 알려졌다. 영화에나 나오던 '스타 워즈'가 실제 사람들의 삶과 직결되는 현실이 된 것이다.

미하엘 쉴호른 CEO는 "날씨 확인, 통신, 항해, 에너지 발전 등 많은 영역이 위성의 도움을 받는 만큼 이들 서비스를 정상적으로 영위하려면 우주에서의 방어력을 갖추는 것이 중요해졌다"며 "지구에서의 안전을 담보하는 과정에서 우주가 전장지가 되고 있는 것인데, 특히 중국과 러시아는 미사일로 위성을 격추하거나 궤도에서 벗어나게 할 수 있다는 것을 직접 보여주고 있다"고 말했다.

최근 북한과 러시아의 우주 분야의 협력을 강화하는 움직임에 대한 우려의 목소리도 나왔다. 2023년 9월 김정은 북한 국무위원장이 러시아 아무르주 보스토치니 우주기지에서 블라디미르 푸틴 대통령과 만나 우주 분야의 협력을 강화하기로 합의했다. 박인호 전 공군참모총장은 이에 대해 "우려할 만한 일"이라며 "국방부에서 대비가 필요하다"고 말했다.

박인호 전 공군참모총장은 "북한이 러시아로부터 위성을 지원받거나 나아가 최신 개발 전투기를 지원받을 수 있는데 이는 한국 안보에 직접적 위협을 가하게 된다"며 "북한이 러시아 지원으로 고성능 위성을 띄우는 데 성공한다면 한국으로서는 한국 자산에 대한 보호를 강화해야 하는 어려움에 직면하게 된다"고 말했다.

자리에 모인 항공우주 전문가들은 국제 사회가 우주에서의 규범을 명확히 해야 한다는 데 의견을 같이했다. 미하엘 쇨호른 CEO는 "우주에서 경쟁이 격화하면서 과거 미국 서부와 같은 상황이 펼쳐지고 있다"고 했다. 우주가 새로운 기회의 장으로 떠오르면서 금광을 찾아 미국 서부로 모인 사람들이 질서 없이 이익을 추구하던 상황이 재현될 수 있다는 의미다.

존 레이먼드 전 총장은 중국이 2007년 지상에서 위성을 격추하는 실험을 한 것을 지적하며 "각국이 우주의 지속 가능한 개발을 위해 책임 있는 태도를 보여야 한다"고 말했다. 그는 "미국이 우주군을 창설한 이유는 우주에서의 공격이 아니라 억제력을 위한 것"이라면서 "미국은 지상에서 위성을 격추하는 등의 파괴적 실험은 하지 않을 것"이라고 말했다.

"푸틴의 전쟁 범죄 낱낱이 고발…
자유 위해 싸운 한국에서 용기 얻어"

올렉산드라 마트비추크 시민자유센터 대표

러시아군이 우크라이나에서 자행한 전쟁 범죄 사건을 조사해 세상에 알린 공로로 2022년 노벨평화상을 받은 우크라이나 시민단체 CCL의 설립자 올렉산드라 마트비추크 대표가 "우크라이나와 한국은 지리적으로는 굉장히 멀지만, 주변 강국의 침략을 받았다는 역사적 경험을 공유하고 있다"며 "자유와 평화를 위해 싸워온 한국의 역사에서 많은 영감과 용기를 얻고 있다"고 말했다.

마트비추크 대표는 〈매일경제신문〉과의 인터뷰에서 "한국의 역사적 경험은 우크라이나가 전쟁의 상처를 극복하는 과정에 큰 도움이 될 것"이라며 이렇게 말했다.

마트비추크 대표는 "러시아군이 점령한 우크라이나 마리우폴에서는 역사의 심판을 받아야 할 끔찍한 대량 학살이 일어났고, 지금 이 순간에도 무고한 사람들이 감금과 고문, 학대를 당하며 죽어가고 있다"며 아직도 진행되는 전쟁의 참상을 전했다.

마트비추크 대표는 "국제 사회가 지금 당장 러시아를 막지 못한다면 러시아의 전쟁 폭주는 결코 우크라이나에 그치지 않을 것"이라며 국제 사회를 향해 보다 더 강고한 자유와 평화의 연대를 주문했다. 그러면서 그는 "대러시아 제재가 효과를 거두지 못하는 이유는 모든 국가가 동참하지 않고 있고 러시아가 정치 외교와 기업 활동을 통해 제재를 피해가고 있기 때문"이라고 덧붙였다.

CCL의 인권 이니셔티브인 T4P는 마리우폴에서 일어난 러시아군의 대량 학살을 입증할 근거를 모아 8월 28일(현지 시간) ICC에 제출했다.

러시아군의 본격적인 우크라이나 침공이 시작된 이후 현재까지 T4P가 시민의 증언 등을 토대로 조사·기록한 전쟁 범죄는 약 5만 건에 달한다. 이 가운데 80% 이상이 민간인이나 민간 시설에 대한 포격에서 비롯된 사건들이다.

T4P는 마리우폴에서만 10만 명 이상의 대량 학살이 발생한 것으로 보고 있다. 마트비추크 대표는 "실제로 몇 명이 죽임을 당했는지 알 수 없다"며 "러시아군은 마리우폴을 점령한 뒤 도시를 폐쇄했고, 주민들은 수도와 전기, 물과 음식이 끊긴 채 수 개월간 고문·가혹 행위를 당하거나 방치됐기 때문"이라고 말했다.

이제 러시아 정부는 점령 지역을 중심으로 우크라이나 국민에게 러시아 시민권을 강요하고 있다. 마리우폴 시의회에 따르면, 현재 마리우폴에서는 러시아 시민권이 없으면 당장 치료가 필요한 환자조차 병원에서 어떠한 처방도 받을 수 없는 상태다.

마트비추크 대표는 ICC가 실질적으로 러시아 지도 세력을 처벌하고, 이들의 전쟁 폭주를 막으려면 지금보다 권한과 구속력을 확대해야 한다고 강조했다. 그가 '우크라이나 침공 특별 재판소' 설립을 추진하는 이유다.

마트비추크 대표는 "러시아는 2016년 ICC에서 탈퇴해 ICC에서 체포영장이 발부되더라도 당사국이 체포와 인도 청구를 이행할 법적 근거가 없다"며 "우크라이나를 넘어 전 지구적인 민주주의와 자유, 평화를 수호하려면 무엇보다도 세계 각국이 연대를 통해 국경과 법령을 초월한 특별 재판과 처벌을 할 수 있도록 협력해야 한다"고 강조했다.

Interview

"우애 사상으로
동아시아 공동체 만들자"

하토야마 유키오 제93대 일본 총리

하토야마 유키오 전 총리는 "일본의 오염수 해양 방출로 인해 한국을 포함한 여러 국가에 우려를 끼친 점에 대해서 안타깝게 생각한다"면서 "한·일 관계에 영향이 없도록 양국이 많이 노력해야 한다"

고 밝혔다.

그는 2009년 8월 총선에서 민주당 압승을 이끌며 정권 교체를 이뤄냈다. 단독 정당이 중의원(480석)의 308석을 차지한 것은 당시 일본 헌정 사상 초유의 일이었다. 총리를 사임한 후에는 자신이 설립한 싱크 탱크인 동아시아공동체연구회를 통해 한국과 중국 등지를 오가며 다양한 활동을 이어가고 있다.

그는 내표적인 친한파 정치인이다. 2015년 8월 일제 강점기 독립운동가들이 수감된 서대문형무소를 방문해 유관순 열사가 머물던 감방에 헌화했으며 추모비 앞에 무릎을 꿇고 사죄했다.

유키오 전 총리는 이에 대한 해법으로 "일본이 삼중 수소가 기준치보다 낮다고 주장하지만 다른 국가에 신뢰를 줄 수 있어야 의미가 있다"면서 "이를 위해서 정기적으로 여러 국가가 참여하는 조사를 투명하게 진행할 필요가 있다"고 주장했다.

그는 최근의 한·일 관계에 대해서는 긍정적이지만 아직 불확실성이 해소된 것은 아니라고 진단했다. 유키오 전 총리는 "한국 정부가 배상금 지급 문제에 대해 큰 결단을 해준 덕에 양국 관계가 보다 더 우호적으로 발전할 수 있었다"면서 "다만 아직 과거사에 대해서는 양국 내부적으로 문제 인식이 다양한 상황"이라고 분석했다.

그는 이런 상태에서 현재의 한·일 관계가 지속 가능한가에 대해서는 우려되는 부분이 있다고도 봤다. 이를 극복하려면 일본의 지속적인 반성이 이어져야 한다고 강조했다.

유키오 전 총리는 "죄를 지은 사람에 대해 아직도 상처받은 많은 사람이 충분하게 사과하지 않았다고 생각하는 것이 현실"이라면서 "기시다 후미오岸田文雄 현 총리를 포함해 지도부의 명확한 사죄 발언이 필요하다"고 주장했다.

그는 한·일 관계는 양국에 필수적 동반자임을 모두 동의하는 것에서 대화를 시작하는 것이 가장 중요하다고 분석했다. 그는 "한일 양국이 교류를 멈추게 된다면 결국 가장 큰 피해를 보는 것은 한일 양국"이라면서 "전 세계 공급망이 재편되고 패권주의가 거세지는 상황에서 양국이 힘을 모을 때만이 각각의 경쟁력을 강화할 수 있다"고 말했다.

더 넓게는 한·일 관계뿐 아니라 중국과의 관계도 대립각 일변도는 옳지 않다고 봤다. 그는 "한·일 양자 관계도 중요하지만, 중국과 삼자 관계도 테이블에 앉아서 논의할 필요가 있다"면서 "동아시아가 공동의 번영을 이루려는 시도는 이어져야 한다"고 봤다.

이 같은 공동 번영을 위해 그는 공자가 《논어》를 통해 설파했던 '우애 정신'을 갖추자고 제안했다. 그는 "우애 정신을 기반으로 유럽에서 EU가 출범했다"면서 "동양에서 시작된 정신인 만큼 동아시아도 힘을 모은다면 더욱 단단한 공동체를 만들 수 있을 것"이라고 강조했다.

"미·중 갈등 속 한국,
균형 잡힌 입장을 견지해야"

자칭궈 베이징대학교 국제관계대학원 교수

"한국은 안보적으로 미국에 의존하고, 경제적으로 중국에 의존합니다. 특히 미·중 갈등의 시기에는 한쪽에 쏠리기보다 균형을 잡으려는 노력이 필요합니다. 중립을 유지하는 것이 불가능할 때는 독립적인 기준Standard에 따라 사안별로 판단해야 합니다."

자칭궈賈慶國 베이징대학교 국제관계대학원 교수는 〈매일경제신문〉과 만나 미·중 갈등이 심화하는 현재 국제 정치 판세에서 한국이 중립을 유지하기 위해 더 많은 고민이 필요해졌다고 조언했다. 자칭궈 교수는 중국 정부의 외교 정책 고문이자 중국에서 미·중 관계 석학으로 꼽힌다.

그는 중국 미국학회 부회장, 중국 국제관계학회 부회장, 중국 국제경제전략연구센터 소장, 중국 국제전략연구재단 학술평가위원회 위원, 칭화대학교 국제정치학 학술위원회 위원으로 활동하고 있다. 주요 연구 분야는 국제 정치, 미·중 관계, 중국 외교, 대만 해협 양안 관계, 중국의 평화적 부상, 중국 외교의 조정 등이다.

자칭궈 교수는 현재 미·중 갈등이 미국의 '봉쇄 정책'이며, 단순히 안보를 떠나 경제적인 동기까지 복합적으로 얽혀 있다고 진단했다. 미국 대통령 선거가 있는 2024년까지는 쉽사리 갈등이 완화되기 어려울 것으로 전망했다.

그는 "미·중 사이에 불신과 적대감이 팽배한 데다 양측의 정치적 요인까지 더해져 적어도 가까운 미래에 양국 간의 관계가 크게 개선될 가능성은 거의 없다"며 "오히려 2024년 미국 대선이 있어 미국 내 반중 수사가 유행하게 돼 관계가 악화할 가능성이 있다"고 전망했다. "다만 중장기적으로 볼 때 양국이 이해관계를 많이 공유하고 있어 점진적인 개선은 가능할 것"이라고 내다봤다.

이 같은 상황에서 한국이 국익을 극대화하는 방안은 독립적인 기준을 세워서 중립을 유지하는 것이라고 주장했다. 자칭궈 교수는 "현재 한국 정부가 미국으로 기울면서 중국과 긴장이 조성되고 있다"면서 "어느 한쪽 편에 서려는 유혹Temptation에 저항해야 한다"고 조언했다.

그는 "중국과 미국의 갈등에서 벗어나기 위해 한국이 중립을 유지해야 하지만, 때로는 그럴 수 없을 수도 있을 것"이라며 "한국이 일방적으로 한편을 드는 대신 확고한 원칙과 기준에 따라 특정 사안별로 독립적인 판단을 내리는 것이 최선"이라고 조언했다.

특히 한국이 중국과 타이완 간의 문제에 개입해서는 안 된다고 경고했다. 자칭궈 교수는 "타이완 문제는 중국 입장에서는 국내 문제"라며 "한국이 중국의 국내 정치에 간섭하기보다 중립을 유지하기 위해 노력해야 할 것"이라고 말했다.

자청궈 교수는 중국과의 긴장 완화와 관계 개선이 대북 문제 해결을 통한 한반도 긴장 완화에 기여할 수 있는 방안이라고 제안했다. 그는 "현재 중국은 미국의 봉쇄 정책 때문에 대북 문제에 대해 도움을 줄 수 없는 상황"이라며 "많은 중국인이 미국은 북한 문제가 없다면 모든 관심을 중국에 쏟을 것이라서 미국을 도와서는 안 된다고 생각하고 있다"고 지적했다.

"중국도 핵무기를 보유한 북한에 과한 압력을 가해 적대적으로 만들고 싶어 하지는 않는다"며 "북한의 핵 포기는 오직 미국과 중국이 함께할 때만 가능하다"고 했다.

"북한 위성 기술, 러시아 협력으로 개선 가능성"

존 레이먼드 전 미국 우주군 참모총장

"북한의 위성 기술이 현재로서는 조악한 수준이지만 러시아 군사 협력으로 대폭 개선될 가능성이 있다." 존 레이먼드 전 미국 우주군

존 레이먼드 전 미국 우주군 참모총장이 제24회 세계지식포럼에 참석해 매일경제신문사와 인터뷰하고 있다.

참모총장은 김정은 북한 국무위원장과 블라디미르 푸틴 러시아 대통령이 러시아 보스토치니 우주기지에서 정상회담을 한 이튿날 이렇게 밝혔다.

미국 우주군은 도널드 트럼프 전 대통령의 역점 과제 중 하나로 2019년 12월 창설했다. 우주에서 미국의 국가 이익을 보호하고 우주로부터 오는 위협을 저지하며 미국의 자유로운 우주 공간 이용을 보장하는 임무를 수행할 목적으로 창설했다. 모체는 미국 공군이며 미국 항공우주국NASA과 밀접한 협력 관계를 맺고 있다.

초대 참모총장을 지낸 그는 우주라는 영역이 한때 미국과 소련 간 패권 경쟁의 장이었지만 이제 고등학생도 위성을 쏘아 올릴 정도로 행위자가 다양해졌다고 설명했다. 이어 우주군 역할 중 하나가 '북한 미사일 경보 정보'를 제공하는 것이라고 말했다.

레이먼드 전 참모총장은 38년간의 군 복무를 마치고 2023년 1월

1일 전역했으며 미국의 민간 상업용 우주정거장 건설 기업 '액시엄 스페이스Axiom Space'에 합류했다. 보령(옛 보령제약)도 이 회사에 투자하며 우주로 사업 영역을 확장하고 있다. 그는 "몇 년 전 우주에 있는 위성의 수는 약 1,500개였는데 지금은 8,000개가 넘는다"면서 "우주 능력을 갖춘 국가의 수도 늘었으며 잠재적인 위협 또한 커지고 있다"고 밝혔다.

그는 우주에서도 안전하고 전문적인 행동에 대한 규칙이 필요하다고 강조했다. 그는 "우리는 땅에서는 그런 규칙이 있지만, 이제 우주가 새로운 '전쟁 발발 가능 영역'이 됨에 따라 이와 관련된 생각을 확립해야 한다"면서 "UN에서 규범을 개발하는 작업을 진행하는 중이라고 알고 있고, 우리도 그것을 지지한다"고 말했다.

레이먼드 전 참모총장은 북한과 러시아의 협력에 대한 우려의 목소리를 냈다.

그는 "푸틴 대통령이 김정은 국무위원장에게 인공위성 제작 지원을 제안했다"면서 "북한의 현재 기술 수준은 그다지 높다고 평가하지는 않지만, 러시아 협력은 북한이 우주 분야에서 더 큰 능력을 갖출 수 있게 할 수도 있다"고 진단했다.

그는 우주가 이미 실생활에 밀접하게 맞닿아 있는 영역이므로 더 큰 관심이 필요하다고 강조했다. "대부분 사람이 첫 커피 한 잔을 마시기 위해 여러 번 우주를 사용해야 한다"면서 "날씨 예보를 본다면 그것은 우주에서 제공하는 것이다. 모든 전자금융거래도 우주를 거쳐 이뤄진다"고 설명했다. 덧붙여 "위성이 높은 곳에서 비행하고 있다는 것을 모를 수는 있지만, 지구인의 삶은 우주에 의해 현실화하고 있다"고 강조했다.

"한국, 에어버스와 함께 '달Moon 이코노미' 함께 갑시다"

미하엘 쇨호른 에어버스 D&S 최고경영자

"조국인 독일의 2014년 국방 예산은 국내총생산GDP의 1.4%에 불과했지만, 수십억 유로의 특별 기금을 통해 일시적으로 2%로 상향 조정해 군사력을 강화했습니다. 이는 독일뿐 아니라 유럽 전역과 인도·태평양에서도 벌어지는 공통 현상입니다."

미하엘 쇨호른 에어버스 D&S 대표는 세계적인 우주 방위 산업에 대한 투자 강화 기조를 강조했다. 유럽도 긴 시간 평화를 유지했지만, 러시아의 우크라이나 침공으로 인식이 바뀌었고 미국과 중국을 비롯한 역내 긴장이 고조되면서 아시아 국가도 방위 산업 투자를 확대하고 있기 때문이다.

미하엘 쇨호른 대표는 "지정학 구도가 당분간 지속될 것이므로 이

미하엘 쉴호른 에어버스 D&S 최고경영자가 제24회 세계지식포럼을 방문해 매일경제신문사와 인터뷰하고 있다.

를 이용하려는 중견국과 민주주의 국가들의 '새로운 세계 질서'가 구축되고 있다"고 설명했다.

에어버스는 자유 민주 국가 진영의 군 솔루션을 제공한다는 신념 아래 한국과의 협력도 강화할 방침이다. 그는 "한국과는 1990년대 천리안 위성 개발부터 공중 급유기, 군사 통신위성 등 오랜 기간 협력해오고 있다"며 "현재 한국항공우주KAI와 수리온 기동헬기 사업을 협업하고 있다"고 말했다. 이어 "우리가 광학 탑재체, 레이더 등에서 세계 최고 기술력을 보유한 만큼 군사 통신과 관측 위성 사업에도 큰 이점을 제공할 수 있을 것"이라고 전했다.

한국 방위 산업에 대해서는 항공우주 역량 강화에 중점적인 지원 가능성을 시사했다. 미하엘 쉴호른 대표는 "한국은 방산에서 수출을 달성하며 성공하고 있다는 인식이 잡힌 것 같다"며 "다만 지상·해양·미사일 부분에서는 강점이 확실하지만, 항공우주 분야는 에어버스가 기여할 부분이 있다"고 설명했다.

예컨대 그는 "대형 수송기, 저궤도 군집 위성 등은 에어버스가 선도적인 기술을 보유한 분야"라며 "일론 머스크의 스타링크Starlink가 민간 시장에서 영향력을 발휘하고 있지만, 통신·보안·정보 부분은 주권적 능력이 필요한 부분으로 유럽도 '위성을 활용해 유연성·연결성·안전성을 확보하는 인프라IRIS2'로 자체적인 군집 위성 이니셔티브를 추구하고 있다"며 한국의 독자적인 개발 필요성을 조언했다.

우주항공청 신설을 추진 중인 한국에 대해서는 정확한 목표를 설정하는 것이 중요하다고 밝혔다. 미하엘 쇨호른 대표는 "그간 한국은 우주 경제의 기회를 포착하는 데 많은 것을 잘해왔다"며 "다만 우주가 미래 경제의 성공에 얼마나 결정적인 역할을 할 수 있을지에 대해 현 위치와 미래 야망을 정해야 한다"고 전했다.

이어서 "자율주행, 유비쿼터스 인터넷, 보안, 통신 등은 모든 사람이 공유하는 요소가 있고, 모두가 이를 인식하고 있으므로 우주가 중요한 인프라스터럭처가 됐다"고 설명했다. 이어 "달Moon 이코노미를 얼마나 빨리 볼 수 있을지, 화성과 그 너머로 갈 것인지에 대해 의견이 다른 사람도 많은 만큼 얼마나 야심 찬 생각인지에 따라 입장을 정해야 한다"고 덧붙였다.

마지막으로 "전 세계적으로 지정학적 영향에 의해 국방과 우주에 대한 투자가 이어지고 있다"며 "한국도 자국 산업을 발전시키려는 야망이 있는 만큼 에어버스도 지원할 준비가 되어 있고 함께 윈윈Win-Win 하는 수혜자가 되고 싶다"고 강조했다.

PART 4

끝나지 않은
리스크

1

2024년의 경제 리스크:
고금리·중국·불평등

새로운 은행 위기 오나

더글러스 다이아몬드 시카고대학교 교수(2022년 노벨 경제학상 수상자)
장용성 서울대학교 경제학부 교수

"미국 실리콘밸리은행SVB은 '뱅크런(대규모 예금 인출)' 사태로 단 이틀 만에 파산했다. 은행의 건전성에 대한 관리 감독도 미흡했지만 이처럼 순식간에 파산에 이르게 된 데는 사회관계망서비스SNS를 통해 예금자들 사이에서 '파산 공포'가 빠르게 확산한 영향이 컸다."

뱅크런의 메커니즘을 규명해 2022년 노벨 경제학상을 수상한 더글러스 다이아몬드 미국 시카고대학교 교수는 "디지털 시대의 금융 업계에도 SNS가 새로운 리스크로 급부상했다"며 이처럼 말했다. 다이아몬드 교수는 이날 은행의 위기를 주제로 진행한 대담을 통해 "그 동안 금융 당국의 위기 대응은 위험 신호를 감지한 후 빨라야 3개월이었지만 이제는 상황이 달라졌다. 최대 2시간 이내, 가능하면 실시간으로 관리 감독을 할 수 있어야 한다"고 강조했다.

더글러스 다이아몬드 Douglas Warren Diamond

은행과 금융위기에 관한 획기적인 연구로 2022년 노벨 경제
학상을 수상했다. 금융 중개인, 금융위기, 유동성에 관한 연구
를 전문으로 하며 주요 연구 주제는 금융위기와 뱅크런Bank-
run이다. 1979년부터 시카고대학교 부스 경영대학원 금융학과
교수로 재직 중이다.

장용성

한국은행 금융통화위원회 위원 겸 서울대학교 교수이고, 거
시적 측면에서 경기 변동과 노동 시장 역학을 연구하는 경제
학자다. 1997년 미국 로체스터대학교에서 경제학 박사 학위를
취득한 후 펜실베이니아대학교, 로체스터대학교, 연세대학교
에서 교수직을 맡았다.

다이아몬드 교수는 2023년 3월 벌어진 SVB의 초고속 파산을 반면교사 삼아 한국도 금융 감독 체계를 강화할 필요가 있다고 했다. 그는 금융 당국이 SVB의 장부상 자산을 실제 가치를 기준으로 평가하지 않은 점, 그 탓에 은행의 적극적인 자본 확충을 끌어내지 못한 점, 전체의 94%에 달하는 고객 수요가 예금자 보험을 적용하지 않는 예금에 과도하게 집중된 사실을 간과한 점 등을 이번 사태의 원인으로 짚었다.

다이아몬드 교수는 필립 딥비그Philip Hallen Dybvig 미국 세인트루이스 워싱턴대학교 경영대학원 교수와 함께 뱅크런을 체계적으로 분석해 '다이아몬드-딥비그' 모형을 만들고, 예금자 보호 조치가 없는 상황에서는 언제든 뱅크런이 발생할 수 있음을 규명해 그 공로로 2022년 노벨 경제학상을 공동 수상했다.

하지만 다이아몬드 교수는 "뱅크런의 확산을 막기 위해 예금 보호 한도를 무작정 높이는 등의 명시적인 규제를 적용하는 것보다는 금융 당국이 은행의 건전성을 제대로 평가하고, 이를 토대로 적극적이고 선제적으로 위기에 대응할 수 있도록 하는 것이 더욱 중요하다"고 강조했다.

SVB처럼 금융 당국이 은행이 파산한 후 예금자 보호에 나서는 일은 바람직하지만, 애초부터 예금자 보험을 적용하는 상품만 취급하라는 식의 규제는 뱅크런을 막는 데도 그다지 효과적이지 않을뿐더러 또 다른 부작용을 낳을 수 있다는 얘기다.

특히 지금과 같이 급격한 금리 인상으로 촉발된 위기 국면에서는 실질적인 금융 안정성과 예금자들의 불안 심리를 잠재울 수 있는 투명성과 신뢰성을 확보하는 것이 중요하다는 것이 다이아몬드 교수의 설명이다.

다이아몬드 교수는 "은행은 자금 조달처를 다각화하는 한편 금리 인상 리스크에 대한 대비도 해야 한다. 배당금을 줄이는 것도 방법"이라며 "특히 미국의 상업용 부동산이나 한국의 부동산 프로젝트파이낸싱PF 같은 리스크는 금융 당국의 매우 적극적이고 선제적인 관리 감독이 뒷받침돼야 한다"고 말했다.

더글러스 다이아몬드 교수는 "세계적인 실질 금리 인상은 상업용 부동산 가격을 낮추고 은행 대출이 떠받치고 있는 부동산 시장의 문제를 증가시킬 것"으로 내다봤다. 최근 전 세계적으로 제기되는 장기 침체 우려에 대해서는 지정학적 리스크가 가장 크게 작용할 것으로 분석했다.

그는 "자유 무역은 세계의 생활 수준을 향상하기 위한 최고의 방법 가운데 하나"라며 "미·중 무역 전쟁을 중심으로 자유 무역이 크게 저해된 현 상황이 계속된다면 세계 경제의 효율성과 성장성은 하향 평준화될 수밖에 없다. 이 경우 각국의 생활 수준 역시 장기적으로 크게 떨어질 것"이라고 말했다.

최근 계속되는 금리 인상 기조와 관련해서는 "중앙은행들이 금리를 인상할 때는 시장에 공포가 확산하지 않도록 더욱 신중해야 한다"며 "정교하게 조직된 금융 시스템이라 하더라도 공포 자체에는 취약할 수밖에 없다"고 강조했다.

다이아몬드 교수는 미국 중앙은행Fed의 현 정책에 대해서는 언급을 피했지만 "미국의 통화 정책 당국은 과거 아주 오랫동안 양적 완화를 하거나 금리를 올리지 않았는데 큰 실수였다고 생각한다"며 "긴 시간 저금리를 유지했던 것이 지금의 급격한 인플레이션을 촉발한 것이나 다름없다"고 지적했다.

2024년의
기회와 위협은 무엇인가

론 크루셰스키 스티펄파이낸셜 회장 | **헤비에른 한손** 노르딕아메리칸탱커스 회장
미하엘 쇨호른 에어버스 D&S 최고경영자 | **제니 존슨** 프랭클린템플턴 회장
송재용 서울대학교 경영학과 교수

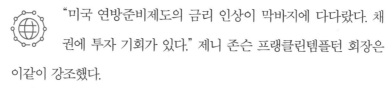

"미국 연방준비제도의 금리 인상이 막바지에 다다랐다. 채권에 투자 기회가 있다." 제니 존슨 프랭클린템플턴 회장은 이같이 강조했다.

그는 "채권(금리)이 현재 매우 높은 수준으로 거래되고 있는데 이는 글로벌 금융위기 이후 가장 높은 수준"이라고 밝혔다. 그러면서 "투자 등급 채권과 하이일드 채권 모두 매력적인 투자처"라고 말했다. 존슨 회장은 미국의 금리 인상은 막바지에 접어들었지만 높은 물가 수준이 당분간 지속될 가능성이 있다고 내다봤다.

론 크루셰스키 스티펄파이낸셜 회장 겸 CEO는 "미국 연준의 금리 인상이 한 번 정도 더 있을 것이라는 예측이 대부분"이라며 미국의 금리 인상이 거의 끝나간다는 데 입장을 같이했다. 크루셰스키 회장은 "연준의 결정권자들은 인플레이션을 낮추고 경제를 안정화하는

로널드 크루셰스키(사진 왼쪽 2번째) 외 연사들이 제24회 세계지식포럼 '2024년의 기회와 위협은 무엇인가' 세션에서 좌담을 나누고 있다.

로널드 크루셰스키 Ronald J. Kruszewski

스티펠파이낸셜 Stifel Financial Corp.과 자회사인 스티펠니콜라스 Stifel, Nicolaus & Company 이사회 회장 겸 CEO다. 1997년 최고경영자로 입사해 2001년에 회장으로 임명됐으며, 현재 미국증권산업금융시장협회 SIFMA 이사회에서 활동하고 있다.

헤비에른 한손 Herbjoern Hansson

노르딕아메리칸탱커스 Nordic American Tankers 창업자로 1993년 9월부터 CEO 역할을 해오고 있다.

제니 존슨 Jenny Johnson

세계적 자산운용사인 프랭클린템플턴 Franklin Templeton 사장이자 최고경영자다. 프랭클린템플턴에서 30년 이상 근무한 그녀는 미국의 투자 전문지 〈배런스 Barron's〉가 선정하는 '미국 금융계에서 가장 영향력 있는 여성 100인'에 4년 연속 이름을 올렸다.

송재용

서울대학교 경영학과 교수로 재직 중이며, 펜실베이니아대학교 와튼스쿨에서 박사 학위를 받았다. 미국 컬럼비아대학교와 연세대학교 교수로 재직했으며 전미경영학회 국제경영분과 전 회장으로 한국전략경영학회 회장, 한국경영학회 부회장을 지냈다.

것을 최대 우선순위로 두고 있다"며 "따라서 오랜 기간 높은 금리를 유지할 가능성이 크다"고 내다봤다.

이들은 코로나19 이후 한동안 이어진 저금리 기조로 시장에 천문학적인 돈이 풀린 상황에서 금리가 치솟으면서 부채에 시달리는 '좀비 기업'이 급증한 점을 리스크로 꼽았다.

제니 존슨 회장은 "모건스탠리캐피털인터내셔널MSCI에 좀비 기업 비중이 금리 인상을 거치면서 13%에서 19%로 늘어났다"며 "금리를 인하하지 않는 이상 좀비 기업의 비중은 더 늘어날 것이고, 미국 경제가 생각보다 심한 경착륙에 봉착할 수 있다"고 말했다. 론 회장도 "비상장 기업을 중심으로 기업들의 부채가 크게 늘어났다"며 "현재 비즈니스 모델에서 감당하기 어려운 부채를 짊어진 기업이 많다"고 지적했다.

선진국보다 신흥국 시장에서 투자 기회를 엿볼 수 있다는 분석도 나왔다. 크루셰스키 회장은 "앞으로 6개월이나 1년 사이 이머징 시장이 선진국 시장보다 투자 성과가 나을 것으로 보인다"며 "중국의 부양책 추이에 따라 성과가 달라질 수 있고 달러 약세와 원자재 강세가 이어진다면 이머징 시장이 탄력을 더 받을 수 있다"고 덧붙였다.

경영자로서 숙지해야 할 조언도 잇따랐다. 30년째 노르웨이 선주사 NAT를 이끌고 있는 헤비에른 한손 회장은 "돈을 빌리지 말라"고 강조해 눈길을 끌었다.

한손 회장은 "돈을 빌려주는 은행은 따로 추구하는 이익이 있으므로 은행에서 돈을 빌리면 회사가 독립성을 유지하기 어렵다"며 "은행이 회사를 관리하게 되면 회사는 약자가 된다"고 말했다. 이에 크루셰스키 회장은 "필요하다면 우리가 돈을 빌려주겠다"며 "우리는 개입 의도가 없다"고 받아쳐 좌중에서 웃음이 터져 나오기도 했다.

CEO 라운드 테이블에 모인 기업가들은 세계 경제에 가장 큰 영향을 끼치는 변수로 지정학을 꼽았다. 중국과 미국 간 갈등, 러시아-우크라이나 전쟁, 중국과 동남아 국가들의 갈등 등 지정학적 역학 관계가 경제에 미치는 영향이 과거보다 커졌다는 것이다.

미하엘 쇨호른 에어버스 D&S CEO는 "세계 경제의 가장 근본적 위협은 지정학"이라며 "과거에는 교역이 지정학을 바꾸는 구조였지만 이제는 그 방향이 바뀌었다"고 말했다. 그러면서 "전 세계에서 많은 갈등이 이어지고 있고, 갈등 양상이 예상보다 확대되는 상황이라서 기업들은 이에 대비해야 한다"고 강조했다. 한손 회장은 "민주주의 대 전체주의 정권의 충돌이 거세다"고 말했다.

국가 간 지정학적 갈등이 수출입 구도에 끼치는 영향이 커지면서 '차이나 플러스 원' 전략이 대두되고 있다는 분석도 나왔다. 존슨 회장은 "중국과 미국 간 갈등이 커지면서 과거 중국에서만 재료를 공급받던 기업들이 중국 이외의 공급자를 두려는 기류가 강해졌다"며 "인도, 인도네시아, 베트남 등 중국 인접국이 이로 인해 수혜를 볼 것"이라고 말했다.

기로에 선 중국 경제: 피크 차이나와 신新차이나 리스크

위먀오제 랴오닝대학교 총장 | **마커스 놀런드** PIIE 부소장 | **니콜라 베롱** PIIE 선임연구원
윌리엄 리 밀켄연구소 수석이코노미스트 | **앤서니 김** 헤리티지재단 선임연구원

 글로벌 경제 전망에서 가장 중요한 질문은 '중국 경제는 어디로 갈 것인가'이다.

중국 경제에 대한 전망만큼 전문가들의 견해가 엇갈리는 분야는 없을 것이다. 기본적으로 국제 경제 전문가들은 중국에 대한 우려를 쏟아내고 있다.

마커스 놀런드 PIIE 부소장은 중국 경제의 현재 상황을 "터뷸런스(난기류)를 만난 상태"라고 평가했다. 놀런드 부소장은 "이는 더 심해질 것이다. 단기적으로 분명 몇 년간 어려움을 겪을 것"이라며 중국 경제를 비관적으로 전망했다. 다만 그는 중국 경제가 장기적으로 구조적 변화가 필요하고, 중국은 과학과 공학에 훌륭한 인재가 많아서 기술 발전의 여지가 크다고 평가했다.

니콜라 베롱 PIIE 선임연구원은 중국 경제를 기업가 정신 측면에서

마커스 놀런드 PIIE 부소장(사진 왼쪽 2번째) 외 연사들이 제24회 세계지식포럼 '기로에 선 중국 경제: 피크 차이나와 신新차이나 리스크' 세션에서 좌담을 나누고 있다.

마커스 놀런드Marcus Noland

PIIE 부소장으로 경제학·정치학·국제 관계 등 광범위한 주제를 연구한다. 미국 경제학자 중에서는 드물게 북한 문제와 한국 통일의 전망에 진지한 학문적 노력을 기울여왔다.

니콜라 베롱

PIIE 선임연구원이다. 그의 연구는 금융 시스템과 금융 서비스 정책에 관한 것으로, 주로 유럽에 중점을 두고 있다.

윌리엄 리William Lee

밀컨연구소Milken Institute 수석이코노미스트로 자본 시장의 기능과 금융 안정성을 개선하기 위한 연구를 이끌고 있다. 밀컨연구소에 근무하기 전에는 씨티은행에서 미국 수석이코노미스트로 일했고 국제통화기금IMF 홍콩 주재 대표이기도 했다.

앤서니 김Anthony B. Kim

헤리티지재단 경제자유연구원 경제자유지수 편집자, 글로벌 참여와 대처 센터 관리자다.

바라봤다. 그동안 기업가 정신을 통한 경제 활성화가 중국 성장의 원동력이 됐는데, 이것이 최근 몇 년 사이 급격하게 꺼지면서 중국의 위기가 찾아왔다는 것이다.

베롱 선임연구원은 민간 기업의 주식 시가총액이 줄어드는 시기와 중국 경제가 꺾이는 시점이 일치하는 점에 주목했다. 그는 "시진핑 중국 국가주석이 집권한 이후 2021년 중반까지 중국 민간 기업의 시가총액은 지속적으로 늘었다"며 "그러나 2021년 이후 현재까지 시장의 시각이 바뀌었고, 민간 기업이 중국 내 역할에 대해 비관적으로 생각한다고 볼 수 있다"고 분석했다.

베롱 선임연구원은 중국이 금융위기에 빠질 가능성에 대해서도 경고했다. 국가 소유인 중국의 주요 금융기관들이 레버리지가 계속 올라가는 상황이 지속될 수는 없다는 관점에서다. 그는 "레버리지가 영원히 올라갈 수는 없고 언젠가는 조정될 수밖에 없다"며 "그 시점을 예측하기는 어렵지만 언젠가는 나타날 것"이라고 내다봤다.

윌리엄 리 밀컨연구소 수석이코노미스트는 투자자 관점에서 중국 경제가 신뢰를 잃었다고 평가했다. 중국 정부가 민간 부문 활성화를 진지하게 원한다는 신호를 보낸다고 해도 정책 변경으로 신뢰를 잃은 것이 문제라는 지적이다. 결국 신뢰를 다시 형성하려면 말보다는 행동으로 나서야 하지만 문제는 중국이 행동에 나설 재정 여력이 없다는 것이다.

재정 여력 문제를 해결하기 위해서는 부동산 매각이 필요하지만 현재 시장 상황이 좋지 않다는 문제가 또 가로막고 있다. 여기에 국민부의 70~80%가 부동산에 투자돼 있고 청년들이 일자리를 찾지 못하고 있는 상황에 투자자들의 의구심은 더욱 커지는 상황이다.

이들은 중국 경제의 핵심 요소인 미·중 관계가 미국의 대선 등 정치적 상황에 영향을 받을 수밖에 없다는 데 의견을 같이했다. 마커스 놀런드 부소장은 미국 대선이 다가오면서 중국에 대한 강경한 어조가 미국 내에서 나오는 상황이라고 분석했다. 그래서 2024년까지는 관계 개선이 어려울 것이라고 내다봤다.

베롱 선임연구원 역시 미국이 통제 불가능한 상황을 원하지는 않지만, 위험한 상황인 것은 맞다고 인정하면서 어색한 균형이 몇 년간 이어질 것으로 전망했다.

중국 입장을 대변한 위먀오제 랴오닝대학교 총장은 "중국은 고성장에서 고품질의 성장으로 전환하고 있다"며 "혁신이 앞으로 중국 경제를 주도할 힘이라고 생각한다"고 강조했다.

민간 기업이 위축되고 있다는 지적에 대해서는 "민간 기업이 중국 전체 GDP의 50%, 매출의 60%, 혁신의 70%, 일자리의 80%를 담당하고 기업의 90%가 민간 기업"이라며 "2021년부터 지금까지의 통계를 봐도 민간 기업이 계속 발전하고 있으며 매출도 증가하고 있다"고 설명했다.

위먀오제 총장은 "자전거를 타다가 멈추면 넘어지지만 계속 페달을 돌리면 빨리 간다"며 "무역 전쟁은 미국과 중국에도 좋지 않다. 장기적으로는 미국이 중국 시장이 얼마나 중요한지 깨닫게 될 것"이라고 강조했다.

넥스트 차이나,
인도

최인범 서강대학교 국제대학원 겸임교수 | **아쉬스 다브** 미래에셋벤처투자 인도법인 대표
자가나트 판다 안보개발정책연구소 스톡홀름 남아시아 및 인도–태평양 문제 센터 소장
안충영 중앙대학교 국제대학원 석좌교수

인도는 코로나19 팬데믹 속에서도 최근 몇 년간 세계에서 가장 높은 성장률을 기록 중이다. 인구 구조가 가장 젊은 인도의 인구는 2023년에 중국을 추월했다. 인도의 GDP가 향후 몇 년 내 미국과 중국에 이어 세계 3위에 이를 것이라는 전망도 나온다.

한국을 포함한 많은 국가가 '모디노믹스Modinomics'에 따라 빠르게 성장해 다양한 비즈니스 기회가 열려 있는 인도로 투자처를 옮기고 있다. 공급망을 회복하고 미국의 중국 첨단 기술 수출 규제에 대응하기 위해서다.

'넥스트 차이나, 인도' 세션에서는 외교적 목표 달성을 위해 한국과 인도 양국 관계가 어떻게 발전해야 하는지에 대한 심도 있는 토론이 이어졌다.

자가나트 판다 안보개발정책연구소 스톡홀름 남아시아 및 인도–

아쉬스 다브 미래에셋벤처투자 인도법인 대표(사진 오른쪽 1번째) 외 연사들이 제24회 세계지식포럼 '넥스트 차이나, 인도' 세션에서 좌담을 나누고 있다.

최인범

기업 자문에 주력하는 세이지 스트래티지스Sage Strategies 대표이며 특히 인도 진출에 관심 있는 한국 기업을 위해 인도·태평양 지역 전략을 제공한다. 지난 20년간 서강대학교 국제대학원에서 겸임교수로 무역 정책에 대해서도 강의하고 있다.

아쉬스 다브

운용자산이 4,500억 달러 이상인 선도적인 다국적 금융 그룹 미래에셋그룹의 미래에셋벤처투자(인도) CEO다. 인도 벤처 생태계에서 14년 넘는 경력을 보유하고 있는 그는 칼라리 캐피털Kalaari Capital과 뭄바이 엔젤스 네트워크Mumbai Angels Network에서 근무했다.

자가나트 판다Jagannath P. Panda

스톡홀름 남아시아 및 인도·태평양 문제 센터 소장이다. 그는 네덜란드 헤이그전략연구센터HCSS 선임연구원이자 일본 YCAPS의 유럽·아시아 연구 협력 담당 이사이기도 하다.

태평양 문제 센터 소장은 "한국과 인도가 경제 파트너 관계뿐 아니라 안보, 디지털 영역, 무기 거래 등 보다 포괄적인 동반자적 관계를 맺어야 한다"고 말했다.

이어서 그는 "한국이 '쿼드 플러스Quad Plus'에 들어오는 것은 매우 의미가 있고, 한국이 쿼드 국가들과 함께 인도의 파트너 국가가 될 가능성이 분명히 있다"고 강조했다. 덧붙여 "인도와 한국 파트너십은 이런 혁신적인 틀 안에서 진행돼야 한다"고 했다.

쿼드 플러스란 미국이 주도하는 아시아-태평양 지역 협력 체계로, '쿼드'를 구성하는 미국·일본·호주·인도에 더해 협력체의 범위를 더욱 넓히려는 시도를 뜻한다. '쿼드 플러스'의 후보국으로는 한국을 비롯해 베트남과 뉴질랜드 등이 꼽힌다.

자가나트 판다 소장이 언급한 대로 한국은 인도를 핵심 전략적 파트너로 하는 '평화와 번영의 인도·태평양 전략'을 수립한 상황이다. 한국은 인도가 핵심 회원국으로 있는 쿼드 실무그룹 회의에도 참여한 바 있다. 중국의 부상과 일방주의적 무역 관행에 대해 인도와 안보적인 이해도 공유하고 있다.

하지만 아직까지 한국과 인도 사이에 지리적·심리적 거리감이 존재하고, 경제적으로도 연계성이 낮다는 평가가 존재한다. 안충영 중앙대학교 국제대학원 석좌교수는 "양국은 대외적인 경제 구조를 갖고 있고 규칙 기반의 국제 질서를 준수하고 있다"며 "특별한 전략적 관계가 양국 간 구축될 수 있고 엄청난 상호 보완성이 있는데도 충분한 '윈윈 관계'를 구축하지 못했다"고 평했다.

최인범 서강대학교 국제대학원 겸임교수는 이에 대해 3가지 원인이 있다고 분석했다. 현지 인력 확보 문제와 영향력이 강한 인도 지방정부, 인프라 문제 등이 걸림돌이라는 것이다. 최인범 겸임교수는 "인도 중앙 정부와는 모든 것을 원활하게 합의했는데 지방자치단체와 문제점이 있었다는 기업들이 있었다"며 "인도 정부가 인프라스트럭처 개선을 위해 노력하고 있지만 현시점에서 여전히 어려움이 많다"고 지적했다.

한국 기업이 인도 벤처 기업에 투자하는 사례에 주목해야 한다는 목소리도 나왔다. 아쉬스 다브 미래에셋벤처투자 인도법인 대표는 "현재 인도 정부는 훨씬 더 친기업적인 행정부이고, 대사관도 적극적으로 소통하고 있다"며 "미래에셋 같은 경우 지난 5년 동안 벤처 투자로 4억 달러 정도를 인도에서 집행했다"고 전했다.

그는 "한국의 펀드 매니저들과 한국 기업들의 인도 방문이 늘어나고 있다"며 "인도 내 법인을 설립한 외국 기업에 인도가 기업에 긍정적인 행정부라는 것을 알려줄 필요가 있다"고 덧붙였다.

인도가 구상하는 외국 기업의 투자 유치 전략에 대한 언급도 있었다. 최인범 교수는 "인도의 관세 인하와 관련해서는 크게 기대하지 않는 것이 좋을 것 같다"면서도 "인도는 외국 기업이 인도에 진출해 직접 투자하고 현지에서 사업을 한 후 2차 거래가 발생하도록 하는 것을 생각하고 있다"고 강조했다. 산업 정책 중에서도 제조 부문을 강조하는 인도가 현지에 직접 공장을 세우는 외국 기업을 선호할 것이라는 설명이다.

노벨 경제학상 수상자에게 듣는
불평등의 미래

아브히지트 바네르지 MIT 경제학과 교수(2019년 노벨 경제학상 수상자)
황윤재 서울대학교 경제학부 석좌교수

 "AI를 비롯한 신기술의 등장에 따른 일자리 감소로 소득 불평등이 심화할 것이다. 그런데 각국 정부는 AI에 과세하는 것이 아니라 오히려 보조금을 지급하고 있다."

아브히지트 바네르지 MIT 경제학과 교수는 '노벨 경제학상 수상자에게 듣는 불평등의 미래' 세션에서 "AI 세제를 바꿔야 한다"며 이같이 말했다.

2019년 노벨 경제학상 수상자인 그는 "상위 10%와 하위 50%의 소득 평균을 보면, 관련 데이터를 측정한 이래 지금이 소득 격차가 가장 크다"며 "우리는 근대 역사상 가장 불평등한 시대를 살고 있다"고 밝혔다. 그는 또 "세계 무역 구조상 글로벌 브랜드에 대한 선호도가 높아지고 있고, 그러면서 세계적인 기업들이 누리는 경제 규모가 매우 커지고 성장에 속도가 붙고 있다"고 덧붙였다.

아브히지트 바네르지 MIT 경제학과 교수가 제24회 세계지식포럼 '노벨 경제학상 수상자에게 듣는 불평등의 미래' 세션에서 발표하고 있다.

아브히지트 바네르지Abhijit Banerjee

2019년 노벨 경제학상을 수상한 세계적인 경제학자이자 개발경제학 분야 전문가다. 인도 콜카타대학교에서 경제학을 전공하고, 1988년 하버드대학교에서 경제학 박사 학위를 받은 후 현재 MIT에서 개발경제학 관련 연구와 강의를 병행하고 있다. 2003년 에스테르 뒤플로 Esther Duflo, 센딜 물라이나탄Sendhil Mullainathan 교수와 함께 MIT 자밀 빈곤퇴치연구소J-PAL를 설립해 해당 연구소 이사로 재직하고 있다. 2019년 아내인 에스테르 뒤플로 MIT 교수와 노벨 경제학상을 공동 수상했다.

황윤재

서울대학교 경제학과를 졸업한 후 미국 예일대학교에서 경제학 박사 학위를 취득했다. 캐나다 토론토대학교, 이화여자대학교, 고려대학교에서 교수직을 역임했다. 현재 서울대학교 경제학부 석좌교수이며, 전공 분야는 수학과 통계학적 방법을 이용해 경제 현상을 과학적으로 분석하고자 하는 계량경제학이다.

아브히지트 바네르지 교수는 이 같은 역사상 유례없는 소득 격차가 계속 확대될 것으로 내다봤다. 새로운 기술의 등장과 발전 때문이다. 아브히지트 바네르지 교수는 대표 사례로 AI를 꼽았다.

그는 "AI 기술을 도입하는 데 대비를 잘한 산업군과 기업일수록 근로자 소득이 줄어드는 현상이 나타나고 있다"며 "과거와 다른 점이 있다면, AI가 대체하는 일자리가 저숙련이 아닌 중간 숙련 노동자라는 점"이라고 분석했다. 그는 회계사를 예로 들었다. 그러면서 "저소득층이 입을 타격이 중산층에 비해서는 적을 수 있지만, 결과적으로 소득 격차는 더 벌어질 것"으로 내다봤다.

소득 불균형 완화 대책으로 아브히지트 바네르지 교수는 세제 개편을 주장했다. 그는 현재 주요국 정부들이 AI 투자에 대해 보조금을 지급하는 것이 합리적이지 못하다고 꼬집었다. 그는 "AI 도입으로 일자리를 잃은 근로자는 사회보장제도의 지원을 받아야 한다. 결국에 세금이 들어가는 것이다"라면서 "인건비 감소로 기업은 임금 비용을 아끼게 되었는데도 불구하고 정부는 AI에 과세하는 대신 보조금을 주고 있는 것이 현재 상황"이라고 지적했다.

아브히지트 바네르지 교수는 AI 등장으로 엘리트 교육에 대한 수요가 높아지고 비용이 증가하는 것도 소득 격차가 확대하는 데 영향을 줄 것으로 예상했다. 그는 "숙련도가 높은 수준이지 않으면 AI에 일자리를 빼앗길 것이라는 두려움이 점차 커질 것"이라며 "결과적으로 엘리트 교육과 재교육이 활성화될 것이고, 이는 최고 부유층만이 받게 될 것"이라고 우려했다.

테크노 빅뱅과
글로벌 경제 도전 과제

아브히지트 바네르지 MIT 경제학과 교수 | **폴 로머** 보스턴칼리지 교수(2018년 노벨 경제학상 수상자)
이종화 고려대학교 경제학부 교수

두 노벨 경제학상 수상자가 AI 등 새로운 기술의 등장에 따라 우리 사회가 직면할 도전 과제에 대한 혜안을 나눴다. 아브히지트 바네르지 MIT 경제학과 교수와 폴 로머 보스턴칼리지 교수(미국 국립경제연구국NBER 연구원)는 '애덤 스미스 300주년 기념 세션'에서 기술 진보에 따른 장기적인 일자리 감소에 대해 우려했다.

바네르지 교수는 2019년 노벨 경제학상을 수상한 개발경제학 전문가로 불평등 확대를 둘러싼 담론을 주도하고 있다. 폴 로머는 기술 혁신의 관점에서 지속 가능한 경제성장을 연구한 공로로 2018년 노벨 경제학상을 수상한 바 있다.

바네르지 교수는 AI 같은 새로운 기술이 생산성과 인류 복지를 증대시킬 것으로 기대된다면서도 실업과 불평등 확대 같은 어두운 측면도 미리 고민해야 한다고 주장했다. 아울러 그는 AI를 비롯한 새로

폴 로머 보스턴칼리지 교수(사진 오른쪽)가 제24회 세계지식포럼 '테크노 빅뱅과 글로벌 경제 도전 과제' 세션에서 발표하고 있다.

폴 로머Paul Romer

보스턴칼리지 교수로 재직 중이며, '새로 설립된 아이디어 경제 센터Center for the Economics of Ideas'를 이끌고 있다. 2018년에는 희소한 물리적 대상에 대한 전통적인 경제학과는 근본적으로 다른 '아이디어의 경제학'을 제시한 공로를 인정받아 노벨 경제학상을 공동 수상했다.

이종화

고려대학교 경제학부 교수로 경제성장, 인적자본, 개방거시, 금융위기, 경제통합 등 거시경제의 여러 분야를 연구해 경제학 분야 최고 권위 학술지를 비롯한 국제 저명 학술지에 100편이 넘는 영문 논문을 게재했으며 독창적인 연구로 세계 경제학계의 후속 연구에도 크게 기여했다. 아시아개발은행ADB 수석이코노미스트와 조사국장, 지역협력국장, 청와대 국제경제보좌관과 G20 셰르파(교섭 대표)를 역임했다.

운 기술들을 규제하지 않으면 독점과 시장 왜곡을 초래할 수 있다고 경고했다.

바네르지 교수는 "1990년대 중국에 공장을 설립하기 시작했을 때 미국의 가죽 공장이 문 닫을 것을 예측할 수 있었던 것처럼 (기술의 진보로) 어디가 타격을 입을지는 이미 알고 있다"며 "중간 소득 국가의 중산층 일자리가 대거 소멸될 수 있는데 우리는 이에 대한 준비가 안 된 상황"이라고 우려했다. 이어서 "예를 들어 미국 등 선진국의 전문 회계사를 제외하고 개발도상국에서 반복 업무를 하는 회계 분야 일자리는 AI가 대체할 수 있다"며 "경제학자는 보통 정부 개입을 선호하지 않지만 이를 심각하게 고려할 때가 됐다"고 강조했다.

로머 교수 역시 기술 발전에 따른 대규모 실업이 예상되는 만큼 정부 개입이 필요하다고 진단했다. 그는 "증세를 통해 소득을 이전하는 것보다 일에 대한 보상을 주는 것이 정치적으로 시행 가능하고 효과적인 방법"이라며 "예를 들어 유럽은 농업 보조금 정책으로 국제화 속에서도 지역 경제를 지킬 수 있었는데 마찬가지로 최하위 소득 계층에 속하는 분야의 노동에 보조금을 주는 방법을 생각할 수 있다"고 설명했다.

공공 보육 산업을 육성해 일자리를 창출할 수 있다는 아이디어도 제시됐다. 로머 교수는 "최근 아이돌봄 분야에서 수요에 비해 공급이 부족한 상황으로 공공 보육을 제공하는 것도 일자리를 많이 만들 수 있는 한 방법이 될 수 있다"고 제안했다.

그는 "아이를 키우는 일은 보람 있을 뿐 아니라 엄마들이 직업을 찾을 수 있도록 해 노동 시장에 상당한 영향을 미칠 것"이라며 "세계 지식포럼에 참여하며 한국 30대 여성의 고용률 저하 현상에 대해 알게 됐는데 이는 기회의 낭비로 보인다"고 말했다.

폴 로머 교수는 이어 "최근 30대 여성의 고용률이 눈에 띄게 오르기는 했지만, 이는 출산율 저하와 맞물려 일어난 일로 한국 역시 미국과 마찬가지로 일터로 돌아가고자 하는 여성에게 필요한 보육 서비스를 제대로 제공하지 않고 있나는 뜻"이라고 분석했다. 이어 "공공 보육에서 그 해결책을 찾아볼 수 있을 것"이라고 강조했다.

한편 기술 발전이 지식 전파 방식에 악영향을 미치고 있다는 지적도 제기됐다. 로머 교수는 미래에는 출처가 명확한 디지털 정보만 확인하도록 하는 방향으로 지식을 다루는 방식이 변해야 한다고 역설했다. 그는 "애덤 스미스 시대에는 진실한 사람이라는 평판을 얻는 것이 사회적으로 아주 중요해 사실만 이야기하려는 노력이 있었다"며 "지금은 사람들이 무엇이 진실인지 신경도 쓰지 않는 미래로 나아가고 있다는 생각이 든다"고 지적했다. 이어서 "지금 사람들이 신경 쓰는 것은 그 사람이 진실한 사람인지가 아닌 그 사람이 유명인인지 여부"라며 "많은 사람이 관심을 받기 위해 노력할 뿐 진실한 사람이라는 평판을 얻는 데는 관심이 없다"고 꼬집었다.

특히 작성자를 알 수 없는 정보들이 인터넷상에 돌아다니면서 근거 없는 주장들이 빠르게 전파되고 있다는 지적이다. 그는 "과거에는 정보의 출처에 따라 그 신뢰도를 판별했지만, 기술이 발전할수록 어떤 정보가 어디서 나왔는지 파악하기는 오히려 어려워졌다"고 말했다.

2

위기의 또 다른 이름은 기회

변곡점에 선 자산 시장에서
새로운 기회 찾기

제니 존슨 프랭클린템플턴 회장 | **알리 아슬란** TV쇼 사회자

'기후변화·중국·사모 시장'. 글로벌 자산운용사 프랭클린템플턴의 제니 존슨 회장이 제시한 투자 키워드다. 존슨 회장은 최근의 지정학적 변화가 투자 기회이자 위기라고 진단했다. 공급망 다변화를 위한 '중국 플러스 원' 전략과 동맹국 간 공급망을 형성하는 '프렌드쇼어링Friend-shoring', 미국이 제조 시설을 미국과 근접한 멕시코 등으로 이전하는 '니어쇼어링Nearshoring' 등 3가지 트렌드를 제시했다. 이와 함께 기후와 에너지 전환에 관한 관심이 그 어느 때보다 큰 상황이라는 것이 그의 생각이다.

존슨 회장은 특히 기후변화가 엄청난 투자 기회를 가져다줄 것이라고 공언했다. 그는 "전 세계 GDP의 90%를 차지하는 국가들이 이미 '넷 제로'를 선언했다"며 이같이 밝혔다. 이어서 "넷 제로를 달성하려면 엄청난 돈이 필요하다. 현재 넷 제로 달성을 위한 에너지 전환 투

제니 존슨 프랭클린템플턴 회장이 제24회 세계지식포럼 '변곡점에 선 자산 시장에서 새로운 기회 찾기' 세션에서 발언하고 있다.

자는 화석 연료 투자와 거의 같은 수준에 와 있다"며 "2050년까지 그 목표를 달성하려면 화석 연료 투자액의 3배가 필요할 것으로 보인다"고 설명했다.

최근 회의적인 전망이 나오는 중국 시장에 대해서도 존슨 회장은 다른 시각을 드러냈다. 그는 "중국은 세계에서 2번째로 큰 경제이며 다른 어느 나라보다 더 많은 기술자를 배출하고 있다"며 "국내 소비가 GDP에서 차지하는 규모가 40%인 반면 대부분 선진국은 60~70%다. 시장이 그렇게 크다면 무시할 수 없다"고 강조했다.

존슨 회장은 향후 10년 안에 10억 명이 중산층에 진입하는데, 그중 87%가 아시아에서 나올 것이라는 연구 결과에 주목하고 있다. 이에 잠재력과 성장성 있는 시장에서 현지인을 적극 채용하는 등의 방식으로 시장을 이해하는 데 집중한다.

존슨 회장은 구체적으로 공모 시장보다는 사모 시장에 더 큰 기회가 있다고 봤다. 그는 "기관투자가들이 유동성을 확보하기 위해 사모 시장에서 보유한 자산을 높은 할인율을 적용해 유통하는 경우가 많다"며 "이 같은 세컨더리 시장이 확대되면서 투자 기회가 생기고 있다"고 설명했다.

이번 세계지식포럼의 주제인 '테크노 빅뱅'과 관련해 제니 존슨 회장은 프랭클린템플턴도 AI를 사업에 접목하고 있다고 밝혔다. 그는 "AI를 활용해 '목표 최적화 엔진'이라는 것을 구축하고 고객에게 역동적인 자산 배분 서비스를 제공하고 있다"고 소개했다.

다만 존슨 회장은 아직은 AI가 업무 효율성을 증진하는 수준에 있다고 평가하면서 '다음 물결'이 일어나게 되면 엄청난 혁신을 얻게 될 것이라는 전망을 내놨다.

5명의 아이를 둔 엄마이기도 한 존슨 회장은 청년들에 대한 조언을 아끼지 않는 것으로도 잘 알려져 있다. 그는 사람People, 열정Passion, 목적Purpose, 끈기Persistence 등 4P를 가져야 한다고 항상 강조한다. 그는 "여러분의 열정을 목적과 연결해 설명할 수 있어야 하고, 여러 실수와 어려움이 있겠지만 꾸준히 나아가야 한다"고 말했다.

프랭클린템플턴은 1997년 글로벌 자산운용사 가운데 최초로 한국에 진출했다. 국내 시장에서 수탁액은 90억 달러(12조 원)에 달한다. 2023년 8월에는 전 세계적으로도 손꼽히는 연기금인 국민연금과의 긴밀한 소통을 위해 기금운용본부가 있는 전라북도 전주시에 사무소를 열었다.

월가 큰손에게 듣는
자산 시장 전망

마크 로언 아폴로글로벌매니지먼트 공동창업자 | **이훈** 한국투자공사 CIO

"지난 40년간 자산 시장의 우상향을 이끌어온 순풍이 이제는 없어지면서 불확실성을 헤쳐나가기 위한 전략이 매우 중요해졌다." 높은 인플레이션과 고금리 정책의 장기화 우려로 금융 시장의 불안감이 커지는 가운데 월가 전문가들은 사모 시장에서 새로운 투자 기회를 찾아야 한다고 입을 모았다.

전 세계 1위 규모 사모펀드 아폴로자산운용을 이끄는 마크 로언 공동창업자 겸 CEO는 '월가 큰손에게 듣는 자산 시장 전망' 세션에서 "40년간 금융 시장은 낮은 금리와 유동성, 재정 부양책, 세계화라는 4가지 순풍이라는 혜택을 얻었다"며 "과거와 달리 지금은 순풍이 사라진 상황"이라고 말했다.

마크 로언 CEO는 "2008년 글로벌 금융위기 이후 유동성이 풀리며 주식뿐 아니라 부동산·자동차·비행기·미술품 등 모든 자산 가치

마크 로언 아폴로글로벌매니지먼트 공동창업자가 제24회 세계지식포럼 '월가 큰손에게 듣는 자산 시장 전망' 세션에서 화면을 통해 청중과 소통하고 있다.

마크 로언 Marc Rowan

아폴로글로벌매니지먼트Apollo Global Management 공동창업자 겸 CEO다. 그는 현재 아폴로글로벌매니지먼트, 아테나홀딩, 아토라홀딩 이사회에서 활동하고 있다. 와튼스쿨 자문위원회 의장이자 펜실베이니아대학교 이사회 위원이기도 하다.

이훈

대한민국 국부펀드 한국투자공사KIC 투자운용본부장CIO이다. 그는 한국투자증권, 우리투자증권, 삼성증권 등에서 애널리스트로 일했다. 2022년 CIO에 임명된 그는 2025년까지 2,000억 달러 규모에 달하는 KIC 자산운용을 총괄한다.

가 상승했다"며 "현재 미국 S&P500의 상위 10개 종목 주가수익비율 PER은 52배에 달한다"고 설명했다.

하지만 최근 들어서는 고금리와 경기 침체 우려로 자산 가치가 과거처럼 우상향하기 어려운 환경이 조성됐다고 봤다. 그는 "2021년 금융 시장이 2022년까지 급락하고 이후 빠르게 회복할 것이라고 예상한 투자자들은 거의 없었다"며 "이 같은 불확실성은 앞으로 더욱 심화될 것"이라고 예상했다.

이 같은 상황에서 공모 시장보다 사모 시장을 통해 추가 수익을 창출할 수 있다고 봤다. 그는 "추가 수익을 얻으려면 공모 시장에서 한 발짝 물러나야 한다"며 "사모펀드, 벤처캐피털, 헤지펀드는 보통 위험한 것으로 인식되지만 오늘날의 사모 시장은 안정성도 갖추고 있다"고 밝혔다. 이어 "시간이 지날수록 대부분 기관과 고소득층 개인이 포트폴리오의 50% 정도를 대체 투자에 할애할 것으로 예상한다"고 덧붙였다.

그는 사모 시장에서 추가 수익률을 내기 위해 가장 중요하게 생각하는 요건으로 가격을 꼽았다. 그는 "아폴로자산운용은 시장이 횡보하든 하락하든 가치를 창출하기 위해 현금 흐름을 반영하는 펀더멘털 가치가 있는 기업을 매수하고자 한다"며 "회사를 인수할 때 밸류에이션(기업 평가가치)과 인수 가격을 중요하게 본다"고 했다.

그는 "2000년대 초 닷컴버블 붕괴와 9·11 테러 등으로 시장이 붕괴했을 당시에도 아폴로자산운용은 연기금에 20%가 넘는 수익률을 낼 수 있다고 답해 모두를 놀라게 했다"며 "경기 우려와 지정학적 긴장이 짙어지는 지금 공격적으로 투자해 높은 수익률을 약속할 수 있다"고 말했다.

신흥국 투자에서 "인도 증시는 매우 높은 밸류에이션을 받고 있고 은행에서 저금리로 자본을 제공하고 있다"며 한국과 싱가포르 등에서 기회를 더 엿볼 수 있다고 밝혔다.

또 높은 실업률과 소비 불황을 동반하는 전통적 의미의 경기 침체 가능성은 작다고 전망했다. 그는 "미국은 실업률이 4% 미만이고 수요가 붕괴되지 않아서 전통적인 침체는 아니다"며 "고금리로 인한 저성장이 장기화하고 인플레이션 압박이 지속될 것"이라고 전망했다.

그는 은행 규제가 엄격해질수록 사모 대출 시장이 성장할 것이라고도 내다봤다. "아폴로자산운용은 '탈은행' 트렌드로부터 가장 직접적인 혜택을 받았다"고 설명했다.

아폴로자산운용은 6,170억 달러의 자산을 운용하며, 프라이빗 크레디트 펀드PCF를 조성해 기업에 돈을 빌려주는 사모 대출 사업에 주력하고 있다. 2008년 글로벌 금융위기 이후 은행의 자본 건전성에 대한 규제가 엄격해지는 틈을 타 사모 대출 규모를 키우며 급성장했다. 미국 경제 전문지 〈포브스〉에 따르면, 아폴로자산운용은 블랙스톤에 이어 미국 사모펀드 운용사 가운데 2번째로 큰 규모다.

2022년 미국계 대체 투자 운용사인 EMP벨스타와 함께 50 대 50 지분으로 합작해 국내 법인을 설립하기도 했다. 최근에는 공무원연금공단이 설립 후 처음으로 실시한 해외 바이아웃(경영권 거래)·그로쓰 캐피탈(성장형 투자) 위탁사에 선정되며 500억 원을 출자받았다.

슈퍼리치와 일류 기업의 투자 비법

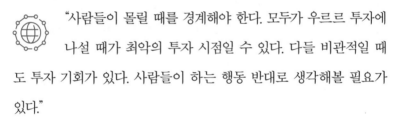

자스민 토포 한국이스라엘혁신센터 설립자 | **오하드 토포** TCK인베스트먼트 회장
마크 테토 TCK인베스트먼트 공동대표

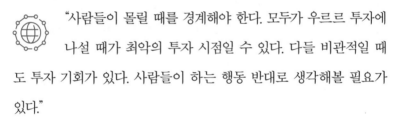

"사람들이 몰릴 때를 경계해야 한다. 모두가 우르르 투자에 나설 때가 최악의 투자 시점일 수 있다. 다들 비관적일 때도 투자 기회가 있다. 사람들이 하는 행동 반대로 생각해볼 필요가 있다."

오하드 토포 TCK인베트스먼트 회장은 '슈퍼리치와 일류 기업의 투자 비법' 세션에서 한국 투자자들에게 이같이 조언했다. 그는 인플레이션과 금리가 당분간 높은 수준으로 유지될 것으로 전망했다. 구체적으로 4%에서 5%를 오가는 금리가 상당 기간 지속될 것으로 바라봤다. 금리와 높은 물가는 주식 시장에 악재로 받아들여지지만 토포 대표는 "미국 증시는 더 상승할 가능성이 크다"고 말했다.

그는 "증시를 움직이는 가장 중요한 요소는 기업 실적인데, 고금리와 높은 물가 수준에도 불구하고 미국 기업 실적은 선전하고 있어 주

오하드 토포 TCK인베스트먼트 회장(사진 왼쪽 1번째) 외 연사들이 제24회 세계지식포럼 '슈퍼리치와 일류 기업의 투자 비법' 세션에서 발표하고 있다.

자스민 토포 Jasmine Topor

한국이스라엘혁신센터KIIC 설립자다. KIIC는 한국의 유수 기업들이 이스라엘에서 전략적 기술 협력과 투자 기회를 발굴할 수 있도록 지원한다.

오하드 토포 Ohad Topor

이스라엘 출신 글로벌 투자자이자 기업가다. 텔아비브대학교에서 경제학을 전공했고, 스탠퍼드대학교에서 MBA를 취득했다. 오크트리캐피탈Oaktree Capital 하워드 막스Howard Marks 회장 자문 아래 한국 최초의 독립적 자산관리회사인 TCKTopor & Co Korea를 설립했다. 배우자 자스민 토포와 공동 설립한 KIIC 선임 고문을 맡고 있다. 그는 부동산, 글로벌 주식과 채권, 프라이빗 에쿼티, 벤처캐피털, 헤지펀드 등 다양한 자산군에 투자한 풍부한 경험이 있다. 1998년 이스라엘 농촌 지역의 개발과 빈부 격차 축소를 위한 비영리 단체인 디젬DEGEM을 설립했다.

마크 테토 Mark Tetto

16년간 금융업에 종사하면서 기업금융, 인수합병, 프라이빗 에쿼티, 벤처캐피털 투자 부문에서 경험이 풍부하다. TCK 입사 이전에는 삼성전자 기업 인수합병팀의 멤버로서 4년간 다수의 성공적인 인수 거래를 주도하고 팀 역량 향상에 기여했다.

식 시장도 우상향 흐름이 이어질 것이라고 설명했다.

세간의 인식과 달리 인플레이션이 기업 실적 하락과 직결되지 않는다고 강조했다. 토포 대표는 "인플레이션이 주가를 끌어내리는 것 아니냐는 우려가 있지만, 기업은 인플레이션에 맞춰 판매하는 물건이나 서비스의 가격을 바로 상향 조정해 생산비용 상승분을 상쇄하는 방식으로 인플레이션을 관리한다"고 설명했다. 그러면서 "이런 측면에서 인플레이션 기간의 주식 투자는 오히려 매력적인 면이 있다"고 말했다.

주식과 대체재 관계에 있는 채권에 대해서도 투자 적기라고 말했다. 금리 상승에 따라 쿠폰 수익률이 올라갔기 때문이다. 그는 "과거 금리 하락기에는 채권 수익률이 0% 수준까지 내려가서 채권을 통해 수익을 내는 것은 불가능했고 당시에는 모든 수익을 주식을 통해 냈다"며 "하지만 지금은 상황이 달라졌다. 채권 쿠폰 수익율이 급등하면서 누구나 단순히 채권을 매수하는 것만으로도 돈을 벌 수 있는 상황이 됐다"고 말했다. 특히 "단기채보다 수익률이 높은 중기채나 장기채 투자가 유리하며 달러 표시 국채도 좋은 투자처"라고 짚었다.

초저금리 시대가 저물고 고금리 시대를 맞이하면서 자산 시장이 급변기를 겪고 있다. 특히 부동산 가격의 진폭이 크다. 미국은 상업용 부동산 가격이 급락하면서 자금줄이 됐던 지방은행의 위기설이 대두되고 있다. 토포 대표는 "미국의 상업용 부동산 시장은 지금 기록적으로 최악의 상황을 지나고 있다"며 "상업용 부동산 리츠의 밸류에이션이 최대 80%까지 떨어졌는데, 유동성을 충분히 보유하고 있다면 지금이 오히려 투자 적기"라고 역설했다.

글로벌 이코노미
아웃룩 2024

로버트 쿱먼 아메리칸대학교 교수 | **윌리엄 리** 밀켄연구소 수석이코노미스트
피터 숏 예일대학교 경영대학원 교수 | **성태윤** 연세대학교 경제학부 교수

'글로벌 이코노미 아웃룩 2024' 세션에 모인 연사들은 2024년 글로벌 경제 최대 리스크로 중국발 경기 하방을 꼽았다. 중국의 성장 둔화에 따라 수출, 투자 중심의 중국 경제가 내수 위주로 돌아설 수 있는 만큼 멕시코와 인도네시아 등의 대안적인 투자처와 공급망을 찾아 위기를 기회로 만들어야 한다는 제언이다.

중국발 경기 하방의 전조는 2023년부터 뚜렷하게 나타나고 있는 현상이다. 중국 관세청에 따르면, 2023년 8월 기준 수출액은 약 380조 원으로 전년 동월 대비 8.8% 감소했다. 이 같은 수출 감소세는 5월부터 4개월간 이어진 추세다. 외국인직접투자FDI의 경우 1분기 기준 전년 동기 대비 20%를 기록하면서 투자도 부진해진 상황이다.

중국의 부진에 영향을 크게 받고 있는 유럽 국가 가운데 하나가 독일이다. 성태윤 교수는 "중국 경제의 변동이 독일에 큰 영향을 주고

로버트 쿠먼 아메리칸대학교 교수(사진 왼쪽 2번째) 외 연사들이 제24회 세계지식포럼 '글로벌 이코노미 아웃룩 2024' 세션에서 발언하고 있다.

성태윤

연세대학교 상경대학 경제학부 교수로 재직 중이다. 연세대학교 상경대학 경제학과를 졸업(경제학사, 석사)하고 하버드대학교에서 경제학 박사 학위를 취득했다. 국제 금융, 국제 경제와 거시경제학 분야에서 주목받는 연구자다.

있다"면서 "특히 에너지 전환에 대한 준비를 하지 않은 경우 중국발 에너지 가격 상승에 따른 영향에 취약하다"고 말했다.

실제로 독일은 교역국 가운데 중국이 7년 연속 가장 큰 비중을 차지할 만큼 중국 경제 의존도가 높은 상황이다. 특히 대중국 교역에서 효자 노릇을 해왔던 독일의 자동차 산업은 중국 경제의 부진과 함께 위기를 맞고 있다.

유럽 경제의 엔진이라고 불리던 독일 경제의 부진에서 보듯 경제 전문가들은 이제 대안적인 공급망과 투자처를 모색하는 데 몰두해야 할 때라고 입을 모았다.

로버트 쿱먼 교수는 아프리카와 남아메리카처럼 현재 지정학적 위기가 있지만, 그 위기가 해결될 것으로 전망되는 지역들을 주목하라고 말했다.

그는 "지역적 통합이 요원했던 아프리카는 대륙 전체에 걸쳐서 FTA가 체결되는 모습을 보이고 있다"면서 "남아메리카는 '메르코수르Mercosur' 경제공동체를 중심으로 회원국들을 통합하고 있다"고 덧붙였다. 핵심 광물들을 많이 보유한 지역인 만큼 지정학적 리스크를 해결하면 좋은 대안 공급망 후보가 될 수 있다는 얘기다.

윌리엄 리 이코노미스트는 기술 생산성이 있는 곳을 대안적인 투자처로 꼽았다. 그는 "미국과 독일의 제조업 하방을 지적하는 사람이 많지만, 전통적 제조업의 고용은 줄어드는 추세"라면서 "하이테크 기업과 소프트웨어 기업이 많은 곳이나 특히 소프트웨어 분야에서 AI 전환을 하고 있는 곳들에 주목하라"고 말했다.

폴 로머 미국 NBER 연구원은 이날 기술 진보에 따른 장기적인 일자리 감소에 대해 경고했다. 로머 교수는 "단순히 세금으로 소득을 분배하는 것이 아니라 모든 계층이 사회 발전에 참여하고 그 혜택을 고루 누릴 수 있도록 어느 정도의 임금 상승을 이룰 수 있는 사회적 환경을 실용적으로 설계해야 한다"고 발언했다.

글로벌 부동산 전망

제임스 켐프 맥쿼리자산운용 아시아태평양 부동산 부문장
루이스 카바나 누빈리얼에스테이트 최고투자책임자 | **윤제성** 뉴욕생명자산운용 CIO
제임스 황 eXp커머셜 대표 | **최규현** 나이트프랭크 코리아 상업용 부동산 부문 대표

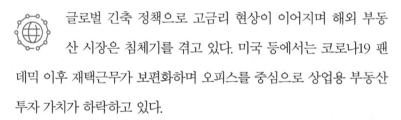 글로벌 긴축 정책으로 고금리 현상이 이어지며 해외 부동산 시장은 침체기를 겪고 있다. 미국 등에서는 코로나19 팬데믹 이후 재택근무가 보편화하며 오피스를 중심으로 상업용 부동산 투자 가치가 하락하고 있다.

외국인 투자기관들은 손실을 줄이기 위해 물류센터와 데이터센터 등으로 투자 포트폴리오를 빠르게 다각화하고 있다. 또 부동산 부문의 주요 글로벌 투자자들은 한국 등 다른 아시아 국가로도 투자를 확대 중이다. 미·중 갈등과 코로나19 봉쇄 조치로 중국 내 외국인 투자가 제한됐기 때문이다.

전문가들은 당분간 고금리가 지속되며 부동산 투자가 위축되겠지만 선별적인 투자 기회를 찾아야 한다고 강조했다. '글로벌 부동산 전망' 세션에서 루이스 카바나 누빈리얼에스테이트 CIO는 "고금리가

윤제성 뉴욕생명자산운용 CIO(사진 가운데) 외 연사들이 제24회 세계지식포럼 '글로벌 부동산 전망' 세션에서 청중을 향해 발언하고 있다.

좀 더 이어질 것으로 예상하는데 이로 인해 단기적으로는 부동산 투자가 마를 수밖에 없는 상황"이라고 전망했다. 그러면서도 "하지만 투자자들이 '옥석 가리기'를 한다면 프라임(상위 10%) 자산들을 선별적으로 선택할 수 있다"고 덧붙였다.

제임스 켐프 맥쿼리자산운용 아시아·태평양 부동산 부문장도 "향후 5년간 투자자들이 어떤 지역과 어떤 파트너에 투자하느냐에 따라 성패가 달라질 것"이라며 "오피스 부동산 시장의 구조적인 변화는 분명하지만, 아시아 시장에는 영향을 덜 미칠 것"이라고 내다봤다.

아시아·태평양 지역에서 유망한 투자처로는 호주와 일본 등이 꼽혔다. 이들의 인구 구성 변화에 주목해야 한다는 이유에서다. 루이스 카바나 CIO는 "호주는 지금 이주자들이 늘어나고 있고 도시에서의 거주 비용이 상승하고 있다"며 "호주의 학생들 주거 시설에 믿음을

제임스 켐프

맥쿼리자산운용MAM 아시아·태평양 지역 부동산 부문 책임자다. 아시아·태평양 지역의 부동산 사모펀드와 투자은행 분야에서 16년 이상의 경력을 쌓았다.

루이스 카바나Louise Kavanagh

2017년 최고투자책임자CIO 겸 아시아·태평양 지역 부동산 총괄로 누빈리얼에스테이트 Nuveen Real Estate에 합류했다. 누빈에 합류하기 이전에는 인베스코 아시아 부동산 전략의 펀드 매니저로 근무했다.

윤제성

뉴욕생명자산운용NYLIM CIO로 아시아 부문 회장도 맡고 있다. NYLIM에 입사하기 전에는 웨스턴애셋매니지먼트Western Asset Management 리서치·분석·리스크관리 책임자를 담당하기도 했다.

제임스 황James Huang

eXp 커머셜 대표로서 해외 상업용 부동산 관련 사업을 지원하며 다양한 서비스를 구축하고 운영하고 있다. 부동산 중개 전문인 eXp리얼리티는 미국·캐나다·멕시코 등지에 5만 명 이상의 에이전트를 보유하고 있으며 세계에서 가장 빠르게 성장하는 글로벌 부동산 회사로 꼽힌다.

최규현

나이트프랭크 코리아Knight Frank Korea 상업용 부동산 부문 대표로 한국 유수의 기관 투자자, 초고액 자산가UHNWI, 패밀리 오피스를 대상으로 해외 아웃바운드·크로스보더 투자를 포함한 주요 부동산 자산을 운용해왔다.

갖고 투자해왔다"고 밝혔다. 시드니 등 주요 도시에서 기숙사 등 학생 주거 시설이 부족해 수요 대비 공급이 떨어진다는 설명이다.

루이스 카바나 CIO는 "일본의 고령 1인 가구 수는 2020년부터 220만 가구가 증가해 2040년에는 전체 고령 가구의 40%에 이를 것으로 예상한다"며 "아직 태동기이지만 개인 자본 등에서도 고령 인구를 겨냥한 부동산 부문에 관심을 보이기 시작했다"고 말했다.

이날 세션에 참석한 연사들은 단기적인 부동산 시장 전망은 밝지 않다고 입을 모았다. 제임스 황 eXp커머셜 대표는 "재택근무를 하면서 오피스 임대가 갱신되지 않고 취소되며 대규모 소유주들이 매각해야 하는 상황"이라고 진단했다. 이어 "리테일 부동산까지 타격을 입고 있어 힘든 시기가 될 것이라고 보지만 향후 2~3년을 지켜봐야 한다"고 조언했다. 꾸준히 부동산 시장을 모니터링하면 투자 기회도 잡을 수 있을 것이라는 설명이다.

제임스 켐프 부문장은 미국 시장에서는 주거·물류 부문을 주목해야 한다고 전했다. 그는 "미국 주거·물류 부동산 사이클에서 가격이 어떻게 움직일지 예측할 수 있으므로 앞으로 2년간 흥미로운 투자 기회가 있을 것"이라고 설명했다.

해외 부동산 투자를 고려하는 국내 투자자들에 대한 조언도 나왔다. 윤제성 뉴욕생명자산운용 CIO는 "부동산 시장 리스크를 겪고 있는 상황에서 후순위 채권에 투자하는 것은 위험하다"며 "미국의 잘 알려지지 않은, 아주 영세한 부동산 회사와 비즈니스를 하는 것도 지양해야 한다"고 말했다.

"미국 부동산 금리 2배 껑충…
중소형 은행 곧 구조 조정될 것"

론 크루셰스키 스티펄파이낸셜 회장 겸 최고경영자

"미국 상업용 부동산 재융자 금리가 과거 4%대에서 9%대로 크게 올랐다. 상업용 부동산 대출 비중이 높은 중소은행에는 위기다. 조만간 중소은행 간 합병 등 구조 조정이 진행될 것이다."

론 크루셰스키 스티펄파이낸셜 회장 겸 CEO는 2023년 9월 12일 〈매일경제신문〉과의 인터뷰에서 미국 금융 시장의 약한 고리로 중소은행 상업용 부동산 대출을 꼽았다.

최근 미국 상업용 부동산 시장은 빠르게 침체하고 있다. 코로나19 이후 상업용 부동산 수요가 줄면서 공실률이 높아졌고 가격은 내림세다. 상업용 부동산을 담보로 잡고 대출해준 미국 중소형 은행이 큰 손실을 보고 대출을 죄면서 신용 경색이 발생하는 악순환 가능성이 제기된다. 이 같은 상황에서 부실한 중소형 은행 구조 조정이 예상된다는 것이 그가 예측하는 시나리오다.

금리가 많이 오른 점을 고려하면 단기적으로는 채권 투자가 유망하다고 말했다. 하지만 장기적으로는 채권보다는 주식이라고 강조했

론 크루셰스키 스티펄파이낸셜 CEO.

다. 크루셰스키 회장은 "미래에 대한 긍정적인 시각을 가지고 성장 가능성이 큰 기업의 주식에 투자하는 것이 긴 관점에서 더 큰 수익을 거둘 수 있다"고 말했다.

2024년 경제 최대 위협으로는 지정학적 변수와 국제 원자재 가격 상승을 꼽았다. 그는 "러시아-우크라이나 전쟁뿐 아니라 아시아 지역에서 고조되고 있는 중국과 대만 간 갈등이 세계 경제에 위협을 가하고 있다"고 말했다. 또 "산유국들 사이에서 원유 생산 감축이 진행되고 있다"며 "이로 인한 유가 상승이 2024년 경제 하방 요인으로 작용할 수 있다"고 전망했다.

그는 변화가 빠른 미국 IB업계에서 이례적으로 오랜 기간 자리를 지키고 있는 CEO로 유명하다. 그는 27년째 종합금융회사 스티펄파이낸셜에서 CEO로 재직하고 있다. 그는 CEO로서 장수하는 비결에 대해 "사업 모델을 다변화해 장기적인 성장 기반을 마련하는 것이 중요하다"고 말했다.

경영자로서 '사람 관리'의 중요성도 강조했다. 스티펄파이낸셜은 25년간 30건 이상의 인수합병을 통해 몸집을 불렸다. 이 가운데 핵심적이었던 19개 피인수 기업의 CEO 중 16명이 여전히 스티펄파이낸셜에서 일하고 있다.

크루셰스키 회장은 "스티펄파이낸셜은 인위적인 구조 조정이나 인력 해고를 하지 않는다"며 "대신 경험 있는 인력을 잘 활용할 수 있도록 노력한다"고 말했다.

2022년에는 한 직원의 60주년 근속을 기념했다. 크루셰스키 회장은 "권위적이지 않은 회사 분위기를 만들어 직원들의 주인의식과 창의적인 접근을 장려한다"고 했다.

Interview

"불확실성 존재하는 한 고유가 상황 지속될 것"

헤비에른 한손 노르딕아메리칸탱커스 회장 겸 CEO

"미래를 확실하게 알 수는 없지만 적어도 러시아-우크라이나 전

September 12 - 14, 2023
Seoul, Korea

헤비에른 한손 노르딕아메리칸탱커스 회장이 제24회 세계지식포럼에 참석해 매일경제신문사와 인터뷰하고 있다.

쟁, 중동 전쟁 같은 지정학적 불확실성이 존재하는 한 고유가 상황은 피하기 어렵다."

2023년 하반기 들어 유가가 큰 폭으로 상승한 가운데, 글로벌 유조선사 NAT 창업자이자 CEO인 헤비에른 한손 회장은 〈매일경제신문〉과의 인터뷰에서 당분간 전 세계적인 고유가 상황은 지속할 수밖에 없다는 전망을 내놓았다.

사우디아라비아와 러시아가 원유 수출량을 줄이면서 원유 공급에 차질을 빚어 수요는 급증했는데 원유 공급망 변화로 수송 거리가 대폭 늘어난 반면 운용 가능한 유조선 수는 부족해 가격이 이중, 삼중으로 상승하고 있다는 것이다. 미국 뉴욕거래소 상장사인 NAT는 현재 유조선 23척을 운영 중이다.

사우디아라비아는 2023년 7월부터 일방적으로 하루 100만 배럴의 원유 감산 방침을 발표했다. 이후 러시아와 손잡고 2023년 12월까지 감산을 유지하기로 합의했다. 러시아는 원유 수출을 하루 30만 배럴씩 줄였다. 다른 OPEC+ 산유국들은 조기 감산을 2024년까지 연장하기로 했다. 그 여파로 글로벌 유가는 2023년 3분기에만 25% 상승해 한때 배럴당 100달러 가까이 치솟기도 했다.

헤비에르 한손 회장은 최근 원유 공급망이 빠르게 재편되고 있다고 전했다. 특히 아시아 국가는 러시아산 대신 중국과 인도산 원유 수입을 늘렸고, 유럽 국가들은 러시아산 대신 미국산 원유 수입을 늘렸다.

그는 "우리도 2년 전까지는 러시아에서 원유를 실어 날랐는데 지금은 하지 않고 있다"며 "현재와 같은 추세라면 미국에서 전 세계로 수출되는 원유가 더 많아질 것으로 예상한다"고 말했다.

이 같은 원유 공급망 변화는 톤마일Tonne-mile(수송 무게와 거리)을 증가시켜 유조선사들의 기록적인 실적 개선으로 이어졌다. 한손 회장은 "원유 수송 거리가 크게 늘면서 톤마일은 증가했는데 신규 선박의 유입은 제한적이다 보니 운임과 용선 시황이 높아져 해운 수익이 크게 올랐기 때문"이라며 "신규 선박을 건조하려면 지금 당장 주문해도 3년 이상 걸린다"고 설명했다.

최근 기후변화 대응을 위해 세계 각국이 탈脫석유를 가속하고 있는 것과 관련해 한손 회장은 "기후변화 대응은 다음 세대를 위해 꼭 필요하고 NAT 역시 저속 운항을 통해 환경 영향을 최소화하기 위해 노력하고 있다"고 말했다.

그러면서도 "100년 안에 원유에 대한 지금과 같은 높은 수요가 크게 떨어질 것이라 생각하지는 않는다. 부를 창출하려면 원유가 반드시 필요하다"고 말했다.

PART 5

미래를 준비하는 기업들

1

지정학 갈등과 반도체 산업

삼성·TSMC·인텔의 반도체 전쟁: 혁신 성공의 금융과 조직

신장섭 싱가포르국립대학교 교수 | **윌리엄 라조닉** 매사추세츠대학교 교수
존 Y 아시아노메트리 창업자

 TSMC를 맹추격하던 삼성전자가 2018년 갑자기 뒤처지기 시작했다. 삼성전자에는 무슨 일이 있었을까.

삼성전자와 대만 TSMC, 미국 인텔 등 3사의 반도체 전쟁을 조명한 신장섭 싱가포르국립대학교 교수는 삼성전자와 인텔이 행동주의 펀드 등의 공격과 주주들의 요구에 부응하기 위해 자사주 매입 등에 기업 이익의 상당 부분을 투입하는 사이 TSMC는 투자에 집중한 것이 차이를 만들어냈다고 평가했다.

신장섭 교수는 "TSMC는 2010년부터 자사주 매입을 하지 않고 설비 투자에 집중했다"며 "그 결과 삼성보다 앞서 EUV 장비를 도입했다"고 설명했다.

삼성전자는 2010년 중반까지 TSMC를 빠르게 따라잡았다. 2014년에는 14나노 신공정을 TSMC보다 먼저 도입하는 등 초미세 공정에서

신장섭 싱가포르국립대학교 교수(사진 왼쪽 1번째) 외 연사들이 제24회 세계지식포럼 '삼성·TSMC·인텔의 반도체 전쟁' 세션에서 좌담을 나누고 있다.

신장섭

싱가포르국립대학교 경제학 교수로서 기술, 금융과 혁신, 경쟁 전략, 동아시아의 경제 발전, 금융위기 같은 분야를 연구한다. 2008~2009년에 기획재정부 장관 자문관을 역임했다.

윌리엄 라조닉 William Lazonick

매사추세츠대학교 경제학 명예교수다. 매사추세츠주에 기반을 둔 비영리 연구 기관 학계-산업 연구 네트워크의 공동창업자이자 대표도 맡고 있다.

존 Y

아시아노메트리 설립자이자 프로듀서다. 아시아노메트리는 첨단 기술의 역사·개발·비즈니스에 대한 분석을 제공하는 유튜브 채널이다.

앞서가는 모습을 보이기도 했다. 그런 삼성전자가 뒤처진 배경에는 투자의 집중도가 있었다는 것이 신장섭 교수 생각이다.

실제 삼성전자는 2014년부터 2017년까지 주주 환원 정책의 일환으로 자사주 매입에만 23조 9,000억 원을 투입했다. 매년 6조 원에 달하는 규모다. 적극적 주주 환원 정책은 주식 시장의 활성화를 위해 환영받는 측면도 있지만 지나친 주주 환원은 미래를 위한 성장에 독이 될 수 있다.

국내 신용평가사인 한국신용평가는 보고서에서 주주 환원 정책은 한정된 재원을 사용하는 만큼 기회비용이 필연적으로 발생한다고 밝혔다. 지나친 주주 환원 정책은 원리금 상환 능력 저하나 미래 사업에 대한 투자가 적시에 집행되지 못해 장기적으로 기업 경쟁력이 훼손될 수 있다는 경고다. 이는 결국 주주의 손해로 이어진다.

신장섭 교수는 삼성전자가 종합반도체기업IDM의 강점을 활용해야 한다고 조언했다. 우선 전통적으로 지배적 시장 지위를 점하고 있는 메모리 사업에서는 초격차 전략을 지속적으로 구사해 2위와의 격차를 계속 벌릴 필요가 있다.

또 파운드리 사업에서는 TSMC에 이어 탄탄한 2위로서의 전략을 구사해야 한다. 마지막으로 TSMC에는 없는 반도체 설계 역량과 제조 역량을 합쳐 이미지 센서, 자동차 반도체 등 사업 분야를 지속적으로 확대해야 한다.

윌리엄 라조닉 매사추세츠대학교 교수는 인텔이 어떻게 첨단 반도체 시장에서 후발주자로 밀려났는지를 설명했다. 라조닉 교수는 인텔을 한마디로 '21세기 자사주 매입 1위 기업'이라고 정의했다. 이는 결국 경영진이 현금을 사용해 주가를 부양하면 새로운 혁신 투자는 소외될 수밖에 없다는 점을 증명한다.

윌리엄 라조닉 교수는 "인텔이 애플의 프로세서 생산 제안을 가장 먼저 받았지만, 당시 CEO가 거부했다"며 "이 같은 전략적 실수로 인텔이 모바일 디바이스 시장에 발을 들이지 못하게 됐다"고 설명했다. 그는 CEO의 성과 보상 구조 변화가 이 같은 오판을 만들었다고 봤다. 기업의 주가를 띄우는 방법은 자사주 매입도 있지만, 혁신을 통한 주가 부양도 있다.

과거에는 CEO가 혁신을 통해 대부분 성과를 보상받았지만, 이제는 그 구조가 바뀌어서 스톡옵션을 통한 성과 보상이 90%를 차지한다고 라조닉 교수는 분석했다.

현재 인텔은 코로나19 이후 자사주 매입을 중단하고 삼성과 TSMC를 따라잡기 위해 초미세 공정 투자를 공격적으로 단행하고 있다. 라조닉 교수는 "자사주 매입에 얼마나 큰 낭비가 있었는지 상상하기 힘들다"며 "이런 현금 흐름을 계속 가져갔다면 재정적·사업적으로 인텔의 지위가 달라져 있었을 것"이라고 말했다.

유튜브 채널 '아시아노메트리'의 창업자 겸 프로듀서인 존 Y는 TSMC의 성공 요인으로 살인적인 업무 강도를 지목하기도 했다. 그는 "TSMC가 2018년 이후 리더십을 되찾은 이유 중 하나도 24시간 교대 근무를 했기 때문"이라며 "대만의 거의 모든 기술 인재를 TSMC가 흡수한다"고 설명했다.

한일 비즈니스 포럼:
반도체 공급망 협력 매니페스토

야나가와 히데히로 코쿠사이일렉트릭 전무 | **윤홍성** SK하이닉스 부사장
김양팽 산업연구원 전문연구원

미국과 중국의 패권 경쟁으로 글로벌 반도체 공급망이 빠르게 재편되고 있는 가운데 한일 반도체 전문가들은 한국과 일본이 기술 우위를 점하려면 양국 간 협력을 더욱 강화해야 한다고 입을 모았다.

'한일 비즈니스 포럼: 반도체 공급망 협력 매니페스토' 세션에 참석한 양국의 반도체 전문가들은 반도체 제조 기술 강국인 한국과 반도체 소재·장비 강국인 일본이 동반 성장하려면 지속 가능한 협력을 해야 한다고 강조했다.

2023년 3월과 5월 일본과 한국에서 잇달아 성사된 한일정상회담을 통해 양국 간 협력 물꼬가 트인 만큼 글로벌 반도체 산업이 직면한 위기를 함께 타개해야 한다는 것이다.

윤홍성 SK하이닉스 부사장은 "2019년 일본의 수출 규제를 계기로

야나가와 히데히로 코쿠사이일렉트릭 전무(사진 오른쪽 1번째) 외 연사들이 제24회 세계지식포럼 '한일 비즈니스 포럼: 반도체 공급망 협력 매니페스토' 세션에서 청중을 대상으로 발표하고 있다.

야나가와 히데히로

일본 코쿠사이일렉트릭Kokusai Electric의 사업개발, 영업, DX/IT 총괄 부사장이다. 코쿠사이일렉트릭그룹은 반도체의 주재료인 실리콘웨이퍼에 막을 형성하는 필름 증착 장비 부문에서 경쟁력을 보유하고 있다.

윤홍성

1996년 SK하이닉스에 입사한 후 2014년까지 한국과 미국을 오가며 구매 관련 업무를 전담했다. 2014년부터 2016년까지 SK지주사(SKT파견)에서 포트폴리오 매니지먼트 업무를, SK C&C에서 기업 개발Corporate Development 업무를 맡았다. 2017년부터 SK하이닉스 일본 법인 구매에서 구매 분야를 총괄했다.

김양팽

일본과 반도체 산업 전문가로 2014년부터 산업연구원에서 전문연구원으로 일하고 있다. 니혼대학교에서 경영학 박사과정을 수료했다.

수년간 한국이 반도체 분야 소재·부품·장비의 국산화를 추진해왔지만, EUV 같은 최첨단 기술 측면에서는 아직 기술력이 부족한 실정"이라고 지적했다. 그는 "고성능 반도체를 생산하고 첨단 반도체 시장을 선점하려면 일본과의 기술 교류가 필수적"이라고 강조했다.

한국이 독자적으로 모든 기술을 확보하기에는 아주 오랜 시간과 비용이 많이 들어가는 만큼 양국의 강점을 토대로 분업 체계를 만드는 것이 더욱 효과적이라는 분석이다.

반도체 제조·장비 전문 기업인 일본 고쿠사이일렉트릭의 야나가와 히데히로 전무는 "현재 글로벌 반도체 공급망은 생산 기지 분야는 한국과 대만이, 소재·기술 분야는 미국과 일본이 우위를 점한 상황"이라고 말했다.

그는 "한국은 삼성전자와 SK하이닉스를 중심으로 세계 메모리 반도체 시장을 선도하고 있는 매우 강력한 글로벌 리더로, 당사 생산 역량을 일본과 한국에 집중하고 있다"며 "최근 AI 산업 발달로 계속해서 늘고 있는 반도체 수요에 대응해 한국과 일본이 다양한 방식의 기술 협력을 통해 '원원'하기를 바란다"고 말했다.

현재 글로벌 반도체 공급망은 새롭게 재편되고 있다. 국제반도체장비재료협회SEMI에 따르면, 1995년 대비 2025년 일본의 반도체 제조 경쟁력(세계 시장 점유율)은 생산 시설 규모를 기준으로 41%에서 14%로 27%p 낮아질 것으로 전망된다. 같은 기간 미국은 26%에서 10%, 유럽은 17%에서 9%로 각각 16%p, 8%p 줄어들게 된다. 반면 중국은 1%에서 27%로 26%p, 대만은 5%에서 18%로 13%p, 한국은 8%에서 16%로 8%p 높아질 것으로 예상한다.

최근 생산 규모가 크게 줄고 있는 일본으로서도 한국의 제조 역량이 절실할 수밖에 없다는 뜻이다. 실제로 일본 반도체 업계는 한국에 대한 투자를 확대하는 추세다. TEL은 경기도 화성시에 R&D센터를 증축하기 위해 최근 약 2,000억 원을 투자했고, 스미토모화학은 전라북도 익산시에 포토레지스트 공장을 증설하기 위해 약 1,000억 원을 투입했다. 일본 트리케미컬은 SK머티리얼즈와 함께 세종특별자치시에 합작법인 SK트리켐을 설립하기도 했다.

특히 삼성전자와 SK하이닉스 등 한국 기업이 최근 주력하는 최첨단 반도체는 일본의 소재 기술이 매우 핵심적이라는 것이 윤홍성 부사장의 설명이다.

그는 "EUV 관련 소재나 장비 가운데 상당 부분을 일본 회사가 독점적으로 공급하고 있는 상황"이라고 말했다. EUV 블랭크 마스크Blank mask와 EUV 트랙, EUV 마스크 검사 장비 등이 대표적이다. EUV 포토레지스트는 일본의 JSR, 신에쓰화학, 도쿄오카공업, 스미토모화학, 후지필름 등 일본 회사들이 전체의 94% 이상을 차지한다.

2023년 3월 일본이 수출 규제를 철회한 이후 양국 간 반도체 공급망 협력은 증가하는 추세다. 대외경제정책연구원에 따르면, 2019년 7월 이후 불화수소 수입액은 80~90% 급감했으나 2023년 9월 기준 불화수소 대일 수입액은 지난 3월 대비 2배 증가한 208억 달러를 기록했다. 2018년의 40% 수준으로 회복한 것이다. 향후 반도체 경기가 회복되면 일본에서의 수입액도 증가할 것으로 예상한다.

미국의 관점에서 본 IRA: 한국 기업을 위한 IRA 가이드

크리스 그리스월드 아메리칸컴패스 정책이사 | **로비 다이아몬드** 미래에너지안보 창업자
신우진 넬슨 멀린스 선임파트너

 2024년 미국 대선에서 누가 승리하더라도 미국 IRA는 더 강력해질 수 있다는 분석이 나왔다.

반도체 산업의 공급망과 생산력을 확대하는 '칩스법'이 민주당과 공화당의 초당적인 입법이었던 데 반해 IRA는 바이든 정부와 민주당의 단독 입법이었지만, 그럼에도 정치권에서 미국 내 일자리(근로자) 보호와 '타도 중국' 흐름이 세부 지침에서 이어질 공산이 크기 때문이다. 다만 미국에 직접 투자를 확대한 한국 기업은 장기적으로 이익을 볼 것이라는 의견이다.

'미국의 관점에서 본 IRA: 한국 기업을 위한 IRA 가이드' 세션에서는 워싱턴에서 활동하는 입법 전문가들로부터 해당 법안의 입법 취지와 배경, 법안의 미래 영향력에 대한 분석을 했다. 이번 토론 좌장인 신우진 넬슨 멀린스 선임파트너는 "IRA는 미국의 대중국 경쟁력을

로비 다이아몬드 SAFE 창업자(사진 오른쪽 1번째) 외 연사들이 제24회 세계지식포럼 '미국의 관점에서 본 IRA: 한국 기업을 위한 IRA 가이드' 세션에서 좌담을 나누고 있다.

크리스 그리스월드

미국의 경제 정책 싱크 탱크인 아메리칸컴패스American Compass 정책 담당 이사다. 그의 분석과 논평은 〈뉴욕타임스〉, 〈내셔널 어페어스National Affairs〉, 〈댈러스 모닝 뉴스The Dallas Morning News〉, 〈뉴스위크〉, 〈아메리칸 어페어스American Affairs〉, 〈코멘트〉, 〈더 힐The Hill〉 등 여러 매체에 게재되고 있다.

신우진

미국 로펌 넬슨 멀린스Nelson Mullins의 시니어 파트너로, 현재 워싱턴 D.C. 사무소에서 근무하고 있다. 그는 회사의 경제 개발 실무와 산업 그룹의 공동 의장이며 미국 국가 안보와도 관련된 수십억 달러 규모의 제조 프로젝트 수석 고문 역할을 자주 맡고 있다.

키우자는 취지였다"며 "특히 과거 미국은 산업 정책이라는 표현이 없었는데 보호 무역을 배척하고, 자유 무역을 강조해왔던 공화당까지도 최근에는 다른 흐름을 보이는 것 같다"고 말문을 열었다.

전문가들은 최근 코로나19 공급망 쇼크로 인해 미국 정치권과 일반 유권자들의 인식이 완전히 바뀌었다는 분석을 내놓았다. 크리스 그리스월드 아메리칸컴패스 정책 담당 이사는 "미국 국민 사이에서는 차이나 쇼크로 탈산업화, 일자리를 잃는다는 우려가 커졌고, 팬데믹 과정에서는 공급망을 걱정하는 현상이 생겼다"며 "정치권에서도 이런 유권자의 변화에 대응하기 위해 트럼프든 바이든이든 기존과 다른 정책을 들고나올 수밖에 없었다"고 설명했다.

로비 다이아몬드 SAFE CEO는 "워싱턴 분위기가 근본적으로 달라진 것"이라며 "코로나19로 마스크도 자동차도 구할 수 없었던 쇼크와 함께, 러시아가 우크라이나를 침공하면서 권위주의 정부라 할지라도 과도하게 경제를 희생하지는 않을 것이라는 합리적 인식이 붕괴된 결과"라고 분석했다.

전문가들은 이 같은 쇼크를 극복하기 위해 동맹에 한한 강력한 산업 입법이 계속될 것으로 예측했다. 그리스월드 정책이사는 "IRA는 많은 투자로 공화당 지역구에도 일자리를 많이 창출하고 있는데, 정작 공화당 의원들은 입법에 반대한 모순을 가지고 있다"고 지적했다. 이어 "결국 당파적 싸움을 넘어 '타도 중국'이라는 명분으로 다른 규제들을 추가할 것"이라고 내다봤다.

로비 다이아몬드 CEO는 "중국 전체가 문제가 아니라 공정하지 않은 경쟁을 추구하는 공산당이 문제"라며 "그들이 희토류 수출을 제한하거나 주요 부품을 덤핑하며 시장을 악용하는 만큼 미국은 그에 대응한 탄탄한 공급망을 추구할 것이고 이것만이 평화를 만들 수 있다"고 주장했다.

이어 "IRA는 일종의 세제법인데, 세제는 한 번 변경하면 장기간 효과가 지속되고 이를 뒤집을 수 없다"며 "2024년 대선에 누가 되든 기준을 완화할 것 같지는 않다"고 내다봤다.

한국은 장기적으로 수혜국이 될 것이라는 의견도 나왔다. 다이아몬드 CEO는 "한국은 IRA 대상인 배터리나 전기차 산업 역량이 뛰어나고 FTA 체결국으로 세제 혜택을 많이 받을 수 있다"며 "기업이 한국이 아닌 미국에 투자하더라도 아쉬워할 필요는 없다. 애플이 아이폰을 해외에서 생산해도 결국 애플이 돈을 번다. 한국 기업도 마찬가지다"라고 설명했다.

이어 "미국 투자로 조지아주와 테네시주 등에 (한국 기업들의) 인지도가 생길 것"이라며 "미국 국민이 자기 지역에 공장을 세운 기업을 외국 기업으로 생각하지 않는다"고 덧붙였다.

그리스월드 정책이사는 "한국 기업에는 큰 기회로 정치적 역할을 감안하면 쉽게 이해될 것"이라며 "한국이 미국 지역의원, 의회와 협력 관계를 구축하면서 비즈니스 연결성도 강화할 것"이라고 전망했다.

2

기술에서 다시 인간으로

마케팅의 미래:
대체 불가한 인간의 창의성과 혁신

필립 코틀러 미국 노스웨스턴대학교 켈로그경영대학원 석좌교수
헤르마완 카르타자야 마크플러스 창업자

"한국이 아세안으로 가기에는 지금이 적기입니다. 인도네시아 자카르타만 봐도 K팝부터 K뷰티, K드라마 등 한국 문화가 인기를 끌고 있어 빠른 현지 공략이 가능할 것입니다." '필립 코틀러와 마케팅의 미래' 세션에서 헤르마완 카르타자야 마크플러스 회장은 "아세안 시장에 진출하는 것이 장기적으로 한국 경제에 도움이 될 것"이라며 아세안과 한국 간 전방위 협력의 필요성을 강조했다.

카르타자야 회장은 향후 메타버스가 AI와 결합할 것으로 내다봤다. 그는 "AI는 필수적"이라면서 "AI가 가상·증강현실VR·AR과 전부 합쳐질 것"이라고 설명했다.

2030년까지의 마케팅 로드맵도 소개했다. 그는 "2020년이 적응의 해였다면 지난 2년간은 팬데믹을 겪으면서 기업들이 변화를 시도했다"고 평가했다. 이어 "향후 3년간 개혁을 거쳐 2030년까지 SDG를

필립 코틀러 Philip Kotler

켈로그경영대학원의 국제마케팅 석좌교수로 '현대 마케팅의 아버지'로도 불린다. 1953년 시카고대학교에서 경제학 석사 학위를, 1956년 MIT에서 경제학 박사 학위를 받았다.

헤르마완 카르타자야 Hermawan Kartajaya

세계마케팅포럼WMF 공동설립자이자 아시아마케팅협회AMF, 아시아중소기업위원회 회장이다. 1990년 마케팅 컨설팅, 연구와 교육 분야에서 동남아시아를 대표하는 전문 서비스 회사인 마크플러스MarkPlus를 설립했다. 1998년부터 필립 코틀러와 함께 《마케팅 X.0》 시리즈, 《필립 코틀러 마케팅의 미래》 등 저서 11권을 공동 집필했다. 2023년 말 《필립 코틀러 마케팅 6.0》 출판을 준비하고 있다.

달성하기 위해 노력해야 한다"고 말했다.

카르타자야 회장은 "모든 기업이 기술에 투자는 하고 있지만, 온 ·오프라인 사회에 제대로 대비하는 기업은 많지 않다"고 지적했다. 2030년까지 7년밖에 남지 않은 상황에서 지속 가능한 발전을 위한 실질적인 대책이 부족하다는 얘기다. 그는 "모든 기업이 2025년까지 확실한 약속을 하지 않으면 목표를 달성할 수 없다는 압박을 받게 될 것"이라고 우려했다.

코틀러 석좌교수와 카르타자야 회장은 그동안 기업가 정신에 기반한 마케팅 전략을 내세워왔다. 창의성·혁신·기업가 정신·리더십 등 기업가적인 클러스터와 생산성·개선·전문성·경영 등 전문적인 클러스터의 융합이 핵심이다.

카르타자야 회장은 창의력 향상을 강조했다. 그는 "창의성의 반대말은 생산성"이라며 "생산성과 개선은 기술로 대체할 수 있지만, 창의성과 혁신은 대체 불가능하다"고 말했다. 이어 "기술에 대한 우려보다는 창의성을 더 향상하기 위한 노력을 해야 한다"고 역설했다.

한국의 모습도 조명했다. 그는 "한국은 창의성과 혁신, 기업가 정신과 리더십을 결합하고 있다"며 "이 4가지는 인류의 가치와 맞닿아 있다"고 설명했다. 특히 한국은 창의성과 혁신이 뛰어나다고 평가했다. 삼성과 현대 등 국내 대기업을 근거로 들었다. 카르타자야 회장은 "창의성은 자유로부터 나오지만, 한국은 어른을 공경하는 유교 문화가 있어 이 둘을 혼합하는 경향이 나타난다"고 부연했다.

기업가 정신에 대해서도 분석했다. 그는 "어떻게 차별화할 수 있는

지'가 핵심"이라면서도 "차별화는 단순하게 할 수 있다"고 조언했다. 그러면서 "기업가들은 상대방과 협업하며 기회를 포착한다"며 "위험 요인을 무리하게 수용하지 않고 항상 배움의 자세를 취하는 공통점 을 보인다"고 설명했다.

그는 《사피엔스》의 저자이자 저명 역사학자인 유발 하라리Yuval Noah Harari의 말을 인용하며 인류의 협력을 당부했다. 카르타자야 회 장은 "인간이 기술에 갇혀버리면 안 된다"며 "나의 공간에만 고착화 하는 것은 위험하다"고 우려했다. '온라인 테러리즘'도 언급했다. 그는 "온라인에서는 활발하게 활동하면서 오프라인에서는 사회생활을 잘 못 하는 경우가 있다"면서 "많은 온라인 커뮤니티가 폐쇄적인 만큼 이와 관련한 정책도 마련해야 한다"고 진단했다.

4차 산업혁명 시대 이후의 마케팅 전략

만프레트 키르히게오르크 라이프치히대학교 전 총장
김진숙 서울과학종합대학원대학교 석좌교수

"5차 산업혁명이 다가오고 있다. 스마트 팩토리보다도 사람이 중요해질 것이다." '4차 산업혁명 시대 이후의 마케팅 전략: 지속 가능한 변화로 향하는 길' 세션에서 만프레트 키르히게오르크 라이프치히대학교 전 총장은 "수년 내 5차 산업혁명이 시작될 것"이라며 이같이 밝혔다. 그는 독일 경영학자이며 라이프치히대학교 경영대학원 마케팅 관리 및 지속 가능성 학장이다.

키르히게오르크 전 총장은 "우리는 제조 공장의 디지털화, 즉 스마트 팩토리에만 집중하다 보니 인간성을 잊어버렸다"며 "미래의 공장은 지속 가능해야 하고 탄소 중립과 리사이클의 기능을 포함해야 한다"고 강조했다.

그에 따르면, 5차 산업혁명(인더스트리 5.0)이 처음 언급된 시점은 2018년 일부 논문들에서다. 그는 "해당 논문들은 특히 AI에 관한 내

만프레트 키르히게오르크 라이프치히대학교 전 총장이 제24회 세계지식포럼 '4차 산업혁명 시대 이후의 마케팅 전략' 세션에서 강연하고 있다.

만프레트 키르히게오르크

독일 HHL 라이프치히대학교 경영대학원의 마케팅 관리 및 지속 가능성 학장이며, 20여 년간 지속 가능한 마케팅과 전체론적 브랜딩 분야 연구에 주력해온 독일의 학문적 선구자다. 마이클 포터 하버드대학교 경영대학원 교수가 설립한 글로벌 미시경제 네트워크 커리큘럼 위원회 의장을 맡고 있다. 유니레버 감독위원회와 시장 지향적 리더십을 위한 과학협회 이사로도 활동 중이다. 마케팅 플랫폼 '미션2임팩트'의 공동 설립자로서 스타트업 멘토로도 활동하고 있다.

김진숙

1990년 독일 뮌스터대학교를 졸업하고 1993년 뮌스터대학교에서 경영학 석사 학위를 취득했다. EU와 독일 간 기술 협력 관계 등에 관해 연구했으며 현재 서울과학종합대학원대학교 석좌교수로 재직 중이다.

용을 다루고 있다"면서 "흥미로운 점은 대부분 '어떻게 하면 디지털 기술을 잘 활용해 인간과 로봇이 상호작용할 것인가'를 다뤘다는 것"이라고 말했다.

5차 산업혁명에서 중요한 요소로는 지속 가능성과 회복 탄력성을 꼽았다. 그는 "전 세계가 3년간 코로나19 터널을 지나며 어려움을 겪었고 기후변화까지 부각됐다"며 "러시아-우크라이나 전쟁 같은 지정학석 위기도 고조되면서 업계에서는 4차 산업혁명의 접근법에 대해 다시 생각해야 한다는 목소리가 나오고 있다"고 설명했다.

특히 회복 탄력성이 중요하다고 봤다. 그는 "5차 산업혁명 관련 논문에서는 회복력을 명시하고 있다"며 "기후변화 등 교란적인 사건에 대해 어떻게 회복 탄력성을 갖출 것인지를 의미한다"고 밝혔다.

이것이 마케팅적 측면에서 남기는 시사점도 전했다. 여전히 '사람 중심'으로 접근해야 한다는 얘기다. 그는 "기업 내 어떤 부서들은 고객 중심이 아닐 때도 있다"면서 "좋은 마케팅이란 모든 것을 고객의 관점으로 바라보는 것"이라고 했다.

그러나 미래에는 고객 접근성은 물론 의사소통도 어려워질 것이라고 전망했다. 그는 "향후 고객에게 접근하는 것조차 도전이 될 것"이라며 "앞으로는 기업들이 새로운 방법으로 고객을 신경 써야 한다"고 주장했다.

고객과 상호작용은 이어지겠지만, 그 형태가 바뀌게 될 것이라는 뜻이다. 그는 "스마트스피커를 사용하고 인간의 모습을 한 로봇까지 생길 수 있다"며 "고객과의 상호작용 형태는 마케팅에서 연구해야 할 엄청난 분야"라고 피력했다.

이를 위해 데이터 활용의 중요성도 강조했다. 그는 "제조사들이 '엔드 투 엔드End-to-end'를 구축해야 한다"며 "고객에서 출발해 제조까지 실시간 데이터를 활용하면 된다. 데이터는 미래의 금과 같다"고 덧붙였다. 또 데이터 기반의 '디지털 트윈(현실 세계의 사물을 가상세계에 구현)' 기술도 부각했다.

오늘날에는 순환적인 사고와 마케팅이 필수적이라고 조언했다. 그는 "하나의 제품이 버려지지 않고 계속 순환하는 것은 어려운 일"이라며 "고객도 바뀌고 있는 만큼 고객 중심으로 모든 것을 생각하며 새로운 형태의 서비스를 제공해야 한다"고 강조했다.

키르히게오르크 전 총장은 "자원 부족 문제가 발생한다면 결국 기업이 고객을 돌보게 될 것"이라며 "고객에 대한 케어 능력을 확대하고 필요한 인프라를 갖춘 기업들이 브랜드 파워를 얻을 수 있다"고 역설했다.

아울러 EU의 가이아엑스Gaia-X 프로젝트를 통한 디지털 인프라 개발도 언급했다. 가이아엑스는 2019년 독일을 중심으로 유럽이 데이터 주권 확보를 위해 착수한 프로젝트다. 데이터 상호 연계에 필요한 규칙과 기술 인프라 구축을 통해 국제 표준화를 추진하는 것이다.

씩 데이터:
소비자의 숨겨진 욕구를 찾다

로라 크라제키 딜로이트 전략총괄 | **미켈 크렌켈** 레드어소시에이츠 파트너
백영재 《THICK data 씩 데이터》 저자(인류학 박사)

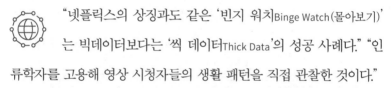

　"넷플릭스의 상징과도 같은 '빈지 워치Binge Watch(몰아보기)'
는 빅데이터보다는 '씩 데이터Thick Data'의 성공 사례다."　"인
류학자를 고용해 영상 시청자들의 생활 패턴을 직접 관찰한 것이다."

　'씩 데이터: 빅데이터도 모르는 인간의 숨은 욕망' 세션에서는 넷플
릭스의 성공 사례를 새로운 관점에서 분석하는 백영재 박사의 시각
에 청중의 관심이 집중됐다. 씩 데이터는 양적 데이터를 의미하는 빅
데이터와 대조되는 질적 데이터로, 보다 깊고 두꺼운 분석에 의한 데
이터를 의미한다.

　대표적인 씩 데이터 적용 사례로 백영재 박사가 소개한 것이 넷플
릭스다. 넷플릭스는 그동안 빅데이터의 성공 사례로 주목을 받아왔
다. 오프라인 비디오가게에서 시작한 넷플릭스는 10여 년간 비디오를
빌려 가는 사람들과 관련한 데이터를 수집했고, 시청 습관에 대한 방

미켈 크렌켈 레드어소시에이츠 파트너가 제24회 세계지식포럼 '씩 데이터: 소비자의 숨겨진 욕구를 찾다' 세션에서 청중과 소통하고 있다.

로라 크라제키

딜로이트 디지털의 고객 전략 및 응용 디자인 부서 총괄이다. 글로벌 소비자와 브랜드 전략 분야에서 20년 이상 근무했다.

미켈 크렌켈

글로벌 컨설팅 회사인 레드어소시에이츠ReD Associates 파트너다. 그의 연구는 〈와이어드Wired〉, 〈포린 어페어Foreign Affairs〉, 〈파이낸셜 타임스Financial Times〉, 〈벤처비트VentureBeat〉를 비롯한 수많은 학술 매체에 게재됐다.

백영재

구글에서 글로벌 디렉터로 있다 2020년 3월에 한국필립모리스 신임 대표이사로 선임됐다. 20여 년간 컨설팅 업계, 대기업, 글로벌 게임사, IT 기업 등 다양한 산업 분야에서 근무하며 경력을 쌓아왔다. 예일대학교에서 문화인류학 박사 학위를 취득했다.

대한 데이터를 확보했다.

하지만 백영재 박사는 "이런 빅데이터는 무엇을, 얼마나 정도의 데이터는 제공하지만 '왜?'라는 질문에는 대답하지 못한다"면서 "여기서 '씩 데이터'의 역할이 발생한다"고 말했다.

그에 따르면, 넷플릭스는 이런 빅데이터를 수집한 상태에서 인류학자를 고용해 직접 영상을 시청하는 가정에서 이들을 오랜 기간 관찰했다. 관찰한 결과 드라마나 영상물의 '찐팬'들은 바쁜 평일에는 거의 영상 시청을 하지 못하다가 주말에 '카우치 포테이토'가 되어 자신이 좋아하는 드라마를 몰아서 본다는 사실을 알게 됐다.

백영재 박사는 "넷플릭스가 고용한 인류학자는 이들 소비자에게 이런 몰아보기를 좋아하냐고 물었고 소비자들은 이를 정말 좋아한다는 반응을 보였다"면서 "몰아보기의 단점은 스포일러의 우려지만, 관찰한 결과 오히려 입소문 마케팅이라는 측면으로 연결된다는 점을 알아낸 것도 인류학자들"이라고 말했다. 이후 넷플릭스는 전체 시즌을 한 번에 모두 공개하는 방식을 택했고 지난 분기에 구독자를 2억 3,000명 확보했다.

씩 데이터 적용의 또 다른 사례는 글로벌 게임사 '블리자드'의 〈하스스톤〉 모바일 버전 출시에 얽힌 일화다. 〈하스스톤〉은 블리자드의 대표작인 〈월드 오브 워크래프트〉에 등장하는 캐릭터들로 구성된 카드게임이다.

블리자드의 마이크 모하임Mike Morhaime 당시 CEO는 한국에 〈하스스톤〉을 출시 차 방문하면서 게임을 모바일용이 아닌 아이패드용으로 출시할 계획이라고 밝혔다. 하지만 한국과 중국을 실제로 방문한 결과, 두 국가의 게임 유저들은 미국과 달리 대개 대중교통으로 출근한다는 점을 포착했다.

대중교통에서 주로 휴대폰을 사용해 게임을 한다는 점을 관찰한 이들은 모바일 출시를 검토했고 실제 출시 첫날 아이오에스ios에서는 다운로드 1위, 안드로이드에서는 다운로드 2위를 차지했다. 백영재 박사는 "빅데이터로 수집한 생활 패턴이 실제로 나타나는 현상인지를 파악하려면 이처럼 직접 관찰하고 함께 생활해보는 씩 데이터를 통해 확인하는 것이 중요하다"고 말했다.

세션에 함께 참석한 글로벌 컨설팅 회사 대표들도 이 같은 견해에 힘을 실었다. '레드어소시에이츠' 소속의 미켈 크렌켈 파트너는 자사가 컨설팅한 레고의 사례를 제시했다.

크렌켈 파트너는 "'레고'가 위기에 빠졌을 때 '레드'의 직원들은 레고의 수요자인 아이들의 놀이 방식을 직접 탐구한 적이 있다"면서 "레고 직원들은 아이들이 쉽게 목표를 달성하는 것보다는 적당히 달성하기 어려운 목표를 주었을 때 이를 달성하려 노력하면서 더 큰 재미를 느낀다는 것을 깨달았다"고 말했다.

간단한 구조의 블록으로 간단한 완성품을 만들기보다는 아이들이 대상이더라도 다소 어려운 조립을 하게 하는 제품들에 대한 인기가 좋을 것이라는 점을 씩 데이터를 통해 도출한 것이다. 현재 '레고코리아'에서 판매하는 제품군에는 블록 개수가 무려 9,000개에 달하는 '레고 타이타닉' 등의 상품이 판매 중이다. 판매가가 89만 원에 달하지만, 어린이들은 물론 어른들에게도 인기가 좋다.

영상을 통해 이날 세션에 참석한 로라 크라제키 딜로이트 전략총괄은 "AI 시대가 되면서 자동화가 많이 진행되고 있다"면서 "자동화가 빠르게 진행될수록 이렇게 모인 데이터와 소비자 행동을 연결하는 기술이 중요하다"고 말했다. 빅데이터와 실제 고객의 수요, 행동을 연결하는 역할을 할 수 있는 씩 데이터의 역할이 더 중요해질 것이라는 제언이다.

사용자 경험과
디자인으로 귀결될 전기차 시장

로힌 베리 비즈만 스포츠카 CEO | **톰 로런스** 이든클럽 회장

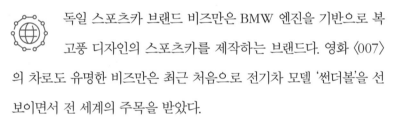 독일 스포츠카 브랜드 비즈만은 BMW 엔진을 기반으로 복
고풍 디자인의 스포츠카를 제작하는 브랜드다. 영화 〈007〉
의 차로도 유명한 비즈만은 최근 처음으로 전기차 모델 '썬더볼'을 선
보이면서 전 세계의 주목을 받았다.

제24회 세계지식포럼을 찾은 비즈만의 로힌 베리 대표는 국내에서
처음 비즈만의 썬더볼을 직접 소개했다. 썬더볼의 영상을 보려고 청
중 약 200명이 모였다.

IT 기업 창업자 출신인 로힌 베리 대표는 비즈만을 인수한 이유에
대해 "처음에는 많은 사람이 나를 걱정했었다"면서 "하지만 비즈만의
가능성이 무궁무진하다고 봤기 때문에 확신이 있었다"고 인수 배경
을 설명했다. 그는 "아직 프리미엄급 전기차 시장은 블루오션"이라면
서 "커스텀 자동차의 선두주자인 비즈만이 전기차 시장에서도 대표

로힌 베리 비즈만 스포츠카 CEO가 제24회 세계지식포럼 '비스포크 럭셔리카의 세계… 로힌 베리와의 대화' 세션에서 비즈만의 전기차 모델 '썬더볼Thunderball'을 소개하고 있다.

로힌 베리Roheen Berry

비즈만Wiesmann 스포츠카 CEO는 인도 셔우드칼리지와 하버드대학교 케네디스쿨에서 교육을 받았다. 2016년 비즈만 스포츠카를 인수한 뒤 CEO를 역임하며 전기차 사업 기반을 다졌다. 2022년 비즈만은 첫 시제품을 공개했는데, 소비자들의 예약이 몰리며 공개 첫해 매진을 기록하기도 했다.

톰 로런스Tom Lawrence

이든그룹The Eden Group 회장이다. 럭셔리 산업에 20년이 넘는 경험이 있으며 이든그룹 산하의 이든골프클럽Eden Golf Club은 그가 1997년에 설립했고 현재 스코틀랜드 최고급 클럽으로 자리 잡고 있다.

주자가 될 것"이라고 자신감을 드러냈다.

썬더볼은 800볼트 시스템을 도입했다. 배터리 용량은 92킬로와트시다. 1회 완충 시 주행거리는 500킬로미터 이상이며 300킬로와트급 초고속 충전을 지원한다. 첫 전기차이지만 배터리 면에서도 경쟁력 있는 모습을 보여준다. 차체는 탄소 섬유로 제작했다. 공차 중량이 1.7톤에 불과하다. 전기 모터는 후륜과 중앙에 배치했고 최고 출력은 680마력을 자랑한다. 이를 기반으로 제로백 2.9초를 자랑한다. 내연기관 슈퍼카에 가공할 가속력이다.

썬더볼을 완판시킨 가장 큰 매력은 비즈만의 DNA가 그대로 이식된 디자인이다. 슬림하게 디자인한 버킷 시트 대시보드에 배치한 아날로그 게이지 7개는 비즈만의 시그니처 디자인 요소다. 패들 시프터를 통해 5단계로 세분화한 회생 제동 강도를 제어할 수 있으며 에코, 노멀, 스포츠 등 드라이브 모드에 따라 출력을 변경할 수 있다. 전기차로는 드물게 런치 컨트롤도 탑재했다.

프로젝트 썬더볼은 독일 뒬멘에 위치한 전용 공장에서 수작업으로 제작한다. 총 1,000대 한정으로 생산하며 시작 가격은 30만 유로(약 4억 원 초반대)로 알려졌지만 모두 완판되었다.

로힌 베리 비즈만 대표는 "1,000대를 완판한 제품이 중고가가 3배 이상 올랐다"면서 "비즈만의 전기차는 감가상각이 없는 재테크 수단으로도 볼 수 있다"며 웃었다. 그는 "맥라렌도 연간 6,800대 이상을 생산하고 규모를 더 늘리지 않는다"면서 "비즈만도 대량 생산을 하지 않고 브랜드 가치를 유지해갈 것"이라고 설명했다.

로힌 베리 대표는 도마뱀을 형상화한 비즈만의 로고를 보여주면서 "도마뱀처럼 접지력이 엄청나므로 전기차지만 묵직한 드라이빙 경험을 할 수 있을 것"이라고 자신했다. 후속작도 순조롭게 준비하고 있다. 그는 "전기차 시리즈는 8종을 당초 계획하고 있었다"면서 "SUV도 수요가 많으므로 후속 모델로 준비 중"이라고 설명했다.

덧붙여 "비즈만의 고객을 분석해보면 대부분이 1대 이상 복수의 모델을 소유하고 있다"면서 "후속 모델들도 순조롭게 판매될 것으로 기대한다"고 자신했다.

그는 비즈만의 전기차 모델이 향후 경쟁력이 있을 것으로 내다봤다. "배터리 기술이 급속도로 진화하면서 결국 상향 평준화가 될 것이라고 생각한다"면서 "프리미엄 전기차의 미래는 사용자 경험과 디자인에서 승자가 갈릴 것"이라고 말했다. "좋은 디자인은 시공간을 초월한다고 생각한다"면서 "맞춤형 수제 제작 방식을 유지하면서 세계 최고의 전기차 시장을 리드해가겠다"고도 강조했다.

특허 데이터로 보는 미래 기술과 혁신의 흐름

마르코 리히터 렉시스넥시스 글로벌 고객성공 총책임자

"데이터가 주도하는 기술적인 변혁이야말로 혁신을 강화할 수 있다." '특허 데이터로 보는 미래 기술과 혁신의 흐름' 세션에서 마르코 리히터 렉시스넥시스 글로벌 고객성공 총책임자는 "최근 코로나19 팬데믹으로 공급망이 파괴되고 경쟁이 심화하면서 지식의 확산을 이해하는 것이 중요해졌다"며 이렇게 말했다.

그는 특허에 대해 "법률과 과학이 만나는 것으로 난해하다"며 "특허권자에게 독점적인 권리를 부여해 어떤 문제를 해결할 수 있는 동기를 부여하는 것"이라고 설명했다. 렉시스넥시스 글로벌은 지식재산권IP 컨설팅업체다.

혁신의 속도는 전 세계적으로 빨라지고 있다. 그에 따르면, 2022년에만 신규 특허가 200만 개 이상 출원됐다. 여러 국가에 동시 등록하는 패밀리 특허는 10년 전까지만 해도 800만 개에 불과했지만, 현재

마르코 리히터 렉시스넥시스 글로벌 고객성공 총책임자가 제24회 세계지식포럼 '특허 데이터로 보는 미래 기술과 혁신의 흐름' 세션에서 강연하고 있다.

마르코 리히터Marco Richter

렉시스넥시스LexisNexis 글로벌 고객성공 총책임자다. 〈포춘Fortune〉지 선정 500대 기업과 독일 증시에 상장된 기업들을 위한 수십 개의 프로젝트에서 얻은 통찰력을 바탕으로 풍부한 특허 분석 경험이 있다.

1,500만 개의 패밀리 특허가 유효하다. 10년 새 패밀리 특허가 2배 가까이 증가한 것이다.

그는 특허를 통해 지식의 흐름을 추적하고 미래를 예측할 수 있다고 봤다. 리히터 총책임자는 애플워치 사례를 들며 "애플은 스위스 시계 브랜드 스와치의 포트폴리오를 토대로 중요한 기술을 구축했다"며 "오래된 전통 기술을 바탕으로 혁신을 한 것"이라고 강조했다.

그는 "애플은 아이폰을 제외하고 애플워치만으로 200대 기업 순위에 들 만큼 엄청난 성공을 거뒀다. 애플워치는 스위스 전체 시계 산업 규모에 맞먹을 정도로 성장했다"며 "이처럼 특허는 발명을 통해 미래를 예측할 수 있게 해준다"고 덧붙였다. 기술 혁신에 대한 통찰력이 혁신을 촉진하고 경쟁 우위를 확보하는 데 도움이 된다는 것이다.

세계 공통으로 마주하고 있는 도전 과제로는 기술 의존성과 지속 가능성을 꼽았다. 그는 "미국의 한국 특허에 대한 의존도는 2000년대 4%에서 2020년에 40%까지 높아졌다"며 "기술적 상호 의존도가 증가했다는 의미"라고 분석했다.

그는 "한국과 중국은 갈수록 혁신가로서의 입지를 굳혔다"며 "한국과 중국에 대한 다른 국가들의 의존도가 점차 높아지고 있다"고 짚었다. 중국은 스스로 혁신할 수 있는 능력이 높아졌다고 진단했다. 그는 "전 세계의 특허 절반 이상이 중국 특허"라며 "중국은 자체적인 혁신 의제를 발전시키고 있고 타국 의존도도 낮아졌다"고 말했다.

일본의 특허 경쟁력은 다소 낮게 평가했다. 그는 "일본은 리튬이온 전지 연구로 노벨상 수상자를 배출하는 등 선도적인 혁신 국가였으나, 기업들이 IP를 관리하지 못하면서 이점을 잃었다"며 "일본 발명가들은 공격적인 중국 경쟁 업체에 맞서고 대형 소비자 시장을 공략하기 위해 IP를 중국에 등록하는 추세"라고 분석했다.

주요 국가별 특허 현황도 설명했다. 그는 "미국은 거의 대부분 특허를 자국에서 등록했으며 최근 중국 비중이 늘고 있다"면서 "독일의 발명가들은 80%가량이 자국에 출원하고 있고, 나머지는 미국·일본·한국 등에 등록하고 있다"고 말했다.

전 세계가 오는 2050년까지 넷 제로를 달성하려면 기술 혁신을 돕는 특허가 필수적이라는 것이 그의 주장이다. 특허는 지식의 흐름이나 미래 기술의 흐름을 추적해 UN SDG(지속가능발전목표) 달성 등 글로벌 과제를 극복할 수 있는 하나의 수단이라는 얘기다.

렉시스넥시스는 글로벌 특허 데이터를 활용해 지속 가능성에 대한 혁신 기여도를 객관적으로 측정하고 추적할 수 있는 시스템을 개발했다. 기업들의 특허로 SDG 관련 경쟁력을 따질 수 있게 된 것이다. 일례로 독일 제약사 머크는 지속 가능한 조직을 위해 회사의 특허가 어떻게 지속 가능성에 기여하는지를 의뢰했다. 그는 "회사의 지속 가능한 의제를 어떻게 발전시켜갈 수 있는지 투명하게 공개할 수 있고 특허의 SDG 기여도를 수치화할 수 있게 됐다"고 부연했다.

3

기업가 정신의 핵심 '혁신'

K-기업가 정신과
한국의 미래 성장 전략

오준 경희대학교 교수 | **성경륭** 한림대학교 교수 | **김종욱** ACE익스프레스 대표

"창업뿐 아니라 수성, 혁신 과정에서도 기업가 정신이 필요하다." 이정일 삼성글로벌리서치 고문은 '진주 K-기업가 정신과 한국의 미래 성장동력' 세션에서 기업가 정신을 설명했다. 이정일 고문은 "기업가 정신을 꽃 피우려면 사람, 사회적 인프라, 기업인들이 활동할 수 있는 플랫폼이 필요하다"며 "특히 미래 주역인 청소년들이 기업을 이해하고, 기업가 정신을 체험할 수 있는 공간이 있어야 한다"고 말했다.

이병철 삼성 창업 회장의 기업가 정신은 '용인물의用人勿疑, 의인물용疑人勿用'의 권한 위양이다. '사람을 썼으면 의심하지 말고 믿어라'는 인본주의적 기업가 정신이 오늘날 삼성이 세계 최고의 혁신 기업이 되는 원천이 됐다는 것이 삼성 측 분석이다.

조규일 진주시 시장은 "진주 K-기업가 정신은 삼성 등 글로벌 기업

성경륭 한림대학교 교수(사진 왼쪽 3번째)가 제24회 세계지식포럼 'K-기업가 정신과 한국의 미래 성장 전략' 세션에서 발표하고 있다.

오준

1978년 제12회 외무고시에 합격해 외교통상부 장관 특별보좌관, 제24대 주 UN 대한민국대표부 대사, UN 경제사회이사회 의장직을 역임했다. 현재는 경희대학교 평화복지대학원 교수로 재직 중이며 세이브더칠드런코리아 이사장, 제10대 한국아동단체협의회 회장직도 맡고 있다.

성경륭

초대 국가균형발전위원회 위원장이었으며 2007년부터 2008년까지는 대통령 비서실 정책실장으로 근무했다. 현재 한림대학교 명예교수로 재직 중이며 진주 K-기업가정신재단 기업가정신확산위원장직을 맡고 있다.

김종욱

세계혼재항공화물, 범아항운 등에 재직했으며 판알피나코리아 대표를 거쳐 현재 ACE익스프레스 대표이사직을 맡고 있다. 대한민국 카투사 전우회 회장이며 진주 K-기업가정신재단 부이사장이다.

창업주의 혁신 정신이었으며, 대한민국 경제성장의 주역이자 성장 엔진이었다"며 "이번 토론을 통해 세계의 미래를 고민하는 데 진주 K-기업가 정신이 그 해결책이 되기를 바란다"고 말했다.

이날 세션에서는 삼성, LG, GS, 효성 등 대기업 창업주들을 키운 진주 K-기업가 정신에 대한 패널 토론을 진행했다. 경상남도 진주시 출신 창업자로는 고 이병철 삼성 창업 회장, 고 구인회 LG 창업주, 고 허만정 GS 창업주, 고 구태회 LS전선 명예회장, 고 구철회 LIG 명예회장, 고 조홍제 효성 창업주 등이 있다. 그들은 우국애민과 사업보국, 인본주의적 인재경영, 사회적 책임 등을 지향했다.

성경륭 전 국가균형발전위원회 위원장은 "한 마을이 나라를 대표하는 대기업 창업주들을 여럿 배출한 것은 기적과도 같으며, 남명 조식의 경의 사상에 기초한 인간 중심의 기업가 정신이 기적의 원천이 됐다"며 "이병철, 구인회, 허만정 등은 어린 시절 유학을 배우며 인본주의를 체득했다"고 설명했다.

김종욱 K-기업가정신재단 부이사장은 "인간을 존중하고 공동체 가치를 지향한 진주 K-기업가 정신은 현재 기업 운영에 굉장히 중요한 역할을 한다"며 "K-기업가 정신이 서론에만 그치지 않도록 연구와 교육 등을 통해 계승·확산해야 한다"고 강조했다.

오준 전 UN 경제사회이사회 의장은 "국가 발전 단계에서 기업은 경제성장을 넘어 사회 발전을 목표로 해야 하며, 기업가 정신의 역할에 대한 전 세계적 요구가 높아지고 있다"고 전했다.

진주 기업가 정신의 뿌리는 조선 시대 남명 조식의 경의 사상에서

찾을 수 있다. 남명의 후학 정인홍과 곽재우 등이 중심이 된 임진왜란 의병과 백산 안희제 선생의 독립운동 등에는 '익히고 실천하는 것이 근본'이라는 경의 사상이 담겨 있다. 이들의 정신이 이병철과 구인회 등 창업 세대의 기업가 정신으로 연결됐다.

'유니콘'을 찾아서…
혁신을 평가하는 법

도브 모란 그로브벤처스 매니징 파트너 | **이갈 에를리흐** 요즈마그룹 설립자 겸 회장
제이슨 탄 제너레이션캐피탈 CIO | **돈 톰슨** 전 맥도날드 CEO
전한석 요즈마그룹코리아 최고사업개발책임자

'유니콘을 찾아서… 혁신을 평가하는 법' 세션에서는 내로라하는 벤처캐피탈 투자자들이 유니콘 기업에 투자하는 비법을 털어놨다. 유니콘 기업은 기업가치 10억 달러 이상의 스타트업을 뜻한다.

도브 모란 그로브벤처스 매니징 파트너는 유니콘 투자에서 가장 중요하게 살펴야 하는 요소로 대표의 의지를 꼽았다. 그는 "투자할 때는 3P를 보는데 이는 사람Person, 상품Product, 잠재력Potential"이라며 "그중에서도 사람이 가장 중요하다"고 강조했다.

그는 "잠재력은 거대한 시장이 있는지 여부를 보고, 상품은 파괴적인 기술이 있는지를 본다"며 "가장 중요한 것은 대표가 작은 성장에 만족할 사람인지 아니면 정말 큰 꿈을 가진 사람인지를 평가하는데 이는 손익계산서로 볼 수 없는 것"이라고 설명했다. 이어 "대표가 어

돈 톰슨 전 맥도날드 CEO(사진 오른쪽 1번째) 외 연사들이 제24회 세계지식포럼 '유니콘을 찾아서… 혁신을 평가하는 법' 세션에서 좌담을 나누고 있다.

떤 사람인지를 첫 번째로 보고 두 번째로는 늘 대표 혼자 이야기하는지 아니면 팀 간의 소통이 원활한지를 본다"고 덧붙였다.

돈 톰슨 클리블랜드애비뉴 설립자 겸 CEO는 유니콘 투자를 사업을 키우는 과정을 함께 견뎌 나갈 파트너를 찾는 과정으로 설명했다. 그는 "우리가 찾아야 할 것은 시장에서 차별화된 상품과 그 상품을 가지고 오랜 기간 경쟁의 압박을 견뎌낼 수 있는 열정적인 경영진"이라며 "이러한 유니콘은 하루아침에 알아볼 수 있는 것이 아니며 우리가 투자한 회사와 함께 열심히 일해가는 과정이 필요하다"고 설명했다.

톰슨 CEO는 이어 "사업 규모가 확장되기 시작할 때 그들의 아이디어를 복제하는 능력, 시장 규모를 유지하는 능력, 시장과의 관계를 관리하는 능력 등 경영진의 면모가 드러난다"며 "수동적인 투자자로 참

도브 모란Dov Moran

그로브벤처스Grove Ventures 매니징 파트너로 세계에서 가장 저명한 이스라엘 하이테크 리더 중 한 명이다. 그는 투자자이자 발명가, 기업가이며 USB 플래시 드라이브의 발명가로 잘 알려져 있다.

이갈 에를리흐Yigal Erlich

이스라엘 벤처캐피털 회사 요즈마그룹Yozma Group 설립자이자 회장이다. 오늘날 이스라엘을 창업 국가로 만드는 데 크게 기여했고, 이스라엘 벤처의 아버지라 불리며 이스라엘 혁신 기술 부문의 핵심 인물로 꼽힌다.

제이슨 탄Jason Tan

현재 아시아 성장 투자 플랫폼인 제너레이션캐피털Jeneration Capital의 파트너 겸 CIO다. 타이거 글로벌 매니지먼트Tiger Global Management에서 파트너 겸 아시아 지역 책임자로 근무한 경험이 있다. TA 어소시에이츠TA Associate, 서밋 파트너스Summit Partners와 베인앤컴퍼니Bain & Company도 거쳤다.

돈 톰슨Don Thompson

클리블랜드애비뉴Cleveland Avenue 설립자 겸 CEO이며, 전 맥도날드 사장 겸 CEO이다. 클리블랜드애비뉴는 라이프스타일 소비자 브랜드와 기술 기업에 투자하는 벤처캐피털 회사다. 그는 시카고 상업·경제 클럽, 월드 비즈니스 시카고, 아서 M. 브레이저 재단의 회원이며, 미국 프로풋볼리그NFL 다양성 자문위원회에서 활동하고 있다.

전한석

요즈마그룹코리아 사업개발본부 최고사업개발책임자CBDO다. 2008년부터 블룸버그통신 홍콩에서 재직했으며 3년간 애널리틱스 앤 세일즈Analytics & Sales 부문을 담당했다. 이후 비즈킷Bizcuit.com과 아이지엠 프라임IGM Prime을 창업하는 등 두 번의 창업 경험이 있다.

여해 돈을 벌어 나간다는 생각이 아닌 기업의 여정에 몰입해 내내 함께한다는 생각으로 투자해야 한다"고 강조했다.

이스라엘 벤처캐피털 요즈마그룹의 설립자인 이갈 에를리흐 회장은 "본인이 창업을 해봤던 경험이 있으면 어느 회사가 성공할지 가늠하는 데 큰 도움이 된다"며 "이러한 경험이 없다면 벤처캐피털 펀드에 투자하는 방법도 있다"고 조언하기도 했다.

아시아 최고의 성장 투자 플랫폼으로 평가받는 제너레이션캐피탈의 제이슨 탄 최고투자책임자CIO는 유니콘에 가까웠으나 결국 성공하지 못하는 기업들에는 공통적인 특징이 나타난다고 말했다. 그는 "유니콘에 가까웠으나 성공하지 못하는 기업들에는 일반적으로 3가지 특징이 있다"며 "우선 경영진이 주로 기술자들로 이뤄져 0에서 1로 갈 수는 있지만 1에서 10, 100으로 규모를 키우는 방법을 모르는 경우가 많고, 다른 회사들과 경쟁하는 방법을 대개 모른다"고 설명했다. 이어 "성공적인 사업 모델이 규제와 지정학적인 문제에 부딪히는 일이 종종 있다"고 덧붙였다.

제이슨 탄 CIO는 아울러 시장의 자금 상황에 따라 전략을 달리할 필요가 있다고 조언했다. 자금이 풍부할 때는 개인 투자자의 위험 선호 성향이 강해지는 만큼 기술주 주가가 오르는 경향이 있지만, 최근에는 시장 환경이 달라졌다는 것이다.

그는 "미국 고금리 환경이 장기화하면서 위험 자본이 줄어들었고 이 사이클을 지나면서 생존하지 못한 유니콘이 많다"며 "10년 전이라면 투자 대상 기업이 어떻게 경쟁하고 어떻게 자금을 조달하는지를 분석해 더 많이 조달할수록 성공 확률이 높다고 봤겠지만, 지금은 비용 통제, 사업 확장, 지식재산권 투자, 총 이익률 유지 여부 등을 본다"고 설명했다.

이어서 "앞으로 3~4년 후 금리 환경이 역전되고 다시 성장 사이클에 진입한다고 판단할 수 있다면 투자 기준이 다시 달라질 것"이라고 덧붙였다.

톰슨 CEO 역시 경기 사이클에 맞춰 포트폴리오를 운영해야 한다고 강조했다. 그는 "과거에는 자금이 풍부했지만 코로나19 이후 상황이 바뀌었고 2023년은 상황이 좋지 못할 것"이라며 "지금은 재무 정보뿐 아니라 경영진이 어려운 시기를 헤쳐나갈 능력이 있는지가 중요해졌다"고 강조했다.

에를리흐 회장 역시 "지금은 고금리 환경에 변동성이 높고 긴축 기조가 이어지고 있어 시장이 긴장된 상태"라고 진단했다.

복잡한 지정학적 환경 속
인도네시아의 성장 방정식

몰도코 인도네시아 대통령 비서실장

"인도네시아 경제는 글로벌 위기 속에도 고속성장하고 있습니다. 수년 뒤 인도네시아를 보고 놀라지 마세요." 몰도코 인도네시아 대통령 비서실장은 글로벌 불확실성 속에도 강력한 성장을 하고 있는 인도네시아 경제에 자신감을 피력했다.

'복잡한 지정학적 환경 속 인도네시아의 성장 방정식' 세션에 연사로 나선 몰도코 대통령 비서실장은 인도네시아의 '비전 2045' 전략을 소개했다.

몰도코 비서실장은 "위도도 대통령은 2018년부터 '겨울이 오고 있다'는 메시지로 세계적인 위기에 대비해왔고 이는 코로나19 팬데믹, 러시아 전쟁, 미·중 무역 분쟁 등을 극복하는 밑거름이 됐다"고 말했다. 이어 "현재 인도네시아는 코로나19를 성공적으로 극복하고 엔데믹 시대에 맞춰 경제성장 전략을 추진하고 있다"고 설명했다.

몰도코 인도네시아 대통령 비서실장이 제24회 세계지식포럼 '복잡한 지정학적 환경 속 인도네시아의 성
장 방정식' 세션에서 발언하고 있다.

몰도코Moeldoko

인도네시아 정부 고위 관료이자 사업가다. 인도네시아 육군사관학교를 최우등으로 졸업한 군 장성 출신
으로 조코 위도도Joko Widodo 대통령의 비서실장으로 재직하고 있다. 2017년부터 인도네시아농민화합협
회HKTI 회장도 겸직하고 있다.

그는 특히 "인도네시아는 인구 2억 7,000만 명의 세계 4위 대국으로서 2023년 5.17%에 달하는 경제성장과 3.2%의 낮은 인플레이션 관리에 성공하고 있다"며 "세계은행에 따르면, 2020년 1인당 GDP는 4,546달러지만 2035년 1만 2,000달러를 넘어 국가 비전 2045 시점에는 2만 3,000달러를 넘어설 것"이라고 밝혔다.

인도네시아의 비전 2045는 인적 자원 개발, 인프라 개선, 규제 개혁, 정부 혁신, 경제 전환이라는 5대 전략으로 구성했다. 몰도코 비서실장은 "인도네시아의 생산 가능 인구는 1억 9,000만 명에 달하고 사회보장 강화와 R&D 투자 확대를 통해 최적화된 인력 개발에 나설 것"이라고 선언했다.

이어 "'누산타라' 수도 이전 계획과 함께 사람과 제품에 대한 물류 효율성을 개선하는 211개 국가 전략 프로젝트를 통해 인프라를 획기적으로 개선하겠다"고 밝혔다.

아울러 정부는 투자와 사업을 용이하게 하는 72개 법 개정과 정부의 인허가 프로세스를 개선할 계획이라고도 말했다. 또 디지털 전환을 실천하고, 니켈과 구리 등 풍부한 자원과 인력을 기반으로 제조업 중심의 산업화로 경제 혁신에 나설 것이라고 설명했다.

몰도코 비서실장은 "인도네시아 투자 확대를 위해 사회 안정성(자유민주주의) 강화, 물류 효율성 확대, 공공 정부 신뢰도 향상 등 3가지 기준을 더욱 향상할 것"이라고 말했다.

앞서 몰도코 비서실장은 2023년 인도네시아 자카르타에서 열린 '매경 인도네시아 포럼'에서 양국 간 농식품 분야 협력 과제로 고부가 가치 분야에 대한 교류와 투자 확대를 제시한 바 있다. 그는 양국 관계가 2017년 특별 전략적 동반자로 격상되고, 이어서 2019년 포괄적 경제동반자협정CEPA을 최종 타결한 이후 투자·교류·협력이 빠르게 강화되고 있음을 확인했다고 설명했다.

그는 "인도네시아와 한국은 오래전부터 농식품 분야에서 전략적 동반자 관계를 형성해왔다"며 "양국 간 농식품 분야 기술 교류를 통해 식품 생산성을 높이고 지속 가능한 개발을 증진할 필요성이 있다"고 강조했다.

몰도코 비서실장은 "한국이 보유하고 있는 농업 분야의 최첨단 기술을 인도네시아 농업에 적용할 수 있을 것"이라며 "친환경적인 유기농업을 발전시킬 기회로도 활용할 수 있다"고 했다. 이어 "인도네시아에서는 한국으로 커피와 고무 등 다양한 농식품을 수출하고 있다"며 "농식품 쪽에서의 수출 품목을 더 확대할 수 있도록 노력해야 한다"고 제안하기도 했다.

폴 로머에게 듣는
신성장 전략

폴 로머 보스턴칼리지 교수(2018년 노벨 경제학상 수상자)
조동철 한국개발연구원 원장

"아이디어 경제학의 핵심은 전통적 개념인 노동과 자본보다 정부 정책이 성장에 중요하다는 것이다. 후발 국가에 소득과 기술 수준도 중요하지만, 정책이 잘못되면 선두를 따라잡기 힘들다."

2018년 노벨 경제학 수상자이자 경제성장 이론의 대가인 폴 로머 보스턴칼리지 교수는 코로나19 이후 저성장의 늪에 빠진 국가들이 정책적인 노력에 더욱 힘써야 한다고 강조했다. 특히 고령화와 저출산으로 인구가 정체되며 '성장 정점론' 우려가 커지는 한국의 상황을 두고 다양한 국가적 실험을 망설이지 말아야 한다는 조언을 내놨다.

'폴 로머에게 듣는 신성장 전략' 세션에서 연사로 나선 로머 교수는 "세계적인 저성장을 극복하려면 강력한 행정부의 권한이 가장 중요하다"고 말했다.

폴 로머 보스턴칼리지 교수(사진 오른쪽)와 조동철 KDI 원장이 제24회 세계지식포럼 '폴 로머에게 듣는 신성장 전략' 세션에서 대담을 나누고 있다.

조동철

한국개발연구원KDI 원장과 KDI 국제정책대학원 총장을 겸임하고 있다. 원장에 부임하기 이전에는 KDI 국제정책대학원 교수로 재직했으며(2006~2022), 한국은행 금융통화위원(2016~2020)을 지냈다.

폴 로머는 인력과 기술 혁신에 대한 투자가 경제를 성장시키는 동력이 된다는 '내생적 성장 이론'과 '아이디어 경제학'으로 2018년 노벨 경제학상을 수상했다.

노동과 자본이 생산량을 결정한다고 분석한 전통 경제학과 다르게 R&D 등을 통해 의도적으로 축적된 아이디어와 기술이 장기적인 경제성장을 이끈다는 것이 이론의 핵심이다.

최근 세계 경제성장률 전망치가 2% 후반까지 하락하고 피크아웃(정점 통과) 우려까지 불거지면서 로머 교수의 성장 이론은 한국을 비롯해 급격한 산업 구조 변화를 겪는 국가들로부터 더욱 주목받고 있다.

그는 "좋은 아이디어를 경제적 가치로 연결하기 위해 인센티브를 제공하고 인재들이 정부에서 더 많이 일할 수 있도록 도와야 한다"며 "싱가포르는 우수 인재를 정부에서 영입하기 위해 그에 상응하는 보상 체계를 마련하고 있다"고 밝혔다.

또 아이디어를 정책으로 발전시키기 위해 행정부가 강력한 기능을 해야 한다고 주장했다.

로머 교수는 "중요한 결정을 하려면 거대한 위원회를 만들어 합의점을 만들어야 한다는 생각이 있지만, 이 같은 의사결정이 해법은 아니다"라며 "아닌 것은 아니라고 얘기할 수 있는 의사결정과 용기가 필요하다"고 지적했다.

그러면서 "1980년대 초반 인플레이션에 대응하기 위해 기준금리를 급격히 인상한 폴 볼커Paul Volcker 미국 연방준비제도Fed 의장처럼 용기 있는 결정을 지지해야 한다"고 덧붙였다.

국가가 특정 영역을 발전시키고 위험을 관리하기 위해 규제 정책을 펼치는 것 역시 필요하다고 봤다. 로머 교수는 "규제가 혁신을 저해하는 측면도 있지만, 아편 중독이나 환경 오염 같은 문제들에는 규제가 필요하다"며 "순진하게 시장 기능을 믿기보다는 정부가 강력하게 행동할 수 있게끔 해 시장 경제 체제와 상호 보완적으로 만들어야 한다"고 말했다.

자국 산업을 육성하기 위한 보조금 정책 등 신보호무역주의와 미·중 무역 갈등에 대해서는 "개별 기업 보조금 정책은 논쟁과 무역 마찰의 여지가 있더라도 이를 감내하고 진행해야 한다"며 "기업들이 신재생 에너지 기술 등을 육성하면 만인에게 혜택을 줄 수 있으므로 정부가 강력하게 특정 산업 분야를 적극적으로 지원하는 것은 필요하다"고 밝혔다. 이어 "미·중 마찰은 경제학적인 경쟁을 넘어 군사 긴장 요소가 있어서 민감한 상황"이라며 "대만 이슈 해법이 나온다면 갈등이 다소 진정될 수 있다"고 전망했다.

미·중 갈등 속 한국의 위치와 관련해 "군사와 교역 체제를 구분해서 한국은 교역에서 가져올 수 있는 부분은 적극적으로 장려해야 한다고 본다"며 "미국은 한·중 교역에서 특정 물품이나 서비스가 무기나 군사용에 사용된다면 제한할 수 있을 것"이라고 말했다.

좌장을 맡은 조동철 KDI 원장은 '위기는 우리가 낭비하기에는 아주 아까운 기회'라는 로머 교수의 과거 발언을 언급하며 한국의 경제 위기와 개혁에 대한 평가를 물었다.

로머 교수는 "한국은 1997년 IMF 위기를 경험으로 삼아 개혁을 단행한 덕에 다른 나라에도 외환 보유고가 부족할 때 어떻게 할 수 있는지 등에 대해 많은 학습 기회를 줬다"고 진단했다. 이어 "지금 한국의 저출산 문제도 여성의 사회 진출과 출산 둘 중 하나를 희생할 필요 없이 모두를 유지하는 방법을 찾기 위해 다른 나라의 사례를 배우고 모방하는 실험을 할 필요가 있다"고 조언했다.

'아세안 기업인상' 수상자가
소개하는 혁신의 비결

오효동 라이온그룹 최고사업개발책임자 | **테사 위자야** 젠딧 공동창업자

아세안이 새로운 기회의 장으로 떠오르고 있다. 특히 향후 세계에서 4번째로 큰 경제 블록을 형성한 데 이어 인구의 30%가 젊은 MZ 세대인 점에 따라 경제 역동성이 더욱 높아지고 있다는 의견이다.

'아세안 기업인상' 세션에서는 말레이시아의 대기업 라이온그룹과 인도네시아의 핀테크 유니콘 젠딧이 '제8회 아세안 기업인상'을 공동 수상했다.

탄 스리 윌리엄 쳉Tan Sri William Cheng 라이온그룹 회장이 이끄는 라이온그룹은 100년 역사의 말레이시아 대표 그룹이다. 싱가포르에서 작은 무역회사를 시작으로 제철·백화점·부동산·반도체까지 확장하는 데 성공했다. 테사 위자야 공동창업자 겸 COO가 중심이 된 젠딧은 인도네시아의 핀테크 유니콘이다.

제24회 세계지식포럼에서 열린 '아세안 기업인상' 시상식에서 오효동 라이온그룹 CBDO(사진 왼쪽 2번째)와 테사 위자야 젠딧 공동창업자(사진 왼쪽 3번째)가 기념 촬영을 하고 있다.

오효동

2015년 라이온그룹Lion Group 자회사인 팍슨그룹Parkson Group 사업개발 매니저로 입사한 뒤 2022년 라이온그룹 최고사업개발책임자CBDO로 임명됐다.

테사 위자야

인도네시아에서 유니콘 지위를 얻은 첫 여성 스타트업 설립자다. 젠딧Xendit의 최고운영책임자COO이자 공동창업자다. 젠딧을 설립하기 전 위자야 COO는 큐밧QUVAT, 페어웨이즈Fairways, 미즈호Mizuho에서 7년간 경력을 쌓았다.

이날 수상자로 방한한 라이온그룹의 오효동 CBDO와 젠딧의 위자야 COO는 아세안의 밝은 청사진을 강조했다. 오효동 CBDO는 "아세안이 단시간에 EU처럼 되기는 어렵겠지만, 가깝고 각기 다른 민족을 떠나 하나의 경제 블록으로 성장하고 있다"며 "특히 인구의 30% 이상이 MZ 세대로 젊고 역동성이 강해 많은 사업의 기회가 열려 있다"고 전했다.

위자야 COO는 "아세안은 젊은 만큼 기술에 열려 있다"며 "지난 10년간 오프라인 위주의 환경이 모두 온라인으로 바뀌었고, 새로운 것을 시도하기에 아주 좋은 환경"이라고 강조했다.

한국과의 협력 가능성도 높아지고 있다. 위자야 COO는 "한국은 문화적인 측면에서 인기 있는 BTS나 블랙핑크뿐 아니라 자동차와 스마트폰 등 다양한 제품이 진출해 있다"며 "동남아시아의 현지화된 핀테크 결제 문화를 활용해 한국과 협업할 수 있는 전략을 세우고 싶다"고 전했다. 오효동 CBDO는 "한국은 가장 빠르고 흥미로운 시장"이라며 "라이온은 아무리 작은 기업이라도 한국과의 협업에 열려 있다"고 밝혔다.

김해용 한-아세안센터 사무총장은 "아세안은 젊은 기업가들의 혁신적인 아이디어로 온·오프라인에서 성장하고 있다"며 "무엇보다도 핀테크부터 물류까지 아세안 기반의 사회적 기회가 증가하고 있다"고 전했다.

두 회사는 코로나19 팬데믹 당시 극복 전략을 소개하기도 했다. 먼저 라이온그룹은 사람 중심의 경영으로 직원이 중심이 된 비용 절감에 성공했다고 술회했다. 오효동 CBDO는 "정확히 말해 팬데믹을 극복했다기보다는 생존했다고 표현하는 것이 맞을 것 같다"며 "금융과 기술 발전도 좋지만, 보다 전통적인 사업 부분에서 사람에 관한 관심이 주효했다"고 설명했다.

그는 "소매 부문의 백화점이 1년 이상 문을 닫은 상황에서 손해가 막대했지만, 회장님은 사람의 목소리에 귀를 기울였다"며 "그룹 안의 소매·제조·공장에서 일하는 직원들, 다양한 그룹 안의 이해관계자들을 충분히 살펴보고 고충을 공유하자 약 3개월 뒤부터 직원이 나서서 경영진에게 비용 절감을 제시하기 시작했다"고 전했다. 이어 "직원들의 비용 절감 제안으로 1,000만 달러 이상을 아낄 수 있었다"고 덧붙였다.

젠딧은 핀테크 기술을 통해 코로나19 팬데믹 기간에 인도네시아의 경제 인프라를 향상한 점에 주목했다. 위자야 COO는 수상 소감을 통해 "과거 인도네시아에서 결제하려면 2일 이상의 영업일이 필요하기도 했다"며 "이제는 현금 없이도 QR코드를 활용해 실시간으로 결제가 가능해졌고, 이는 기술을 통해 경제의 동력을 향상한 것으로 자랑스럽게 생각한다"고 설명했다.

스타트업을 위한 조언도 잊지 않았다. 위자야 COO는 "테크를 통해 성공하려면 소비자의 문제를 해결해줘야 한다"고 말했다. 단순히 아이디어보다는 사람이 신경 쓰고 골칫거리를 해결해주는 것이 성공의 지름길이며 솔루션은 아이디어 자체가 아니라 소비자의 고충을 해결해주는 것이라 조언했다.

"반도체 경쟁,
소재 전쟁으로 확전될 수도"

크리스 밀러 《칩 워》 저자

베스트셀러 《칩 워》의 저자 크리스 밀러 터프츠대학교 교수는 세계지식포럼 강연 기념 인터뷰에서 "최근 중국은 반도체 핵심 광물 공급을 제한할 수 있다는 신호를 보냈다"며 "한국과 미국 등 각국이 협력해 새로운 소재 공급망을 구축해야 할 때"라고 강조했다.

밀러 교수가 저술한 《칩 워》는 반도체가 국가 간 패권 경쟁의 핵심 요소가 된 배경을 역사적·외교적 관점에서 조명한 책이다. 차별화된 시각으로 반도체 전쟁의 역사와 산업 전망을 제시하면서 〈파이낸셜타임스〉가 선정한 '2022년 올해의 경영 서적'으로 뽑히기도 했다. 역사학자이지만 10월 실리콘밸리 매키너리컨벤션센터에서 열린 개발자 행사인 '삼성 메모리 테크 데이 2023'에서 연단에 설 만큼 산업계에서도 인정받는 인물이다.

그는 중국의 반도체 산업이 어려운 상황에 처한 것은 분명하다고 진단했다. 그는 "중국은 경쟁적인 도전자이지만 칩 제조에 필요한 첨단 기계를 이용할 수 없어 어려움에 직면했다"면서 "글로벌 연구 개발 파트너십에서 소외되고 있는 점도 한계"라고 짚었다.

하지만 중국이 최근 이를 극복하면서 반도체 격차 줄이기를 꾀하고 있는 만큼 미국과 규제 전쟁은 계속될 것으로 봤다. 실제로 미국은 중국의 반도체 우회 수입으로 대중 제재가 무력해질 위기에 처하자 제재 강화를 추진하고 있다.

밀러 교수는 "중국의 폐쇄적 규제와 보조금 정책이 각국 보조금 대응을 촉발했다"면서 "전 세계 산업이 중국 의존도를 줄이려는 노력으로 이어질 것이라 전망한다"고 했다.

그는 궁지에 몰린 중국이 자원을 무기화할 수도 있을 것으로 봤다. 그동안 글로벌 패권 다툼이 '칩 워'였다면 이제부터는 '반도체 소재 전쟁'이 될 수 있다는 전망이다.

실제로 중국은 '국가 안보 수호'를 이유로 2023년 8월 1일부터 갈륨과 게르마늄 관련 품목을 허가 없이 수출하지 못하게 하는 수출 규제를 시행했다. 갈륨과 게르마늄을 넘어 희토류까지 통제에 들어가면 현재 반도체 소재 공급망은 큰 타격이 불가피하다. 다만 그는 이 같은 중국의 자원 무기화가 극복할 수 없는 '비대칭적 전략'은 아니라고 평가했다.

밀러 교수는 "중국이 광물 공급에 우위를 점했던 것은 독특한 지질이 있기 때문이 아니다"라면서 "중국 정부가 생산에 보조금을 지급하고 엄격한 환경 규제를 시행하지 않기 때문"이라고 평가했다.

이 같은 반도체 공급망 갈등을 해결하기 위해 그는 한국의 역할이 중요하다고 강조했다. 그는 "1980년대 후반이 돼서야 제조 산업을 시작했을 만큼 한국은 반도체 산업의 후발 주자였다"면서 "오늘날 한국은 세계 최고의 메모리 칩 생산국"이라고 평가했다.

실제로 반도체 산업의 역사를 통시적으로 설명하는 그의 저서 《칩 워》를 보면 한국이 키워드로 등장한 것은 전체 54장 중 절반이 넘어가는 22장부터다. 이후 후반부에서 한국은 책의 주인공 역할이라고 부를 만한 비중을 차지한다.

밀러 교수가 한국 반도체 산업 역사에서 가장 중요하게 짚은 인물은 이병철 삼성전자 창업 회장이다. 저서에서 "이병철은 무슨 일을 해도 이익을 낼 수 있는 사람이었다"고 묘사했다.

밀러 교수가 꼽은 주목해야 할 반도체 기술은 고대역폭메모리HBM였다. HBM은 여러 개의 D램을 수직으로 연결해 기존 D램보다 데이터 처리 속도를 혁신적으로 끌어올린 차세대 D램 제품이다. 그래서 대규모 데이터 학습에 필요한 AI에 필수로 꼽힌다.

그는 "SK하이닉스는 HBM 분야에서 초기 선두주자였지만, 이제 경쟁사도 이 분야에 빠르게 투자하고 있다"면서 "글로벌 데이터센터 기업이 공급처를 적극적으로 모색할 것이고 이를 위해 선두 기업은 계속 혁신해야 한다"고 조언했다.

"2024년 레녹스클럽 선보여
골프 커뮤니티 경험 확대할 것"

톰 로런스 이든클럽 회장

"더 이든클럽은 헌팅클럽, 레지던스클럽, 투자클럽까지 확대하며 회원들에게 최고의 경험을 제공하고 있습니다. 2024년에는 아시아 지역의 회원들이 즐길 수 있는 새로운 골프클럽인 더 레녹스클럽The Lennox Club을 선보일 계획입니다."

톰 로런스 이든그룹 회장은 〈매일경제신문〉과 만나 2024년 아시아에 새로운 골프클럽을 출시하겠다고 밝혔다. 영국 축구선수 출신인 로런스 회장은 1997년 이든클럽을 설립한 뒤 20년 이상 럭셔리 산업을 이끌어왔다.

이든클럽은 글로벌 최상위 부유층을 대상으로 한 최고급 골프 멤버십이다. 골프 클럽일 뿐 아니라 억만장자Billionaire의 모임이다. 멤버십 회비(입회보증금)만 12만 달러(약 1억 6,000만 원)고, 매년 5,500달러 정도를 내야 한다.

단순히 돈이 많다고 해서 가입할 수 있는 것도 아니다. 회원이 되려면 기존 회원의 초청이 필수다. 이마저도 심사를 거쳐야 한다. 전 세계 회원이 약 800명으로 알려졌으며, 한국 회원은 약 50명 수준이다. 로런스 회장은 "멤버 수를 제한하면서 품질을 높이는 것이 세계적인 클럽으로서 더 좋은 방법이라는 결론에 도달했다"고 설명했다.

스코틀랜드의 고성古城인 '피토미 성Pittormie Castle'을 기반으로 형성한 이든클럽은 골프로 시작했지만, 헌팅·레지던스·투자까지 확장하며 세계 최고의 사교클럽이 됐다. 로런스 회장은 이든그룹의 투자 클럽인 '더 보어 클럽'을 통해 고급 호텔 개발도 지원하고 있다. 로런스 회장은 "이든클럽 멤버들은 양어장부터 에너지·골프·기술 등 다방면에 투자하고 있다"고 설명했다.

세계 최고 사교클럽으로 성장한 이든클럽도 코로나19 여파를 피하지는 못했다. 전 세계적으로 이동이 제한됐기 때문이다. 로런스 회장은 "코로나19 이후 모두가 국내에서 골프를 쳤고, 골프를 치러 여행을 갈 수 없어 끔찍한 경험이었다"며 "미국에서는 주별로 이동할 수도 없어서 2년간 사업을 하지 않고 폭풍을 견뎌냈다"고 토로했다.

코로나19 팬데믹이 종식되면서, 로런스 회장은 이든클럽의 정상화와 함께 아시아 지역으로 경험의 확대를 계획하고 있다. 그는 "슈퍼리치가 아니더라도 이든클럽에 준하는 골프클럽, 사교클럽의 경험을 할 수 있도록 2024년께 아시아 지역의 고객을 대상으로 가격 부담을 낮춘 새로운 멤버십 프로그램을 준비하고 있다"며 "이든클럽 같은 수준까지는 아니더라도 좀 더 많은 사람이 혜택을 누리게 하는 것이 목표"라고 했다.

그는 "코로나19로 많은 사람이 죽었다. 은퇴할 때까지 기다리지 말고 다양한 경험을 해야 한다"며 "내일로 미루는 것은 나쁜 실수다. 경험이 당신을 부자로 만들 것"이라고 조언했다.

"공급망 투명성 확보하는 IRA, 한국에 유리한 법"

로비 다이아몬드 미래에너지안보 창업자

로비 다이아몬드 SAFE 대표는 "SAFE는 에너지 보안과 공급망 보안을 확보해 전반적으로 더 깨끗한 미래 에너지로 전환하는 동시에 강력한 경제를 유지하는 데 필요한 에너지를 확보하는 데 중점을 두는 조직"이라고 소개했다. 그는 깨끗한 공급망이 깨끗한 에너지를 만든다고 강조했다. "우리가 미래를 위해 만들어야 하는 제품들은 우리의 가치와 동맹국의 합의에 따라 만들어져야 한다"면서 "결국에는 공급망과 에너지 모두에서 경제성장과 국가 안보를 창출하는 데 초점을 맞추고 있다"고 설명했다.

이 같은 투명한 공급망을 위협하는 대상으로는 중국 같은 공산주의 국가들을 지목했다. 그는 "권위주의 정권은 불투명한 공급망이

로비 다이아몬드 SAFE 창업자가 제24회 세계지식포럼에 참석해 매일경제신문사와 인터뷰하고 있다.

있다는 사실을 잘 알고 있을 것"이라면서 "공정한 경쟁을 하지 않으므로 시장을 올바르게 흐르게 한다고 볼 수 없다"고 강조했다.

그 사례 가운데 희토류 중 하나인 코발트를 들었다. 그는 "중국은 저가의 코발트 생산을 위해 방사성 물질을 생산하고 방치한다. 실제로 해당 지역 암 발병률이 크게 높은 것을 보면 확인할 수 있다"면서 "이 같은 불공정한 저가 생산으로 인해 미국을 비롯한 동맹국에서 투명하고 안전한 코발트 생산이 경제성이 떨어질 수밖에 없다"고 밝혔다.

그는 "이를 막기 위해 원자재 단계부터 가공과 생산 단계까지 공급망의 투명성을 확보해야 한다"면서 "아동 노동 문제부터 복합적인 인권, 환경 문제까지 매커니즘을 갖고 이를 이행할 수 있도록 해야 한다"고 주장했다. 덧붙여 "2차 세계대전 이후 지금까지 세계 경제를 유지하던 방식은 이제 작동하지 않는다"면서 "혼란한 공급망 재편 상황 속에서 국제기구 등 법치 기반 경제 질서가 있어야 한다"고 강조했다.

그는 이를 위해 방한 기간 중 2차 전지 기업들과 최종 소비자인 자동차 기업들을 집중해서 만날 계획이라고 밝혔다. "한국은 기술력, 대규모 산업 역량, 강력한 수직 통합형 자동차 회사를 보유하고 있다"면서 "한국뿐만 아니라 동맹국의 미래를 주도할 수 있다"고 한국의 중요성을 강조했다.

그는 이를 위한 IRA가 한국에 유리한 법이라고 설명했다. "한국은 자유 무역 국가의 강점을 가장 잘 이해하고 누릴 수 있는 나라"라면서 "IRA는 미국뿐 아니라 동맹국 공동의 번영을 위한 법이라는 것을 잘 이해할 수 있을 것"이라고 밝혔다.

PART 6

기술이 가져올
새로운
라이프스타일

1

기술로 먹고 마시고 일하라

리더들이 꿈꾸는 새로운 도시:
오세훈 & 에릭 애덤스 시장의 메시지

오세훈 서울특별시 시장 | **에릭 애덤스** 뉴욕시 제110대 시장
에드워드 메멀스타인 뉴욕시 국제관계청 청장 | **제임스 김** 주한미국상공회의소 회장

 서울과 뉴욕. 두 메트로폴리탄의 시장은 제24회 세계지식포럼에 참여해 그들이 그리는 미래 도시의 청사진을 청중에게 공유했다.

오세훈 서울특별시 시장은 '글로벌 혁신 허브, 서울' 특별 연설에서 "총 54개 대학이 매년 졸업생 13만 명을 배출하는 서울을 창업 전진기지로 만들어가겠다"고 밝혔다. 세계적인 스타트업이 태어난 도시에는 항상 유수의 대학이 있었으므로 창업 메카로서 서울의 잠재력도 무궁무진하다고 판단한 것이다.

오세훈 시장은 이날 연설에서 대학이 보유한 인적·물적 자원의 창업 방면 활용도를 높이는 한편, 이들이 자유롭게 스타트업 활동을 할 수 있도록 판을 깔아주는 것이 서울특별시의 역할이라고 말했다. 오세훈 시장은 "스탠퍼드대학교가 세계 IT 기업이 산재한 실리콘밸리의

오세훈

변호사로 활동하다가 2000년 국회의원으로 당선돼 정치권에 입문했다. 2006년부터 2011년까지 제33대, 제34대 서울특별시 시장을 역임하며 '디자인 서울', 장기전세주택 '시프트' 등 정책을 폈다. 2021년 4·7 보궐선거에서 이겨 서울특별시 시장직에 복귀한 데 이어, 2022년 6·1 지방선거에서 승리하며 제39대 서울특별시 시장으로 취임해 최초 4선 서울특별시 시장이 됐다. 취임한 후 동행·매력특별시를 시정의 양대 축으로 약자와 동행하는 포용 도시, 글로벌 톱 5 도시 도약을 위해 뛰고 있다.

에릭 애덤스 Eric Adams

미국 뉴욕주 뉴욕시 시장이다. 뉴욕시 경찰관 출신으로 뉴욕주 상원의원을 거쳐 뉴욕시 브루클린 구청장을 역임했다. 뉴욕 경제 활성화, 불평등 해소, 공공 안전 시스템 개선 등을 공약으로 내세웠으며, 보다 강하고 건강한 뉴욕시 건설을 위한 노력을 멈추지 않고 있다.

에드워드 메멀스타인

뉴욕시와 외교 커뮤니티, 영사단, UN 간의 주요 연락 창구 역할을 하는 국제문제담당국의 임무를 이끌고 있다. 기업과 부동산 법률에 대한 전문성을 바탕으로 뉴욕시에서 가장 영향력 있는 10인 중 한 명으로 선정되기도 했다. 뉴욕시가 세계의 수도로 다시 자리매김할 수 있도록 뉴욕 시장을 돕는 것이 그의 목표다.

제임스 김 James Kim

한·미 양국 간 비즈니스 증진에 기여해온 한국계 미국인으로, 2017년 7월 1일 주한미국상공회의소 AMCHAM 회장 겸 대표이사로 취임했다. 현재 미래에셋자산운용 이사회 의장 및 현대모비스 사외이사를 역임하고 있으며 한·미 관계 전문가로서 국내를 포함한 글로벌 주요 언론을 통해 한·미 동맹의 중요성을 강조하는 데 활발히 기여하고 있다.

오세훈 서울특별시 시장이 제24회 세계지식포럼 '오세훈 서울시장 특별 연설: 글로벌 혁신 허브, 서울' 세션에서 발표하고 있다.

시발점이 됐고 중국은 최초의 첨단 산업 단지인 '중관촌'을 베이징대학교와 칭화대학교 등 대학과 연구기관 인근에 배치했다"고 덧붙였다.

먼저 대학 창업 활동을 진흥하기 위해 오세훈 시장이 시작한 사업이 '캠퍼스 타운'이다. 이 사업은 지역 사회 발전과 대학의 창업 증진을 위한 사업이다. 지역 상권의 활력을 증진하기 위한 사업을 계획한 대학에 4년간 최대 100억 원을 지원한다. 현재 서울 소재 54개 대학에서 창업팀 1,963개가 활동 중이다.

오세훈 시장은 숙명여자대학교와 성신여자대학교 창업팀의 활동을 소개했는데 이들은 용문시장과 수유시장 등 재래시장 상인들에게 소셜미디어 홍보 방법을 알려주고 1인 가구와 캠핑족을 겨냥한 간편식 키트를 개발해 판매했다. 그는 "2022년에만 캠퍼스 타운 입주 기업의 연 매출액과 연 투자 유치액이 각각 1,000억 원을 기록했다"고 말했다.

하드웨어 측면의 혜택도 2022년에 도입됐다. 서울특별시는 2022년 12월 서울 시내 대학에 대한 도시 계획 지원 방안을 발표했는데, 여기에는 서울 시내 대학 중 일부 구역을 '혁신성장구역'으로 지정해 상업 지역 수준의 용적률인 1,000% 이상을 허용한다는 방침이 담겼다.

서울특별시에 따르면, 시내 54개 대학의 98%가 용적률 200% 이하의 저밀 용도 지역이다. 그런 만큼 대부분 대학은 연구와 강의 시설을 넣으려고 해도 추가로 건물을 짓거나 기존 건물을 헐고 더 높은 건물을 짓기가 어려운 상황이다. 2022년 말 기준 서울 시내 대학 중 16개가 용적률 75% 이상을 사용하고 있고, 한양대학교와 홍익대학교 등 9개 대학은 용적률 90% 이상을 사용하고 있는 실정이다.

오세훈 시장은 "4차 산업혁명 시대에 대학이 교육·연구기관을 넘어 미래 인재 양성을 위해 반도체 등 첨단·신기술학과를 신·증설하는 동시에 청년 일자리 창출을 위한 창업 공간도 원하는 만큼 만들 수 있도록 하겠다"고 말했다. 관련 조례 개정이 2023년 7월 서울시의회를 통과하면서 제도적 발판도 마련한 상황이다.

대학에서의 창업 경험을 토대로 토종 유니콘 스타트업을 만들기 위해 성수동 삼표 레미콘 부지에는 2030년까지 '서울 유니콘 창업 허브'를 조성할 계획이다. 오세훈 시장은 "단위 면적 10만 제곱미터로 세계 최대 규모이며 스타트업 1,000개가 입주할 수 있는 시설"이라고 밝혔다. 서울특별시는 입주 기업을 위해 1,000억 원 규모의 전용 펀드도 조성해 서울특별시가 직접 스타트업에 투자할 계획이다.

이 같은 혁신, 창업 생태계를 통해 서울의 '산업 지도'를 바꾼다는 것이 오세훈 시장의 큰 그림이다. 대표 사례가 2028년 예정인 서울 서초구 양재동 양곡도매시장 부지에 들어서는 'AI 서울 테크시티'다. 면적만 20만 제곱미터 규모다.

양재동은 삼성, 현대, LG, KT 등 대기업 연구소와 중소기업 부설연구소가 약 280개 밀집해 있는 만큼 테크시티에서 제공하는 주거 공간, 문화 공간을 통해 직주근접과 AI 관련 산업 네트워킹의 장을 마련하겠다는 것이 오세훈 시장의 구상이다.

서울특별시는 혁신 기업들의 애환인 '테스트베드' 관련 활로를 뚫는 작업에도 공을 들이고 있다. '서울을 제공해드립니다'라는 표어로 진행 중인 서울 테스트베드 실증 사업은 서울 시내 지하철, 교량, 복지 시설 등 실제 혁신 기술을 적용하는 시설에서 1년 동안 기술을 적용하고 테스트해볼 수 있는 프로그램이다. 테스트를 성공적으로 마치면 서울특별시 시장 명의의 '실증 확인서'를 제공한다. 오세훈 시장은 이 같은 구상을 통해 "서울특별시가 이루고자 하는 목표는 기업 가치 1조 원 이상인 유니콘 기업 50개를 만드는 것"이라고 밝혔다.

에릭 애덤스 미국 뉴욕시 시장은 "한국과 뉴욕의 공통분모는 혁신의 문화"라면서 "뉴욕의 한국 교민 사회는 뉴욕시 자체의 번영에도 도움이 된다"고 말했다. 에드워드 메멀스타인 뉴욕시 국제관계청 청장은 2030 세계 박람회(엑스포)에 대해서도 "대한민국 부산광역시에 유치하는 것이 맞다"면서 뉴욕시의 지원 의사를 밝혔다.

애덤스 시장은 110대 뉴욕시 시장으로, 1990년 초반 데이비드 딘

킨스David N. Dinkins 시장에 이어 약 30년 만에 탄생한 2번째 흑인 뉴욕시 시장이다. 경찰 출신인 만큼 범죄 척결을 내세웠을 뿐 아니라 취임하면서는 조 바이든 미국 대통령에게 도널드 트럼프 전 미국 대통령의 혐오 발언에 대해 백악관이 사죄할 것을 요구하는 등 인종 문제 해결에 대한 적극성을 보인 인물이다.

한국과의 인연도 깊다. 2023년 8월 광복절 당시 애덤스 시장은 세계 금융의 중심가인 뉴욕 월스트리트를 상징하는 〈돌진하는 황소상 Charging Bull〉 앞에서 한인 청소년들과 함께 태극기를 게양한 적이 있다. 그는 당시 "뉴욕은 미국의 서울"이라면서 한국에 관심을 드러내기도 했다.

그런 만큼 애덤스 시장은 이날 세션에서 뉴욕 한인 사회의 중요성을 재차 강조했다. 그는 "뉴욕에 있는 한인 사회는 믿음이 좋고, 가족을 중시하고, 비즈니스에 열정적이고, 공중 안전에 관심이 높다"면서 "이 4가지는 뉴욕시 번영에 도움이 되는 것들"이라고 말했다.

특히 혁신의 문화라는 측면에서 한국인들과 뉴욕의 공통점이 많다고 짚었다. 애덤스 시장은 "한국은 많은 기술 혁신을 이뤄낸 나라고, 뉴욕은 금융을 중심으로 한 혁신의 본고장"이라면서 "앞으로 기술 혁신이 미래 도시를 주도할 것으로 예상하는 만큼 테크 쪽의 혁신 강화에서 한국과 뉴욕이 파트너십을 만들면 많은 일자리를 만들 수 있을 것"이라고 강조했다.

그는 "뉴욕에 온 지 얼마 안 된 한국 교민들이 '뉴욕이 내 집'이라고 말할 때는 정말 기쁘다"면서 한국 교민들에 대한 인간적인 애정을 표현하기도 했다.

애덤스 시장은 2023년 9월 북미 출장에 나선 오세훈 서울특별시 시장과도 만난 바 있다. 뉴욕과 서울의 경제·사회·기후·문화 등 교류 확대와 상호 협력을 위한 친선 도시 양해각서MOU를 체결했다. 당시 오세훈 시장은 "과거에는 한·미 정상이 만난 뒤 선언문을 작성하면 안보 관계인 혈맹 관계에 대한 언급이 주를 이뤘다"며 "최근에는 문화적·경제적 관계를 넘어 과학 기술 동맹까지 다방면에 걸쳐서 양국 관계가 매우 깊이가 생기고 있다는 것을 아마 알 것"이라며 문화와 경제 방면의 교류 확대를 요청하기도 했다.

이날 세션에서는 2030 부산세계박람회 유치를 뉴욕시가 지원하겠다는 발언도 나와 주목을 받았다. 세션 중 플로어 질문을 통해 "2030 세계박람회의 부산광역시 유치를 지원할 계획이 있냐"는 질문이 나오자 메멀스타인 청장은 "제 생각에 세계박람회는 한국에 유치하는 것이 맞다"는 즉답을 내놨다. 그는 "한국이 혁신과 기술 리더십을 잘 보여줄 수 있다고 생각한다"면서 "혁신과 기술을 통해 사람들의 삶이 어떻게 나아지는지를 보여주기 위해 부산광역시가 적소라고 생각한다"고 강조했다.

좌장인 제임스 김 주한미국상공회의소 회장은 "다음 주에 뉴욕에서 열리는 UN 총회에 여러 국가의 수반이 모이는데 그런 의견을 공유해달라"고 요청했다. 이에 메멀스타인 청장은 "UN 건물 바로 건너편에 뉴욕시 청사가 있다"면서 "그것(세계박람회를 부산광역시에 유치하자고 제안하는 것)은 정말 쉬운 일"이라고 화답했다.

디지털 아이덴티티가 불러올
새로운 미래

리처드 리 아트인모션 대표

대체불가토큰NFT과 암호화폐 등으로 대표되는 가상자산 열풍은 한때를 풍미한 사기극이었을까. 아니면 결국 전 세계 경제의 '주류'가 될 것인가. 가상 자산의 미래에 대한 전망은 여전히 논쟁적이다. 현재와 같이 가상 자산의 가치가 떨어진 시기에는 더욱 논란이 되는 주제다.

NFT가 낳은 최고의 결과물(?)이 '지루한 원숭이 요트 클럽Bored Ape Yacht Club, BAYC'이라는 데 이의를 제기할 사람은 아무도 없을 것이다. NFT 시장의 게임 체인저로 불리는 이 프로젝트는 2022년 4월 미국 델라웨어의 작은 블록체인 스타트업 유가랩스Yuga Labs가 원숭이 그림으로 발행한 NFT 아트에서 출발했다.

유가랩스는 디지털 그라피티 작업으로 그린 지루한 원숭이 그림 1만 개를 BAYC NFT로 발행했다. 배경색을 포함해 모자·눈·의상 등

리처드 리 아트인모션 대표가 제24회 세계지식포럼 '디지털 아이덴티티가 불러올 새로운 미래' 세션에서
발표하고 있다.

리처드 리Richard Lee

'아트인모션랩Art in Motion Lab'의 공동 설립자다. 3D 렐름스3D Realms, 미드웨이 게임스Midway
Games와 영화계 등에서 경력을 보유하고 있다. 〈휴고〉, 〈스파이더맨〉, 〈워킹데드〉 같은 유명
한 영화 30편과 TV쇼에도 참여했다.

170가지 다른 특성의 맞춤형 생성 알고리즘으로 원숭이에 희소성을 부여해 캐릭터들이 저마다 고유 특징을 지닌다. 희소성이 높을수록 더 높은 가격에 거래되는 식이다.

소유자가 커뮤니티 활동에 참여할 수 있는 멤버십을 부여하고, 해당 NFT의 지식재산권을 자유롭게 활용하도록 했다. 축구선수 네이마르부터 마돈나, 저스틴 비버, 스눕독, 패리스 힐튼 등 유명인사들이 사들이며 유명해졌다.

가격도 2021년 처음 발행한 이후 1년 만에 220달러(약 28만 5,000원)에서 43만 달러(약 5억 5,800만 원)로 뛰었다. 1년 사이 2,000배 가까이 뛴 셈이다. 가장 인기 있는 시리즈의 가격은 223만 달러(약 28억 원)나 되며 NFT 상징이 됐지만, 2022년 10만 달러 아래로 폭락하며 4분의 1 토막이 되면서 '거품'설의 상징이 되기도 한다.

'디지털 아이덴티티가 불러올 새로운 미래' 세션은 이 같은 상황에서 가상 자산에 대한 낙관적인 전망을 전했다. 단순히 전망하는 데 그치지 않고, NFT와 가상 자산이 성공한 핵심 요인이 무엇인지 분석했다. 무엇보다도 연사인 리처드 리 아트인모션 대표는 BAYC 초창기 멤버다.

리처드 리 대표는 '디지털 아이덴티티Digital Identity'가 가진 강력한 강점과 현실의 융합을 내세우며 NFT가 성공을 거뒀다고 평가했다. 그는 "디지털 아이덴티티를 에미넴, 스눕독, 저스틴 비버 등 유명인사들이 채택한 것은 그들이 디지털 세계가 점점 더 현실 세계와 같이 엮인다는 것을 알고 있어 디지털 세상에서 개인 브랜딩에 나섰기 때문"

이라고 말했다. 이어 "디지털 세상에서는 현실 세계와 달리 자기 캐릭터 안에 숨을 수 있는데, 현실보다 더 편하므로 BAYC에 참여했다"고 설명했다.

리처드 리 대표는 현실과 상관없이 본인이 원하는 '정체성'을 드러낼 수단으로 디지털 아이덴티티의 매력과 가치가 높아졌다고 진단했다. 그는 "디지털 아이덴티티는 얼굴을 보지 않고, 피부색 등 어떤 것과도 상관없이 자신만을 드러내는 수단"이라며 "가상 세계와 현실이 중첩되고 연결되면서 경계가 모호해지고 있다"고 강조했다.

또 디지털 아이덴티티를 적극적으로 활용해 현실 사업에서 성공을 거두는 사례도 늘고 있다고 봤다. 대표 사례로 '에입 워터APE WATER'의 인기를 들었다. 이는 BAYC를 구매한 뒤 이 이미지로 생수를 브랜딩한 것이다. 그는 "에입 워터는 젊은 세대를 위한 물이라고 불릴 정도로 인기가 많고 독특하다"며 "이외에도 광고회사부터 렌터카, 물, 초콜릿, 버섯, 와인 등 디지털 아이덴티티를 활용한 사업화가 확산하는 추세"라고 전했다.

특히 리처드 리 대표는 NFT의 미래에 대한 회의적 시각이 있다는 것도 알고 있다면서, 이런 회의론이 모든 혁신의 초기 단계에 겪는 현상이라고 평가했다. 결국에 가상 자산 시장이 주류가 될 것으로 진단했다. 그는 "이메일도 처음에 나왔을 때 사람들이 비웃었던 서비스였지만, 이제는 당연한 일상이 됐다"며 "현재 NFT 시장에 소수의 명품만이 들어왔지만, 2030년이 되면 3조 달러 시장이 되며 다른 자산군을 집어삼킬 것"이라고 강조했다.

그는 "나이키와 아디다스 같은 스포츠 브랜드, 유명 고급차 브랜드, 각종 명품 브랜드가 앞다퉈 NFT에 뛰어들고 있다"며 "이는 브랜드와 이미지로 사업을 성공한 그들이 앞으로 이 같은 거대한 성공의 기회가 디지털에서 생겨난다는 확신이 있기 때문"이라고 했다. 이어 "16조 달러에 달하는 '토큰화'가 진행되고 있어 향후 이 세상의 모든 것이 토큰화가 될 것"이라고 전망했다.

AI 푸드테크 혁명

최영덕 토기 창업자 | **신호식** 트릿지 창업자 | **솜수브라 간초두리** AI팔레트 공동창업자
정혁훈 〈매일경제신문〉 농업 전문 기자

"국가마다 식품 트렌드가 다르므로 현지에서 사용하는 데이터를 통해 트렌드를 파악해야 한다." 푸드테크Foodtech(식품과 기술의 합성어)는 식품 생산과 유통, 소비 전반에 AI와 IoT 등 첨단 기술을 결합한 신산업이다. 'AI 푸드테크 혁명' 세션에서 솜수브라 간초두리 AI팔레트 공동창업자 겸 CEO는 "트렌드를 추적하려면 막대한 양질의 데이터가 성공 요인"이라며 이렇게 말했다.

푸드테크 산업 선두에 있는 연사들은 AI를 통한 초개인화 맞춤형 서비스가 단연 푸드테크의 핵심이라고 입을 모았다. AI로 개인 맞춤형 식단은 물론 레시피 개발, 시간 맞춤형 배달까지 가능해졌다는 얘기다.

간초두리 CEO는 "데이터를 통해 미래를 예측할 수는 있지만, 이런 방식으로 트렌드를 따라가려면 이미 늦다"면서 "생성형 AI를 활용하

최영덕 토기 창업자(사진 오른쪽 1번째) 외 연사들이 제24회 세계지식포럼 'AI 푸드테크 혁명' 세션에 참석해 있다.

최영덕

토기 창업자로, 챗GPT로 잘 알려진 오픈AI의 핵심 엔지니어들과 생성형 AI에 관한 공동 연구 경력과 더불어 유명 AI 교육 스타트업 CTO를 역임한 AI 전문가다.

신호식

신호식 대표가 창업한 트릿지는 글로벌 농식품 무역 플랫폼을 개발·운영하고 있다. 그는 한국 국부 펀드인 KIC를 포함해 투자은행IB에서 원자재 투자자로 일하다가 2012년 트릿지의 전신인 TP파트너스를 설립했다.

솜수브라 간초두리

싱가포르 기반 인공지능 스타트업인 AI팔레트AI Palette 공동창업자 겸 CEO다. AI팔레트는 전 세계 10대 CPG 분석 스타트업, 2021년 스타트어스 인사이트Startus insights에서 선정한 5대 FMCG AI 스타트업으로 선정됐다.

정혁훈

〈매일경제신문〉에서 경제부, 산업부, 증권부, 지식부 등 편집국 주요 부서를 두루 거치며 28년째 기자로 일하고 있다. 2008년 미국 델라웨어대학교 에너지환경정책연구소에서 방문연구원을 지냈다. 4차 산업혁명 시대를 맞아 미래 성장 산업으로 변모하고 있는 농업의 잠재력에 주목해 2020년 4월부터 농업 전문 기자로 현장을 누비고 있다.

면 이런 시차를 줄이고 트렌드를 선도할 수 있다"고 말했다. AI팔레트는 생성형 AI를 활용한 '푸드GPT'를 출시해 업계의 관심을 모았다.

특히 한철 유행과 실제 유행을 구분하는 것이 관건이라고 봤다. 그는 "한순간 반짝 인기를 끄는 것과 트렌드를 분간하려면 데이터 지형을 360도 검토해야 한다"며 "결과적으로 신제품 성공률이 높아질 것"이라고 설명했다. 그는 "식음료F&B 산업에 특화된 플랫폼이 필요하다"며 "한 단어가 일상적 대화에서 쓰이는 용어인지 아닌지 등 세부 맥락을 파악해야만 F&B의 트렌드를 읽을 수 있다"고 주장했다.

신호식 트릿지 CEO 역시 AI의 활용과 어떻게 부가가치를 창출할 수 있을지에 주목했다. 그는 "어떻게 최적의 자원을 배분하고 인간이 그 산출물로 높은 효용을 누릴 수 있을 것인지를 고민해야 한다"고 말했다. 트릿지는 전 세계 주요 농축 수산물 무역 플랫폼으로 데이터를 분석해 정부나 기업에 제공하는 서비스를 하고 있다. 그는 "결국 이 산업은 인류의 정보를 빠르게 교환함으로써 변동성으로부터 보호할 것"이라며 "안정적인 공급망을 구축해 사회·경제적으로 높은 부가가치를 창출할 것으로 예상한다"고 내다봤다.

푸드테크는 정부에도 중요한 산업이라고 짚었다. 실제로 정부는 연내 푸드테크 육성 법률을 제정하고, 2024년부터 '푸드테크 혁신클러스터'를 지정해 육성할 방침이다. 지역 내 기업·대학·연구기관을 집적한 클러스터를 조성해 중소 식품사의 경쟁력을 높이겠다는 것이다.

신호식 CEO는 "정부와도 협력해 국가의 안보 산업에 영향을 주고 있다"며 "기술은 계속 변하므로 기술 자체보다는 목적을 추구하려고 노력한다"고 덧붙였다.

AI의 한계와 활용 방향성도 제시됐다. 최영덕 토기 대표는 "AI는 연구와 개발이 중복되고 있다"며 "AI 모델을 고도화하는 것은 사람의 IQ를 150으로 바꾸는 것과 같다"고 지적했다.

토기는 식음료 산업에 특화된 생성형 AI 플랫폼 '토기공간'을 운영하는 푸드테크 기업이다. 최영덕 대표는 "미국과 동남아시아 등 웹사이트 연동을 통해 초개인화된 서비스를 제공할 수 있는지 고려한다"며 "음식에 대해 논하는 방식이 상품 자체보다는 어떻게 만들었는지 등을 알고리즘화해 소통하면 효율적일 것"이라고 주장했다.

그는 인류가 AI를 받아들이는 과정이 중요하다고 역설했다. 최영덕 대표는 "AI가 경제적 효과를 누리려면 모든 사람이 노력하지 않고도 인공지능을 사용할 수 있는 사회가 돼야 한다"며 "한 사람이 똑똑하다고 잘되는 것이 아니라 모두가 함께 이 맥락을 짚고 노동 가치를 줄여야만 한다"고 강조했다. 그러면서 "AI를 어떻게 활용할지에 대한 맥락을 구성하는데 많은 사람이 노력을 기울여야 한다"며 "AI를 받아들이는 과정이 곧 기술"이라고 말했다.

오피스 빌런 퇴치법

김영훈 〈대학내일〉 CEO ┃ **헨리 스튜어트** 해피 Ltd. 창업자
강영철 KDI 국제정책대학원 초빙교수

　　"과연 우리 회사의 '빌런Villain'은 누구인가." 오피스 빌런 Office Villain은 매일 지각하며 점심은 30분 먼저 나가고, 근무 종료 시간 전에 이미 짐까지 싸놓는 직원일까? 아니면 늘 다 안다는 듯 말만 앞서고, 실제로 내놓는 결과물은 형편없으면서 제시간도 못 지키는 '월급 루팡'일까.

　　틀렸다. "이번 세션에서 말하고자 하는 오피스 빌런은 직원이 아니라 관리자입니다." '오피스 빌런 퇴치법' 세션의 좌장으로 나선 강영철 KDI 국제정책대학원 초빙교수가 말했다. "이번 세션은 관리자가 어떻게 조직을 관리해야 하는지에 대해 말하는 세션이에요."

　　리더는 직원들이 행복하게 일에 전념할 수 있게 '환경'을 조성해야 한다. 그렇지 못한 리더는 '빌런'이라는 것이 세션의 요지다. 리더가 오피스 빌런이라면 그 조직은 '즐거움'이 없고 오로지 정글의 법칙만

헨리 스튜어트 해피 Ltd. 창업자가 제24회 세계지식포럼 '오피스 빌런 퇴치법' 세션에서 청중을 향해 강연하고 있다.

김영훈

1999년에 〈대학내일〉 매거진을 창간했다. 2020년에는 Z세대의 트렌드를 전달하는 미디어 캐럿Careet을 출범했다. 김영훈 대표가 이끄는 〈대학내일〉은 직장인 익명 커뮤니티인 '블라인드'가 꼽은 '재직자 행복도 톱 10 기업'에 2년 연속 선정됐다.

헨리 스튜어트 Henry Stewart

영국의 기업 자문회사 해피 Ltd.Happy Ltd. 설립자이자 '최고행복책임자Chief Happiness Officer' 다. 직원들과 조직의 행복에 경영 초점을 맞추는 것을 강조한다. 주요 클라이언트로는 노바티스, UBS, 영국국립도서관 등이 있다. 그는 영국에서 IT 교육회사를 운영하면서 경영 전문 연구기관 '싱커스 50Thinkers 50'이 선정한 '세계에서 가장 영향력 있는 경영 사상가'로 꼽히기도 했다.

강영철

매일경제신문사(1983~2003)에서 세계지식포럼 창설을 주도했으며, 대한민국의 미래 청사진을 제시하는 비전코리아 캠페인을 주도했다. 현재는 KDI 국제정책대학원에서 '규제 개혁'을 강의하고 있다.

이 존재하는 투기장이 된다. 이런 조직은 행복한 직장이 발현할 수 있는 높은 경영 성과 등 모든 긍정적인 효과가 사라진다.

문제는 한국의 기업에서 '빌런'형 리더들이 적지 않다는 것이다. 강영철 교수는 "조사를 해보면 국내 기업의 관리자들 대부분이 자신이 '멀티플라이어Multiplier'라고 생각했지만, 태도 테스트를 해봤더니 대부분 '디미니셔Diminisher'였다"며 "직원들이 주인의식을 가지게 하려면 직원들을 실제로 주인이 되게 하라"고 지적했다. 직원들의 재능을 끌어내고 확장해 능력을 2배 이상 발휘하도록 하는 리더를 멀티플라이어라고 한다. 반면, 직원들의 재능을 충분히 발휘하지 못하게 하거나 가진 능력을 덜 발휘하도록 하는 리더를 디미니셔라고 한다.

첫 연사로 나선 헨리 스튜어트 해피 Ltd. CHO(최고행복책임자)는 "사람들은 기분이 좋으면 일을 잘한다. 이것이 리더십의 핵심이 되어야 한다"고 역설했다. 그가 회사의 창업자이자 대표이면서도, CEO가 아닌 CHO로 자신의 직책을 정의한 것도 이 같은 이유 때문이다.

"더 행복한 직장이 더 생산적이에요. 행복이냐 생산성이냐 양자택일의 딜레마 상황이 아닙니다". 헨리 스튜어트 CHO는 언제 행복감을 느끼고, 좋은 성과를 냈는지 돌이켜보라고 말한다. "보상을 많이 받았을 때일 수도 있고, 소통을 잘했을 때, 도전적 과제를 받았을 때일 수도 있어요. 하지만 자율이 부여되고 스스로 의사결정을 할 수 있을 때 가장 즐거웠던 것 같아요."

그는 "〈하버드 비즈니스 리뷰Harvard Business Review〉에서 연구한 결과에 따르면, 행복한 직장에서는 매출이 30% 증가하고 생산성은

31% 증가하며 창의성은 300% 증가한다"며 "특히 직원들에게 자율을 줘서 의사결정을 스스로 하게 할 때 직원들이 가장 즐거워하고 성과도 좋았다"고 근거를 들었다. 이어 "대부분 회사에서 보스는 직원의 의사결정을 승인하거나 차단하는 역할을 하는데, 혁신이 저해되고 성장이 둔화한다"며 "보스가 의사결정을 더는 안 하게 되면 실제적으로 비즈니스가 빠르게 움직이고 혁신이 제고된다"고 주장했다.

다음 연사로 나선 김영훈 〈대학내일〉 CEO도 이 같은 시각에 공감했다. 〈대학내일〉은 코로나19 기간에도 최근 3년간 연평균 매출이 40% 성장한 독특한 회사다.

그는 "조직 문화를 한마디로 정의하면 구성원 태도의 총합"이라고 강조했다. 특히 조직 문화가 발전하려면 경영 목적의 변화, 직원에게 필요한 권리 부여, 책임 분배와 엄격한 평가, 리더의 솔선수범이 필요하다고 역설했다.

김영훈 CEO는 "경영 목적이 변하지 않으면 안 된다. 예전에는 고객과 주주만 행복했으면 됐는데 이제는 그러면 지속 가능할 수 없다"며 "구성원과 지역 사회가 모두 행복해야 한다"고 했다. 이어 〈대학내일〉은 주식 90%를 직원에게 줘서 의사 결정에 참여하게 한다"며 "주식을 나눠주지 않는다 하더라도 분배를 잘하고 소통하는 것도 직원의 참여를 제고하는 방안에 해당한다"고 설명했다.

특히 "구성원 태도의 총합에 결정적 영향을 미치는 것은 리더의 생각과 태도"라며 "조직 문화를 비약해서 얘기하면 리더의 생각과 태도"라고 단언했다.

자유·신뢰에 기반한
조직을 만드는 방법

조셉 자보르스키 아메리칸리더십포럼 회장 | **제프 웨스트팔** 미닝스피어 창업가
아이작 게츠 ESCP 비즈니스스쿨 파리캠퍼스 교수

산업혁명 시대의 기업들은 당근과 채찍이 노동자들을 관리하는 가장 좋은 방법이라고 결론지었다. 오늘날 지배적인 관리 방식은 여전히 '종속적이고 통제적'으로 남아 있다. 하지만 대부분 직원은 직원들이 단순히 명령을 기다리는 것이 아니라 주도권을 잡고 해결책을 제안하기를 원한다. 그럼에도 직원들은 이에 대한 대응으로 창의적인 해결책을 얻지 못하고 대개 지시를 받는 방식으로 되돌아간다.

'종속과 통제가 아닌 자유와 신뢰에 기반한 조직은 어떻게 만들 수 있을까' 세션에서는 자유와 신뢰에 기반을 둔 리더십에 대한 논의를 진행했다.

아이작 게츠 유럽 ESCP 비즈니스스쿨 파리캠퍼스 교수는 오늘날 일에 몰입한 직원들의 비율이 매우 낮음을 지적했다. 그는 직원들을

조셉 자보르스키 Joseph Jaworski

리더십에 관한 가장 영향력 있는 책 중 하나로 500만 부가 팔린 《싱크로니시티 Synchronicity》의 저자다. 협력적인 시민 리더십을 강화하는 데 전념하는 미국 최대 비정부기구인 아메리칸리더십포럼ALF을 설립했고 회장을 역임하고 있다. 피터 센게 Peter M. Senge와 함께 MIT에 조직학습학회SoL를 공동 설립하기도 했다.

제프 웨스트팔

경험이 풍부한 기업 임원, 기업가, 자선가, 환경 보호 운동가, 작가이자 미닝스피어와 모자이크의 설립자다. 버텍스Vertex CEO를 역임했고, 버텍스는 세무 기술 업계의 글로벌 리더로 성장했다. 사업, 교육과 평등, 자폐증 분야에서 변회를 끌어내는 비전을 제공하고 있다.

아이작 게츠 Isaac Getz

ESCP 비즈니스스쿨 교수이고, 리더십과 조직 혁신 분야를 전문으로 한다. 여러 TEDx 이벤트와 오스트리아 빈의 피터 드러커 글로벌 포럼, 스탠퍼드대학교 이그제큐티브 브리핑 등 전 세계 수백 개 이벤트와 포럼에서 강연을 진행했다. 마르코니 창의성 연구소로부터 '자유와 이타주의에 기반한 창의적인 조직 접근법에 관한 획기적인 연구'로 2020년 마르코니 창의성 상을 받았다.

크게 3가지로 분류한다. 몰입 상태인 직원들, 비몰입 상태인 직원들, 다른 사람을 방해하는 적극적 비몰입 상태 직원들이다.

아이작 게츠 교수는 "한 조사에 따르면, 서유럽 기업의 직원 가운데 일에 몰입한 직원들의 비율은 10% 정도이고, 한국은 7%도 되지 않는다"고 했다. 그는 "직원들이 최선을 다하도록 하는 방법은 그들을 종속과 통제하에 두지 않고 자유와 책임을 줘서 스스로 회사를 위한 최선의 결정을 내리게 하는 것"이라며 "이런 회사를 해방된 기업이라고 부르고 전 세계에 100개쯤 있다"고 설명했다.

해방된 기업의 대표 사례로 게츠 교수는 타이어 제조기업 미쉐린을 들었다. 그는 "미쉐린 고위 임원들은 서번트 리더십 훈련을 받는다"며 "임원들부터 바뀌고, 그들이 직원의 능력을 발휘하지 못하게하는 장애물을 없앨 때 그 기업은 해방된 기업이 될 수 있다"고 했다.

제프 웨스트팔 미닝스피어 창업가도 "해방된 기업은 경영진이 자기 자신부터 자유로워져야 함을 받아들이는 데서 시작한다"고 동의했다. 또 "앞서서 경영진이 바뀌기만을 기다리지 말고 스스로부터가 자신을 자유롭게 해방시키는 노력도 필요하다"며 "어디서 일하든, 누구를 위해 일하든, 누구와 일하든 무관하게 내가 이 일을 왜 하는지를 지금까지 다른 관점에서 바라볼 필요가 있다"고 했다.

제프 웨스트팔은 조직 문화의 중요성도 강조했다. 그는 "협업을 포용하고 모두가 편안하고 진솔하게 중요한 것들을 말할 수 있는 문화가 필요하다"며 "왜 일하고 무엇을 위하는지 합의가 있을 때 개개인이 조직의 목표와 연결됐다는 감정, 유대감을 느낄 수 있고 이는 생산성에도 효과가 있다"고 했다.

조셉 자보르스키 ALF 회장은 조직 문화를 만들기 위해 리더의 결단이 중요하다고 강조했다. 그는 "CEO 레벨에서 새로운 생각과 행동을 제시했을 때 '제도권 내 다른 리더들이 등을 돌리는 것은 아닌가' 하는 두려움이 생기는 것은 당연하다"며 "그런 리스크를 감내할 용기 있는 CEO만이 조직을 바꿀 수 있다"고 했다.

자유와 신뢰에 기반을 둔 조직을 만들었을 때 일부 직원들이 이를 악용할 수 있지 않느냐는 질문도 있었다. 아이작 게츠 교수는 "자유와 신뢰에 기반을 둔 조직은 규율이 없는 조직이 아니다"라고 말했다. 이어 "오너가 아닌 다른 동료들이 자율적으로 규율을 적용하는 조직으로, 이런 기업들은 하향식 기업보다 규율이 오히려 더 잘 작동한다"고 설명했다.

2

미국 억만장자가
첼시 구단을 인수한 이유

LOL 총괄 프로듀서에게 듣는 게임과 E-스포츠의 미래

마이클 초우 빌리버 공동창업자 | **안웅기** T1 최고운영책임자

지난 10년간 게임은 사람들이 쉬는 시간에 가장 많이 즐기는 엔터테인먼트로 성장했다. 그럼에도 'E-스포츠 산업' 규모는 연간 5,000억 달러에 달하는 스포츠 시장 전체의 2%인 연 10억 달러에 불과하다. 성장 잠재력이 무궁무진하다는 의미다.

E-스포츠 최대 게임인 LOL의 총괄 프로듀서를 지낸 마이클 초우 빌리버 CEO는 "게임 산업의 성장 잠재력은 대단하다. 또 게임은 컴퓨팅 파워, 통신, 배터리, 디스플레이 기술의 발전에 기여했고 앞으로 게임을 중심으로 영화·패션·음악 등 연관 산업으로 사업을 확대할 가능성도 지니고 있다"고 설명했다.

'LOL 총괄프로듀서에게 듣는 게임과 E-스포츠의 미래' 세션에서는 마이클 초우 빌리버 CEO의 게임 산업에 대한 혜안이 공유됐다.

그는 먼저 자신의 이야기를 통해 게임 산업에 대한 편견에서 벗어

마이클 초우 빌리버 공동창업자(사진 오른쪽)와 안웅기 T1 최고운영책임자가 제24회 세계지식포럼 'LOL 총괄 프로듀서에게 듣는 게임과 E-스포츠의 미래' 세션에서 좌담을 나누고 있다.

마이클 초우Michael Chow

차세대 오픈 월드 게임에 중점을 둔 글로벌 스튜디오 '더 빌리버 컴퍼니The Believer Company' 공동창업자 겸 CEO다. 최근에는 라이엇게임즈Riot Games 부사장이자 리그오브레전드LOL의 총괄 프로듀서로서 전 세계 1억 명 이상의 모바일 게이머들에게 LOL의 고난도 경쟁 액션을 선사했다.

안웅기

스타크래프트의 '박서Boxer' 임요환, 리그오브레전드의 '페이커Faker' 이상혁 등이 활동한 세계적인 e스포츠 회사 T1의 최고운영책임자COO다.

나 산업적인 측면의 가능성에 집중했다. 마이클 초우 CEO는 "부모님도 내가 어릴 때 게임하는 것을 싫어했지만, 하버드대학교를 간 뒤에는 '게임을 그렇게 해도 하버드대학교에 갈 수 있구나' 하며 약간 인정해주기도 했다"고 고백했다. 이어 "난 유대계와 중국계 사이에서 태어나 학교와 공부에 대한 강조를 엄청 받았지만, 게임으로 글을 배웠다"며 "게임의 긍정적인 측면을 모르는 것은 그저 세대 차이일 뿐이라고 생각한다"고 말했다.

그는 또 "아이들의 고른 발전을 위해 다양한 노출이 필요하고, 게임을 통해 더 나은 사람이 될 수 있다고 믿는다"며 "게임은 엔터테인먼트 산업으로 사람들은 2021년을 기준으로 음악·TV·영화를 합친 것보다 더 많이 여가 시간을 보내는 핵심이 됐다"고 전했다.

게임이 기술 발전에도 기여하고 있다고 설명했다. 마이클 초우 CEO는 "게임 개발에 뛰어든 것은 스마트폰용 게임을 만들기 위해서였다"며 "돌이켜보면 애플과 삼성이 게임을 위해 더 좋은 컴퓨팅 파워를 지닌 스마트폰을 만들고 있고, 디스플레이·통신·배터리 등의 기술 개발도 이끌었다"고 전했다.

AI 기술은 향후 게임 개발과 게임 플레이 부분에서 막강한 영향력을 발휘할 것이라는 전망도 내놓았다. 그는 "인디 게임업체들은 AI를 통해 보다 수월한 개발을 할 수 있을 뿐 아니라 게임 내 AI 적용으로 보다 창의적인 스토리도 만들 수 있을 것"이라 설명했다.

게임 산업의 성장에 대해서는 의심의 여지가 없었다. 마이클 초우 CEO는 "디즈니가 영화를 중심으로 놀이공원·음악·TV쇼·게임 등 다양한 분야로 사업을 확대한 것처럼, 난 게임을 중심으로 패션·놀이 공원·영화·음악·스포츠 등 다양한 사업 확대가 가능하다고 본다"며 "LOL은 스포츠가 됐고, '세나' 캐릭터는 루이비통과 협업해 관련 제품이 매진되는 등 패션에 가능성도 보였다"고 말했다. 이어 "애니메이션과 힙합 음악 등과도 협업이 성공했다"고 설명했다.

그는 특히 "스포츠 시장은 연간 5,000억 달러, 미국에서 가장 인기가 높은 NFL은 연간 200억 달러 시장인데 게임은 10억 달러에 불과하다"며 "실제 프랑스 파리에서 LOL 월드 챔피언십을 열었을 때 시청자가 전 세계적으로 1억 명이 넘어 NFL 결승인 슈퍼볼보다 많았다"고 설명했다. 그는 "아직 E-스포츠와 스포츠의 격차는 줄어들 여지가 많다"고 강조했다.

마이클 초우 CEO는 라이엇게임즈에서 나와 빌리버를 창업한 이유도 소개했다. 라이엇게임즈 같은 플레이어 중심의 게임회사를 하나 더 만들고 싶었고, 리스크가 큰 오픈 월드 게임을 새로 개발하기 위해 라이엇게임즈에 큰 부담을 줄 수 없었다는 배경이었다.

마이클 초우 CEO는 "라이엇게임즈는 개발자의 꿈을 이루는 게임이 아니라 플레이어(고객)의 꿈을 위해 게임을 만드는 세계 유일의 회사라 믿는다"며 "난 그런 회사를 하나 더 만들고 싶었고, 그 과정에서 큰 회사가 감내하기 힘든 리스크 문제로 라이엇게임즈 소속이 아닌 라이엇게임즈의 투자를 받아 빌리버를 창업하게 됐다"고 전했다. 이어 "빌리버는 〈젤다〉, 〈더 위쳐〉 같은 오픈 월드 게임을 만들고 있고, 대형 오픈 월드 게임은 최소 개발자 200명이 5년간 약 2억 달러를 쏟아야 만들 수 있다"며 "그것에 도전하고 싶다"고 전했다.

개발 중인 게임에 대한 팁도 공개했다. 마이클 초우 CEO는 "AI 기술을 이용해 학습하는 악당과 보스를 만들고 있다"며 "처치해야 하는 보스가 플레이어의 행동을 학습할 것"이라고 말했다. 이어 "(보스가) 다르게 공격하고, 플레이어의 방어 방식을 학습하면서 게임을 더욱 재밌고, 상상하지 못하게 만들어 무한대는 아니더라도 다양한 엔딩이 가능한 게임이 될 것"이라고 설명했다.

나는 왜
첼시 구단주가 됐나?

호세 펠리시아노 클리어레이크캐피털그룹 CEO(첼시 공동 구단주)
톰 로런스 이든클럽 회장

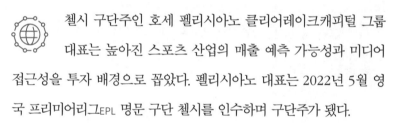 첼시 구단주인 호세 펠리시아노 클리어레이크캐피털 그룹
대표는 높아진 스포츠 산업의 매출 예측 가능성과 미디어
접근성을 투자 배경으로 꼽았다. 펠리시아노 대표는 2022년 5월 영
국 프리미어리그EPL 명문 구단 첼시를 인수하며 구단주가 됐다.

'나는 왜 첼시 구단주가 됐나? 호세 펠리시아노와 톰 로런스의 대
담' 세션에서 호세 펠리시아노 대표는 "20년 전에는 스포츠 산업 매
출이 예측하기 어려웠지만, 지금은 60% 정도 반복되는 매출이라는
것이 나타났다"며 "매출에 어느 정도 예측 가능성이 생겼고 기관 투
자자, 사모펀드PE 쪽에서 운동팀에 많은 관심이 있는 듯하다"고 설명
했다.

호세 펠리시아노 대표는 축구 구단인 첼시에 투자한 이유로 미디어
접근성과 상승 잠재력을 들었다. 그는 "구단과 구단 관련 사업에 상승

호세 펠리시아노 클리어레이크캐피털그룹 CEO가 제24회 세계지식포럼 '나는 왜 첼시 구단주가 됐나?' 세션에서 발표하고 있다.

호세 펠리시아노 José E. Feliciano

2006년 베다드 에그발리Behdad Eghbali와 함께 사모펀드 클리어레이크캐피털Clearlake Capital Group, L.P.을 공동 설립했다. 소프트웨어와 테크 기반 서비스 산업이 주요 투자처다. 700억 달러 이상의 자산을 관리하는 클리어레이크캐피털은 억만장자 투자자인 토드 볼리Todd Boehly와 공동으로 영국의 명문 축구단인 첼시FC를 인수했다.

잠재력이 많다"며 "EPL이 유럽 축구 최고 리그이고 소셜미디어 도달률과 팬과의 소통을 모두 활용할 수 있는 투자였다"고 강조했다.

특히 스포츠 산업이 미디어 산업과 시너지를 낼 수 있는 공간에 주목했다. NFL 경기와 유럽 축구 경기를 시청하는 사람들이 매년 수억 명씩 된다는 것이다. 유럽 축구도 미국 미디어 시장에 진출할 여지가 충분하다고 봤다.

호세 펠리시아노 대표는 "지금은 정규 방송, 케이블, 애플리케이션 등을 활용해 주말 동안 EPL 전체 게임의 절반 정도는 매주 볼 수 있다"며 "콘텐츠 간 접근과 미디어 베이스가 확대되면서 스포츠 스폰서십이 미디어 콘텐츠 가치와 직접 연결되게 됐다"고 말했다. 그는 "비즈니스적인 도전 과제는 이런 콘텐츠 가치를 어떻게 계속 제공할 것인지에 대한 것"이라고 덧붙였다.

첼시 구단주로서 2023년 구단의 목표로는 2024년 챔피언스리그 진출을 꼽았다. 챔피언스리그는 유럽 프로축구 리그 상위권 구단들이 우승을 두고 겨루는 대회다. 호세 펠리시아노 대표는 이를 위해 유스 아카데미 등으로 젊은 인재를 키워내는 데 최선을 다하겠다고 했다.

그는 "여전히 훌륭한 선수들을 첼시 유스 아카데미에서 육성하고 있다"며 "젊은 인재를 어떻게 육성하고 이들의 플레잉 타임을 어떻게 확보해줄 것인가가 숙제"라고 말했다. 유럽의 상위 5개 리그에 뛸 만한 기량을 갖춘 젊은 선수들이 많은 만큼 이들에 주목하겠다는 설명이다.

지난 이적 시장에서의 성과로는 브라질 출신 미드필더인 안드레이 산투스 영입을 꼽았다. 호세 펠리시아노 대표는 "안드레이 산투스는 젊고 잘 알려지지 않았지만 20세 이하 브라질 팀에서 주장이었고, 18세에 이미 EPL에 진출했다"며 "3~4년 후에는 안드레이 산투스가 슈퍼스타가 돼 있지 않을까 생각한다"고 전망했다.

'톱 플레이어'들이 사우디아라비아 리그로 이적하는 현상에 대해서는 긍정적인 부분과 부정적인 부분이 둘 다 존재한다고 봤다. 크리스티아누 호날두와 네이마르, 은골로 캉테 등 유명 축구 선수들은 최근 잇달아 사우디아라비아 리그 팀으로 적을 옮겼다.

호세 펠리시아노 대표는 "새로운 바이어가 진출해 축구계의 자산을 가져가는 것은 환영한다"면서도 "사우디아라비아 리그의 영입 경쟁이 치열해지면 이적료 인플레이션이 발생하는 등 장기적으로는 부정적 여파도 있을 수 있다"고 꼬집었다.

세션에서는 유럽 빅리그에서 활약하는 한국 선수들에 대한 평가도 나왔다. 호세 펠리시아노 대표는 손흥민에 대해 "아주 훌륭한 선수지만 특정 선수에 대한 코멘트는 주저하게 된다"며 평가를 주저했다. 하지만 바이에른 뮌헨으로 이적한 김민재에 대해서는 적극적인 코멘트를 남겼다.

"김민재는 엄청난 센터백으로 나폴리에서 강력하게 활동했고 프리미어리그에 몇 년 뒤 진출할 수 있다고 생각한다"고 극찬했다. 이어 "한국에 굉장히 훌륭한 선수들이 많은데, 언젠가 첼시에서도 한국인 슈퍼스타가 활약하면 좋겠다"고 덧붙였다.

포스트 팬데믹 시대
여행의 미래

박상욱 스토리시티 공동대표 | **이동건** 마이리얼트립 창업자
요하네스 렉 겟유어가이드 공동창업자

"항공권은 스카이스캐너, 호텔은 부킹닷컴에서 볼 수 있지만 여행 가서 할 수 있는 체험을 살 수 있는 플랫폼은 없잖아요. 마이리얼트립은 현지 가이드와 여행객을 연결하는 플랫폼을 만들었습니다."

이동건 '마이리얼트립' 대표는 "여행의 진정한 즐거움은 여행지에서 누구와 무엇을 하는지의 영향이 크다"면서 소비자가 느끼는 여행의 본질에 초점을 맞춰 서비스를 구상하는 자세가 필요하다고 강조했다.

글로벌 스타트업 축제 '트라이 에브리싱Try everything' 행사에서는 '포스트 팬데믹 시대 여행의 미래' 세션을 진행했다. 세션에는 한국 소비자들에게도 친숙한 '마이리얼트립'의 이동건 대표, '여행에미치다'로 유명한 박상욱 스토리시티 대표, 요하네스 렉 '겟유어가이드' 공동

박상욱 스토리시티 공동대표(사진 왼쪽 1번째) 외 연사들이 제24회 세계지식포럼 '포스트 팬데믹 시대 여행의 미래' 세션에서 발표하고 있다.

박상욱

여행 스타트업 스토리시티의 공동대표로서 한국 최대 여행 커뮤니티 미디어인 '여행에미치다'를 운영하고 있다. 구독자 총 380만 명, 관광청 300개 이상, 지방자치단체, 브랜드들과 함께 여행 콘텐츠 기반의 비즈니스를 확장해 나가고 있다.

이동건

2010년 크라우드 펀딩 스타트업을 창업했다. 그는 2번째 창업 아이템을 고민하다가 여행 시장의 높은 성장 가능성을 포착해 마이리얼트립을 창업했다.

요하네스 렉Johannes Reck

겟유어가이드GetYourGuide 공동설립자이자 CEO다. 그가 CEO를 맡은 동안 겟유어가이드는 항공권이 누적 8,000만 장 이상 예약되는 애플리케이션으로 거듭났다.

창업자이자 CEO가 한자리에 모여 각자 코로나19 시대와 포스트 코로나 시대에 어떤 아이디어로 여행 산업의 혁신을 시도했는지 경험을 나눴다.

여행지에서의 체험을 강조한 이동건 대표는 요즘에는 가이드와 여행자뿐 아니라 여행자와 여행자의 공통된 경험에 초점을 맞추고 있다고 말했다. 그는 "2023년부터는 비슷한 취향의 여행자들을 서로 연결하는 서비스를 구상 중"이라면서 "일본에 혼자 여행을 가는 여행자라면 비슷하게 혼자 다녀온 경험이 있는 여행자를 연결해 서로의 경험을 공유하는 플랫폼을 생각하고 있다"고 밝혔다.

여행자에게 필요한 것이 뭘까를 끊임없이 고민하는 것이 이동건 대표라면 '여행에미치다'를 운영하는 박상욱 스토리시티 공동대표는 소셜미디어를 통해 소비자들이 자연스럽고 재미있게 여행 정보를 받아볼 수 있는 사업 모델을 마련했다. 박상욱 대표는 "소셜미디어 프렌들리를 모토로 계정들을 만들었고, 다양한 크리에이터가 업로드하는 여행 게시물들로 협업하는 방식을 통해 성장해왔다"고 말했다. 소셜미디어 노출이 많은 만큼 주로 젊은 층에 여행 수요를 묻고, 이 피드백을 바탕으로 여행 상품을 만들기도 한다.

2023년 9월 '여행에미치다' 인스타그램에는 "한계에 도전하고 새로운 나를 마주할 히말라야 원정대의 팀원을 찾습니다"라는 게시물이 올라왔다. 코로나19와 함께 젊은 세대에게 등산의 인기가 많아진 만큼 전문 등산인이 아닌 젊은 세대도 도전할 수 있는 '안나푸르나 베이스캠프 트레킹 코스' 투어를 마련한 것이다.

한편 포스트 코로나 시대를 맞으면서 여행업계에도 AI가 주요 주제가 됐다. 요하네스 렉 CEO는 "AI를 사용해 고객이 가고 싶은 여행지 추천을 해줄 수 있다"면서 "한국인들의 특성에 맞춘 여행지 추천 등에 활용도가 높을 것"이라고 말했다.

그는 특히 "머신 러닝을 활용해 여행지 추천과 피드백에 대한 학습과 발전이 이뤄지고 난 후에 이를 적용해보니 머신 러닝을 도입하기 이전보다 더 많은 여행 예약이 이뤄진 것을 확인했다"고 말했다. 요하네스 렉 CEO는 "사이트 번역 분야에도 AI를 도입해서 도움을 많이 받고 있다"고 답했다.

이동건 대표는 챗GPT 등 생성형 AI를 활용해 단순 업무의 시간 효율성을 높였다. 그는 "4월부터 면세가 비교 서비스를 시작했는데 이 중 위스키가 인기가 많다"면서 AI 도입 경험을 공유했다. 위스키는 입문자들도 많은 만큼 해당 위스키에 대한 맛 설명을 적어야 하는데, 이를 직원들이 일일이 시식하면서 적기는 어려웠다. 이럴 때 생성형 AI인 챗GPT가 돌파구가 됐다.

그는 "각 위스키의 상품 설명을 적을 때 챗GPT를 활용해 맛 표현 등 설명을 금방 적어낼 수 있었다"고 했다. 주관적으로 다를 수 있는 맛에 대한 경험에 AI 빅데이터를 활용해 가장 객관적인 설명을 덧붙일 수 있었다는 것이다.

AI 시대를 맞은
미디어의 운명

제임스 라몬트 파이낸셜타임스그룹 전략파트너십 담당 이사
고야나기 다케히코 닛케이주식회사 고문 및 편집위원 | **박봉권** 〈매일경제신문〉 논설위원

2022년 11월 생성형 인공지능인 챗GPT가 등장하면서 미디어 생태계의 지각이 변동하고 있다. 가짜 뉴스 생성이 쉬워지면서 사실 확인인 '팩트 체크' 중요성이 커지고 있는 데다, 미디어의 생산성 도구로서 인공지능이 부상하고 있는 것이다. 제24회 세계지식포럼에서는 글로벌 주요 경제 미디어인 영국 〈파이낸셜타임스〉, 일본 〈니혼게이자이(닛케이)〉, 한국 〈매일경제신문〉 3개사가 '인공지능 시대를 맞은 미디어의 운명'이라는 주제로 토론을 벌였다.

제임스 라몬트 파이낸셜타임스그룹 전략파트너십 담당 이사는 오늘날 미디어가 디지털 혁명, 모바일 혁명, 생성형 인공지능 혁명을 빠른 속도로 맞이했다고 진단했다. 그는 "인공지능 시대에는 문자화된 기록물을 통해 지식과 정보를 획득하고 이해할 수 있는 능력인 '미디어 리터러시'를 높여야 한다"면서 "더욱이 사람만이 할 수 있는 비판

제임스 라몬트 파이낸셜타임스그룹 전략파트너십 담당 이사(사진 가운데) 외 연사들이 제24회 세계지식포럼 'AI 시대를 맞은 미디어의 운명' 세션에서 좌담을 나누고 있다.

제임스 라몬트 James Lamont

파이낸셜타임스그룹 전략파트너십 담당 이사다. 이 자리는 〈파이낸셜타임스〉의 새로운 파트너십 기회를 담당하고 고도성장 계획을 이끄는 이사급 직책이다. .

고야나기 다케히코 小柳建彦

도쿄를 기반으로 기술 산업, 기술 관련 정책, 아시아 지역의 이슈에 대한 사설과 코멘터리를 쓰는 역할을 하고 있다. 이전에는 7년간 동남아시아와 인도를 담당하는 〈닛케이 아시아〉 편집장으로 활동했다.

박봉권

〈매일경제신문〉 논설위원이다. 한국외국어대학교 동시통역대학원을 졸업했고 미국 미시간 대학교UOM에서 경영학 석사MBA 학위를 받았다. 다보스포럼으로도 불리는 세계경제포럼WEF의 글로벌 미디어 리더로 선정돼 10여 차례 포럼에 참석하고 취재도 진행했다.

적 사고 역량을 길러야 한다"고 말했다.

또 그는 오늘날 미디어가 4가지 위기에 부딪혀 있다고 진단했다. 제임스 라몬트 이사는 "디지털 시대에 소셜미디어를 통해 뉴스를 접하는 일이 늘면서 인플루언서들이 선거 결과에 영향을 주고 있고, 이 과정에서 가짜 뉴스가 파생되고 있다"고 진단했다.

그래서 생성형 인공지능에 대한 무분별한 수용은 경계해야 한다고 주문했다. 그는 "생성형 인공지능에는 광고·마케팅·검색 기능·큐레이션·요약 등 여러 좋은 기능이 있다"면서도 "저널리즘 콘텐츠에 어떤 영향을 미치는지는 살펴봐야 한다"고 꼬집었다.

특히 그는 독자들이 인공지능을 도입하더라도 인간 기자가 쓴 기사와 인공지능 기자가 쓴 기사를 구분할 수 있는지 먼저 살펴보라고 주문했다.

그는 "독자들이 뉴스 사이트에서 뉴스를 보기보다 소셜미디어를 통해 뉴스를 검색하는 현상이 빈번해지고 있다"면서 "〈파이낸셜타임스〉는 진실을 위해 인간이 작성한 기사는 이를 표기하고 있다"고 했다. 이 밖에 해커들의 웹사이트 공격과 비즈니스 모델 구축의 어려움이 미디어 업계의 위기 요소라고 지적했다.

다만 〈파이낸셜타임스〉 역시 생성형 인공지능을 부분적으로 도입했다고 덧붙였다. 인공지능이 생성한 일부 단락은 독자들에게 설명하는 것이 대표적이다. 또 번역·댓글·요약 등에도 인공지능을 활용 중이다. 특히 제임스 라몬트 이사는 "〈파이낸셜타임스〉 콘텐츠를 25개 언어로 바로 번역하는 기능을 실험하고 있다"면서 "번역이 완벽하지는 않지만, 70% 완성도를 보여주고 있다"고 덧붙였다.

고야나기 다케히코 〈닛케이〉 편집위원은 "2019년에 인공지능을 도입해 기사를 추천하는 서비스를 시작했다"면서 "챗GPT를 활용해 기사 작성까지 해보고 한동안 혼돈의 상황이 벌어졌다"고 말했다. 이후 〈닛케이〉는 인공지능에 대한 자체 규정을 마련했다.

챗GPT를 활용해 기사를 작성했다면 이를 명시하고, 문장 교정용 챗봇을 도입했으며, 주요 성보, 사업 기밀, 내부자 정보 등은 생성형 인공지능 사용을 금지한 것이다. 고나야기 다케히코 편집위원은 "인공지능이 생성한 기사를 우리 고유의 콘텐츠라고 하는 것은 독자를 속이는 것이라고 생각한다"고 말했다.

박봉권 〈매일경제신문〉 논설위원은 "매경미디어그룹은 한국에서 첫 AI 앵커를 선보였고 AI 리포터도 있다"면서 "현재는 AI를 활용해 시황 기사를 작성하고 있으며 펄스Pulse라는 영문 버티컬 미디어에서도 AI를 활용하고 있다"고 소개했다.

그러면서 "소셜미디어에 가짜 뉴스가 퍼지는 것을 완전히 막을 수는 없을 것 같다"면서 "정통 미디어들이 진짜 기사와 가짜 뉴스를 구별할 책임이 있고, 사실 확인인 팩트 체킹 역량을 어떻게 더 키워야 할지 고민해야 한다"고 설명했다.

"좋은 상사는 코치 같은 상사…
결정 권한은 부하에게 넘겨야"

헨리 스튜어트 해피 Ltd. 설립자 겸 최고행복책임자

"직원들에게 필요한 것은 스스로 결정할 수 있는 자유와 신뢰입니다." 헨리 스튜어트는 그가 창립한 '해피 Ltd.'에서 CHO(최고행복책임자)라는 독특한 직함을 갖고 있다.

해피 Ltd.는 기업의 조직 문화 개선을 통해 성과를 높일 수 있도록 컨설팅을 제공하는 회사다. 헨리 스튜어트 CHO가 1987년에 창립한 IT 교육용 서비스 업체인 '해피 컴퓨터'가 그 전신이다. 해피 Ltd.는 2003년부터 행복한 조직 문화를 만들고 싶은 CEO들을 위한 리더십 프로그램을 개발해 그 경영 철학을 전파하고 있다.

그는 "행복한 직장 문화의 핵심은 신뢰와 자유"라며 "행복한 직장 문화를 만들면 직원들이 스스로 역량을 발휘하면서 성과가 제고된다"고 강조했다. 이어서 "그 구체적인 방법은 결재 단계를 줄이고 사전 승인을 통해 직원들에게 자율권을 부여하는 것"이라고 설명했다.

그는 "넷플릭스는 직원을 신뢰하고 자유와 책임을 함께 부여하는 기업"이라며 "예를 들어 제니퍼 널바는 이전 직장인 휴렛팩커드에서

헨리 스튜어트 해피 Ltd. 설립자 겸 최고행복책임자가
제24회 세계지식포럼에 참석해 매일경제신문사와 인
터뷰하고 있다.

20만 달러짜리 계약을 하는 데 20개에 달하는 크고 작은 승인 과
정을 거쳐야 했지만, 넷플릭스로 이직하고는 100만 달러짜리 계약
을 할 때도 상사의 승인을 받을 필요가 없다고 놀라워했다"고 설명
했다.

그는 "현장 실무자들이 관리자보다 사안을 더 빠삭하게 알고 있
다"며 "그들이 스스로 결정을 내리고 성과를 내도록 하려면 결재 라
인을 축소할 필요가 있는데 이는 무제한적인 자유를 주라는 이야기
가 아니라 가이드라인을 제시하고 도움을 주는 코치가 되라는 것"이
라고 설명했다.

그는 이어 자신의 사례를 들어 조직 문화가 성과로 연결된다는 점
을 강조했다. "수년째 해피 Ltd.의 매출이 제자리걸음을 하는 것을
깨닫고 2017년부터 더 적은 의사결정을 내리기 시작했다"며 "부하
직원들에게 의사결정 권한을 넘기자 매출이 다시 오르기 시작했다"
고 강조했다. 이어 "이러한 조직 문화를 만들려면 용기가 필요하고
무엇보다 트레이닝이 필요한데 해피 Ltd.가 이러한 일을 하고 있다"

고 말했다.

그는 태만하거나 업무 역량이 떨어지는 직원은 보상을 줄이거나 해고하라고 조언했다. 그는 "직원을 일일이 통제하고 지시하면 오히려 게을러진다"며 "이는 시키는 일만 하는 직원을 만드는 지름길"이라고 밝혔다.

수년간 다양한 나라의 기업들을 컨설팅하면서 헨리 스튜어트 CHO는 지역별로 기업 조직 문화에 차이가 있음을 느꼈다고 한다. 그는 "북유럽은 부하 직원을 신뢰하는 문화가 일상적인 편"이라며 "누군가가 남들보다 위에 있으면 안 된다는 평등 문화가 이 같은 문화를 조성하는 데 영향을 끼친 것 같다"고 설명했다.

세계지식포럼 인사이트 2024

초판 1쇄 2023년 12월 18일

지은이 매일경제 세계지식포럼 사무국
펴낸이 최경선
편집장 유승현　**편집2팀장** 정혜재

책임편집 정혜재
마케팅 김성현 한동우 구민지
경영지원 김민화 오나리
본문디자인 푸른나무디자인

펴낸곳 매경출판㈜
등　록 2003년 4월 24일(No. 2-3759)
주　소 (04557) 서울시 중구 충무로 2 (필동1가) 매일경제 별관 2층 매경출판㈜
홈페이지 www.mkbook.co.kr
전　화 02)2000-2641(기획편집) 02)2000-2636(마케팅) 02)2000-2606(구입 문의)
팩　스 02)2000-2609　**이메일** publish@mk.co.kr
인쇄·제본 ㈜ M-print 031)8071-0961
ISBN 979-11-6484-645-0 (03320)

세계지식포럼 히스토리 WORLD KNOWLEDGE FORUM History

제1회　**지식으로 새 천년 새 틀을 짠다**

2000년　주요 연사 ｜ 레스터 서로MIT 교수, 폴 로머스탠퍼드대학 교수, 도널드 존스턴OECD 사무총장,
　　　　　　　　하인리히 로러노벨물리학상 수상자

제2회　**지식기반 경제시대 인류공영을 위한 비전의 모색**

2001년　주요 연사 ｜ 빌 게이츠마이크로소프트 창업자, 수파차이 파닛차팍WTO사무총장,
　　　　　　　　폴 크루그먼프린스턴대학 교수, 노벨경제학상 수상자, 이브 도즈인시아드 경영대학원 교수

제3회　**위기를 넘어, 새로운 번영을 위해**

2002년　주요 연사 ｜ 래리 앨리슨오라클 창업자, 마이클 델dell 컴퓨터 회장 겸 CEO,
　　　　　　　　조지프 스티글리츠노벨경제학상 수상자, 필립 코틀러노스웨스턴대학 석좌교수

제4회　**인류번영을 위한 새로운 세계질서와 경제의 창조**

2003년　주요 연사 ｜ 마틴 펠드스타인전 미국 경제자문위원회 의장, 짐 콜린스《위대한 기업》의 저자,
　　　　　　　　프랜시스 후쿠야마존스홉킨스대학 교수, 로빈 뷰캐넌런던비즈니스스쿨 학장

제5회　**파트너십을 통한 세계 경제의 재도약**

2004년　주요 연사 ｜ 김대중전 대한민국 대통령, 모리 요시로전 일본 총리, 폴 케네디예일대학 교수,
　　　　　　　　로버트 먼델노벨경제학상 수상자

제6회　**창조와 협력 : 새로운 시대를 위한 토대**

2005년　주요 연사 ｜ 잭 웰치전 GE 회장, 에드워드 프레스콧노벨경제학상 수상자,
　　　　　　　　로버트 케이건카네기 국제평화재단 교수, 폴 제이콥스퀄컴 사장

제7회　**창조경제**

2006년　주요 연사 ｜ 조지 소로스소로스 펀드매니지먼트 창립자, 토머스 셸링노벨경제학상 수상자,
　　　　　　　　셸리 라자러스오길비&마더 월드와이드 CEO, 자크 아탈리플래닛파이낸스 회장

제8회　**부의 창조 그리고 아시아 시대**

2007년　주요 연사 ｜ 콜린 파월전 미국 국무부 장관, 앨런 그린스펀전 미국 연방준비제도이사회 의장,
　　　　　　　　에드먼드 펠프스노벨경제학상 수상자, 톰 피터스톰피터스컴퍼니 회장

제9회　**협력의 마법 & 아시아 시대**

2008년　주요 연사 ｜ 마이클 포터하버드대학 교수, 리처드 브랜슨버진그룹 회장,
　　　　　　　　에릭 매스킨노벨경제학상 수상자, 존 하워드전 호주 총리

제10회　**하나의 아시아, 신경제질서, 그리고 경기회복**

2009년　주요 연사 ｜ 조지 W. 부시전 미국 대통령, 게리 해멀런던 국제경영대학 교수, 피터 브라벡네슬레 회장,
　　　　　　　　폴 크루그먼프린스턴대학 교수, 노벨경제학상 수상자

제11회　**원 아시아 모멘텀, G20 리더십 & 창조적 혁신**

2010년　주요 연사 ｜ 토니 블레어전 영국 총리, 하토야마 유키오전 일본 총리, 리처드 브랜슨버진그룹 회장,
　　　　　　　　누리엘 루비니뉴욕대학 스턴경영스쿨 교수

제12회　**신 경제 위기(글로벌 리더십의 변혁과 아시아의 도전)**

2011년　주요 연사 ｜ 고든 브라운전 영국 총리, 래리 서머스하버드대학 교수, 세라 페일린전 알래스카 주지사,
　　　　　　　　마이클 샌델하버드대학 교수, 《정의란 무엇인가》 저자

제13회 **위대한 도약**(글로벌 위기에 대한 새로운 해법: 리더십, 윤리성, 창의력 그리고 행복)

2012년 | **주요 연사** | 김용세계은행 총재, 폴 크루그먼프린스턴대학 교수, 노벨경제학상 수상자,
맬컴 글래드웰《더뉴요커》 저널리스트, 마틴 울프(파이낸셜타임스) 수석경제논설위원

제14회 **원아시아 대변혁**

2013년 | **주요 연사** | 래리 서머스하버드대학 교수, 그레고리 맨큐하버드대학 교수, 피터 보저로열더치셸 CEO,
메이어 다간전 모사드 국장

제15회 **세계 경제 새로운 태동**

2014년 | **주요 연사** | 니콜라 사르코지전 프랑스 대통령, 토마 피케티파리경제대학 교수, 《21세기 자본》 저자,
장클로드 트리셰전 유럽 중앙은행 총재, 칼 빌트전 스웨덴 총리

제16회 **새로운 시대정신을 찾아서**

2015년 | **주요 연사** | 토니 블레어전 영국 총리, 티머시 가이트너전 미국 재무부 장관,
리언 패네타전 미국 국방부 장관, 네이션 블레차르지크에어비앤비 공동 창업자

제17회 **대혁신의 길**

2016년 | **주요 연사** | 게르하르트 슈뢰더전 독일 총리, 딕 체니전 미국 부통령,
에드윈 퓰너헤리티지재단 아시아연구센터 회장, 웬디 셔먼전 미국 정무차관

제18회 **변곡점을 넘어, 새로운 번영을 향해**

2017년 | **주요 연사** | 힐러리 클린턴전 미국 국무장관, 프랑수아 올랑드전 프랑스 대통령,
올리버 하트2016 노벨경제학상 수상자, 장 야친바이두 총재

제19회 **집단지성 : 글로벌 대혼란 극복의 열쇠**

2018년 | **주요 연사** | 재닛 옐런제15대 미국 연방준비제도 이사회 의장, 케르스티 칼률라이드에스토니아 대통령,
라지브 수리노키아 회장, 에릭 앨리슨우버 항공사업 대표

제20회 **지식혁명 5.0 : 인류 번영을 위한 통찰력**

2019년 | **주요 연사** | 프랑수아 올랑드제24대 프랑스 대통령, 제리 양야후 공동 창업자,
밥 우드워드《워싱턴포스트》 부편집인, 스티브 첸유튜브 공동창업자

제21회 **팬데노믹스 : 세계 공존의 새 패러다임**

2020년 | **주요 연사** | 테리사 메이제76대 영국 총리, 존 헤네시알파벳 회장,
스티븐 슈워츠먼블랙스톤 회장, 마윈알리바바 창업자

제22회 **테라 인코그니타: 공존을 위한 새로운 시대정신을 찾아**

2021년 | **주요 연사** | 마이크 폼페이오제70대 미국 국무장관, 마이클 샌델하버드대 교수, 토마스 바흐IOC 위원장,
마르쿠스 발렌베리SEB 회장, 마르크 슈나이더네슬레 CEO

제23회 **초과회복: 글로벌 번영과 자유의 재건**

2022년 | **주요 연사** | 데이비드 캐머런제 75대 영국 총리, 레이 달리오브리지워터어소시에이츠 설립자,
밥 스턴펠스맥킨지&컴퍼니 글로벌 회장, 프랜시스 후쿠야마스탠퍼드대 교수, 필립 코틀러켈로그경영대 교수

제24회 **테크노빅뱅: 거인의 어깨 위에 올라선 인류**

2023년 | **주요 연사** | 스티브 워즈니악애플 공동 창업자, 샘 올트먼 OpenAI 최고경영자,
론 클레인 제30대 백악관 비서실장, 제니 존슨 프랭클린템플턴 회장